한국사 간신열전

한국사
간신열전

최용범
함규진

지음

페이퍼로드
paperroad

간신을 감별하지 못하면 기업도 나라도 망한다

간신과 충신은 종이 한 장 차이

간신 하면 떠올려지는 것은 무엇일까. 아마도 간살스런 얼굴로 "예예!"만 반복하는 예스맨을 떠올리기 십상이다. 실제 이런 인물도 있다. 그러나 이런 단순한 예스맨은 간신 중에서도 가장 하급의 인물이다. 역사의 물줄기는커녕 어느 정도의 규모를 갖춘 조직에서 이런 하급의 인물은 주변부에 머물 뿐이다. 조직에서 권력을 장악하며 역사의 물줄기를 부정적으로 바꿔놓은 숱한 간신들도 그들 당대에선 권력자의 유능하며 충성스런 측근이었다. 권력자는 간신이 죽는 순간까지도 그들의 해악을 파악하지 못한 경우가 많았다.

친일파의 상징으로 알려진 이완용 역시 명문가 출신으로 정부 요직에 숱하게 발탁된 케이스였다. 어디 정치권력의 주변에서

만 그렇겠는가. 근래 재벌가의 후계자 계승과정에서 '가신'이라 불리며 '왕자'의 최측근에 있던 인물들 역시 유능한 '전문경영인' 행세를 하지 않았던가. 이너서클을 만들어 자신들만의 권력을 결단코 내놓지 않으려는 '조직 내 권력투쟁의 달인'들을 보면 그들을 간신과 충신이란 단순한 이분법적 구조로 볼 수 없다는 생각까지 하게 된다. 권력의 생리란 본래 배타적인 게 아닌가.

애초 「간신 구별법(판간론辨奸論)」이란 송나라 때의 유명한 글도 사실은 왕안석을 공격하기 위한 것이었다(김영수 편, 『간신열전』). 송대의 개혁·보수 진영의 대표적 정치가인 왕안석과 사마광은 상대 진영을 가리켜 '간신'이라 하였다. 그런데 지금 시각에서 보면 양자는 모두 공정하고 유능한 관료들이었다. 정적 공격의 빌미로 '충간忠奸'을 가지고 싸운 경우는 자주 있다. 이방원과 하륜에게 정도전은 태조 이성계의 간신이었다. 반대로 하륜은 정도전과 태조에게 간신이었다.

그럼에도 역사와 시간과 공간을 넓고 오래 두고 보면 아무래도 한 인물의 공과가 드러나기 마련이다. '대의'에 충실했는가의 여부를 놓고 보면 충과 간의 변별점이 보이는 경우가 많다. 역사 속에 명멸했던 인물들을 추적해 보면 '소탐小貪'보다는 '대망大望'에, 단견보다는 역사적 시각을 가지고 살았던 인물들을 찾아볼 수 있다.

나라와 조직이 망할 때면 간신이 득세한다

이와 반대로 나라와 조직의 붕괴에 결정타를 가한 진짜 간신도 존재하기 마련이다. 특히나 나라가 망할 때면 간신이 득세한다. 망한 조직에 망한 리더가 있고, 망한 리더를 부추기는 입 속의 혀와 같은 간신이 있다. 단말만 뱉는 것이 아니라 개인의 이익을 위해 분열을 부추긴다. 이 책에서는 이런 간신들을 3가지 유형으로 나눠 그들의 악행을 적시했다.

'왕의 남자', 곧 좁은 의미의 간신으로서 왕의 신임을 믿고 권력을 농단했던 자들이 첫 번째 유형이다. 두 번째는 왕과의 관계를 뛰어넘어 아예 왕보다 더한 독재적 권력을 추구하는 유형이다. 고려의 이자겸이나 조선의 윤원형 등이 이에 해당된다. 끝으로 격변의 상황에서 대의를 잊고, 일신의 이익을 위해 이리 붙고 저리 붙는 자들이다. 원나라 침략 때의 홍복원 부자나 구한말의 이완용 같은 자들이다. 이들도 항변의 여지는 있겠으나 여러 각도에서 봐도 간신 이상으로 보기 힘들다. 이런 다양한 간신의 존재 양상을 파악해 우리 시대, 우리 조직의 간신적 존재를 감별하는 타산지석으로 삼고자 했다. 간신을 감별하지 못하면 나라와 조직은 망한다.

역사의 승리가 만든 간신도 있다

한편 세상사라는 것은 간단하지 않다. 역사란 것은 승리한 자가 쓰는 법이라 패자를 일방적으로 역적이나 간신으로 모는 경우가 드물지 않다. 이 책에서는 역사의 패자이기에, 혹은 시대 상황 때문에 간신으로 몰린 인물을 재조명했다. 그렇게 큰 잘못을 저지르지 않았는데도 남들의 잘못까지 덤터기 쓰는 경우도 있고, 오히려 존경할 만한 사람인데도 악인으로 낙인찍힌 경우도 있다. 이것은 오늘날에도 그런 경우가 없다고는 하기 힘든, 역사의 포악한 분칠이 아닐까.

물론 간신에 대한 재조명은 그들의 억울함을 풀어주는 한풀이 때문만은 아니다. 지금, 우리 시대는 지역·이념·세대별로 극단적인 갈등과 대립 속에 놓여 있다. 서로가 허공에 삿대질하는 형국이다. 이런 사회에서 생산적인 논의가 이뤄질 리 만무하다. 역사적 맥락에서 한 인간을 풍부하게 조명해 보면 이해되는 구석이 많다. 특히나 정치적 이해관계가 복잡하게 얽힌 국면에서는 더욱 그렇기 마련이다. 사회적이자 정치적 존재인 인간 삶의 복잡한 관계망과 내면세계를 이해하는 연습을 역사에서나마 하자. 그렇다면 지금, 우리의 극단적 대립을 넘어서는 소통의 계기를 만들 수는 있지 않을까? 우리들의 소박한 바람이다.

책의 말미에 「간신론」을 부기했다. 우리는 일상에서나 역사서에서 흔히 쓰는 '간신'이란 말의 근본 개념조차 설정돼 있지 않다는 데 놀랐다. 당연히 간신을 본격적으로 논구한 저서나 연구도 없다. 거칠게나마 본격적인 간신론으로 가는 징검다리의 의미로서 「간신이란 무엇인가」를 쓰게 되었다. 강호제현의 질정 바란다.

거론되는 간신 중 도림을 포함해 고려시대까지의 인물들은 최용범이 썼고, 조선시대 간신과 간신론은 함규진이 썼다. 두 사람의 문체가 사뭇 다른데도 손을 대지 않았다. 그저 두 사람의 다른 성향이려니 하며 너그러이 읽어주시기 바란다.

거친 글, 또 세상에 내보내자니 부끄럽다.

최용범 · 함규진

차례

'왕의 남자', 측근이 나라를 망친다

실세 간신, 권세에 취해 왕권까지 넘본다

역사의 승자가 그들을 간신으로 몰았다

모든 기준은 '대세', 부귀영화만이 길이다

'왕의 남자', 측근이 나라를 망친다

도림
묘청
김돈중
김용
홍국영
최순실

그는 '지나치게' 충성스러웠다. 그는 자기 자신을 지키듯 왕을 지켰고, 그러다 보니 자신과 왕을 구분하지 못했다. 자신의 권력을 강화하는 것이 왕에게는 불리할 수도 있음을 깨닫지 못했다.

도림

? ~ ?

고구려 장수왕의 밀사로 백제에 들어가 뛰어난 바둑 솜씨로써 개로왕의 신임을 얻었다. 백제의 내정을 상세히 살피는 동시에 개로왕을 설득, 대대적인 토목공사를 벌여 국고를 탕진하도록 하여 백성을 곤궁에 빠뜨린 뒤, 475년 (장수왕 63년) 고구려로 하여금 백제를 쳐서 수도인 한성漢城을 함락하고 개로왕을 죽이게 하였다.

奸

스파이는 현대전의 산물만은 아니다. 고대 이래 전쟁의 전략과 전술에서 주요한 수단이었다. 『손자병법』 13편 중 한 편이 「용간用間(간첩 활용)」편이다. 손자는 스파이를 가장 중요한 병력으로 꼽았다. 그래서 가장 우수한 사람을 스파이로 파견했고, 그 공을 제일 높게 평가했다. 하긴 적의 심장부로 들어가 공작하는 스파이는 가장 위험한 임무를 띠기 마련이고, 지혜가 남달라야 한다. 『삼국지』나 『초한지』에도 스파이의 활약상이 두드러지게 그려진다. 통상 스파이는 첩보 입수가 주된 역할이겠지만 더 큰 역할은 적의 온전한 전술 운용을 방해하는 공작에 있을 것이다.

우리 역사에서도 스파이를 활용하는 일은 삼국시대 때부터 나타난다. 가령 왜국의 인질로 가 있던 눌지왕의 동생 미사흔을 구하기 위해 자신의 목숨을 바쳤던 박제상이 대표적인 예이다. 박제상은 신라를 배신하고 왜국에 투항한 것을 가장한 뒤 미사흔을 탈출시키고 자신이 대신 죽음을 맞았다. 적을 속이고 신라의 왕자를 구출하는 공작에 성공했던 것이다. 이보다는 덜 알려져 있지만 고구려 승려 도림의 대백제 공작은 스파이전의 진수를 보여준다.

5세기 중엽, 장수왕의 고구려와 개로왕의 백제는 비옥한 한강 유역을 두고 명운을 건 각축전을 벌이고 있었다. 장수왕은 427년 수도를 평양으로 옮긴 이후 남진정책을 펴며 백제를 압박했다. 백제는 국가의 중심축인 한강 유역을 상실하면 치명적인 상처를 입게 되므로, 신라와 동맹을 강화하는 한편 중국의 북위에 고구려를 협공할 것을 제안하기도 했다. 그러나 고구려에 대한 공세를 취할 여력이 없었던 북위는 백제의 제안을 거부한다. 화가 난 개로왕은 북위와의 외교관계를 끊는 악수를 두었다. 고구려로서는 배후의 북위나 송이 위협이 되지 않자 마음 놓고 백제 공략에 나섰다. 그러나 재위 60년이 넘은 장수왕은 노련했다. 그는 당장 군사를 일으키는 것보다 백제의 국력을 약화시킬 공작에 먼저 착수한다. 그러고는 공작을 담당할 간첩을 구했다. 이때 등장한 스파이가 고구려 승려 도림이었다.

개로왕을 노린 간첩 승려, 도림

도림은 승려였음에도 이렇게 출사표를 던졌다.

"소승은 전부터 도를 알지 못하므로 나라의 은혜나 갚으려고 생각하고 있었습니다. 원컨대 대왕께서는 신을 불초하게 여기지 마시고 저에게 지시하여 시키신다면 기필코 임금님의 명령을 욕되게 하지 않을 것입니다."

장수왕은 기뻐하며 도림을 백제를 속일 공작원으로 은밀히 파견했다. 도림은 박제상과 마찬가지로 고구려에 죄를 짓고 피신하는 척하며 백제로 들어갔다. 도림은 이미 개로왕의 성향을 탐지하고 있었다. 개로왕은 바로 장기와 바둑을 좋아하고 있었던 것이다. 도림은 백제의 대궐 수문장에게 부탁했다.

"신은 젊을 때부터 바둑을 배워서 자못 묘수妙手가 되었는데 왕에게 아뢰어주시기 바랍니다."

이런 몇 마디 말을 들어줄 수문장은 없을 것이다. 아마도 도림은 수문장에게 뇌물을 썼을 것이다. 개로왕이 도림을 불러 바둑을 두어 보니 과연 국수의 실력이었다. 바둑놀음에 도끼자루 썩는 줄 모른다고 했던가. 개로왕은 일개 승려에 불과한 도림을 높여 상객上客으로 삼고는 수시로 대국했다. 개로왕은 도림을 뒤늦게 만난 것을 한탄할 정도로 그에게 빠져들었다. 이제 도림은 바둑 친구만이 아니라 개로왕의 신임을 받는 측근의 위치까지 도달했다. 요즘 접대 골프로 출세하는 이들이 적지 않은 것처럼 접대 대국으로 왕의 측근이 되었던 것이다. 당시 바둑의 마력은 오늘날의 골프에 못지않았던 듯하다.

어느 날 도림은 개로왕과 독대하여 조용히 말했다.

"신은 다른 나라 사람입니다. 그런데도 임금께서는 소외하지 않으셨고, 은혜가 매우 후하셨는데, 저는 다만 한 가지 기능만으로 섬겼을 뿐이지요, 일찍이 조그만 이익도 드리지 못했습니다. 지금 한 말씀 드릴까 하온데 임금의 의사가 어떠실지 알 수 없습니다."

그러자 도림에 빠져 있던 개로왕은 흔쾌히 말했다.

"다만 말만 하오. 만약 나라에 이익이 있다면 이는 법사에게 바라는 바이오."

이제 도림이 회심의 일타를 날릴 차례였다.

"대왕의 나라는 사방이 모두 산악과 하해河海이니, 이것은 하늘이 만든 험지이며 사람의 힘으로 된 형승지形勝地는 아닙니다. 그러므로 사방의 나라들이 감히 엿볼 생각을 둘 수 없사오며, 다만 받들어 섬기기를 원하기에 겨를이 없을 것입니다. 왕은 마땅히 숭고한 형세와 부유한 실적으로써 다른 사람의 눈·귀를 움직이게 할 것인데도 궁실을 수리하지 않고, 선왕의 해골은 임시로 땅 위에 모셔놓았으며, 백성들의 가옥은 여러 번 하류河流에 무너졌습니다. 신이 생각하기에, 이는 대왕이 취할 바가 아닙니다."

개로왕은 크게 고개를 끄덕이며 답했다.

"옳소. 내가 장차 이 일을 할 것이오."

백성 징발해 대규모 토목공사 벌이게 해

개로왕은 나라 사람들을 모두 징벌하여 흙을 쪄서 성을 쌓고 그 안에 궁실과 누각, 정자를 웅장하고 화려하게 세웠다. 거석을 욱리하에서 가져다가 곽을 만들어 아버지의 유골을 장사 지냈다. 또한 강물을 따라 거대한 제방을 세우는 토목공사를 벌였다. 대규모 공사를 벌이느라 국고는 텅 비고 인민은 곤궁해져 국력은 피폐해졌다.

'간사모략.' 간첩을 파견해 최고 권력자에게 한껏 아첨을 떨어 판단을 흐리게 하는 계책에 개로왕은 당했던 것이다. 일생의 취미인 바둑 친구가 되어 달콤하기 그지없는 '충언'을 읊조리니, 성질 급하고 과시하기 좋아하는 개로왕으로서는 안 넘어갈 수가 없었다. 그것도 진심으로 백제와 개로왕을 위하는 듯한 모양새를 띠고 있으니 그 속마음을 알아차리기도 쉽지 않았을 것이다. 스파이로서 간신의 전형적 형태를 훌륭하게 연기한 도림은 백제의 국력이 피폐해진 것을 확인하고는 고구려로 탈출했다. 장수왕은 도림의 보고를 받고 크게 기뻐하면서 곧 출정을 준비했다.

개로왕은 도림의 탈출과 고구려군의 침략 소식을 듣고 아들 문주왕에게 통한의 말을 남긴다.

"내가 어리석고 밝지 못하여 간사한 사람의 말을 듣고 이 지경에 이르렀다. 백성은 쇠잔하고 군사는 약하니 비록 위태한 일이 있다 하더라도 누가 즐거이 나를 위하여 힘을 다해 싸워주겠느

도림

냐? 나는 마땅히 나라를 위하여 죽겠지만, 너는 이곳에 있어 함께 죽으면 나라에 이익이 없을 것이니 어찌 난을 피하여 나라의 계통을 계승하지 않겠느냐?"

개로왕은 아들 문주왕을 신라로 보내고 자신은 장수왕이 이끄는 3만 명의 고구려군을 맞아 싸웠다. 그러나 중과부적. 이레만에 성을 내주고는 탈출을 기도하다 포로가 된 뒤 죽음을 당했다. 이때 백제 사람 8천 명이 포로로 끌려갔다. 비록 아들 문주가 신라의 구원병을 이끌고 와 멸망을 면했지만 백제는 고구려의 침략을 피해 수도를 웅진(공주)으로 옮길 수밖에 없었다. 오랜 세월 백제의 터전이었던 한강 유역도 고구려의 몫이 되었다. 개로왕의 '간신 탐닉'에 백제는 궤멸에 가까운 타격을 입은 셈이다. 475년에 일어난 일이었다.

고구려의 멸망을 불러온 내부 간신

그러나 도림과 같은 '공작원 간신'(물론 고구려 입장에서 도림은 대단한 충신이다)보다 무서운 것은 역시 내부 간신이다. 비록 도림 때문에 궤멸적 타격을 입었지만 백제는 뼈저린 반성을 하고 다시 국력을 추슬러 그 뒤에도 200년을 더 영위했다. 외부의 간신이기 때문에 안으로 곪아 부식되지 않았기 때문이다. 모든 조직은 외부의 영향보다도 내부의 분열과 부패로 인해 죽음에 이르게 된다. 외부

'왕의 남자', 측근이 나라를 망친다

의 공세는 단지 계기적 요인에 불과할 때가 많다.

이런 점에서 고구려 멸망의 원인을 짚어볼 수 있다. 잘 알다시피 고구려는 110만 명의 병력을 이끌고 쳐들어왔던 수나라를 수차례 완전 격퇴했다. 또 연개소문 시절에는 '정관의 치'로 유명한 당태종에게 대승을 거두기도 했다. 당나라 최고의 실력을 갖춘 황제인 당태종이 이끄는 30만 명의 강력한 군대를 패퇴시킨 것이다. 당태종은 아예 고구려 정벌 중지와 앞으로도 침략에 나서지 말 것을 아들 고종에게 유언으로 남기기도 했다. 그럼에도 당고종은 고구려 침공을 단행했고, 그 결과는 고구려의 멸망이었다. 공교롭게도 당고종 이치는 유약하기 그지없는 인물이었고, 황후인 측천무후의 치마폭에 싸여 살았다. 재미있는 것은 측천무후는 고구려 공격에 소극적인 데 반해 유약한 당고종은 이때만큼은 자신이 주도적으로 나섰다는 사실이다. 그래서였는지 일본의 중국계 역사소설가 진순신은 당고종의 고구려 침공 성공을 "역사의 아이러니"라고까지 평한 바 있다.

"천군만마千軍萬馬의 태종이 해결하지 못한 고구려 평정이 그가 미더워하지 않았던 심약한 고종高宗 이치李治의 시대에 뜻밖에 잘 해결된 것은 역사의 아이러니라고 할 수 있다."

그렇다면 당태종도 공략에 실패했던 고구려가 유약한 고종에게 당했던 이유는 무엇일까? 혹자는 고구려의 강성일변도 외교에 그 원인을 두기도 하고 나당연합군 결성으로 당나라의 군수품 보급이 수월해졌던 것을 원인으로 꼽기도 한다.

하지만 666년 사망한 연개소문의 세 아들, 남생·남건·남산의 분열이 가장 큰 원인이 아닐까? 막리지가 되어 1인자로 권력을 승계한 장남 남생이 있었지만 동생들과의 역할 분담이 불명확했다. 남생이 막리지가 되어 처음으로 지방의 여러 성을 순시할 때 수도에서의 뒷일을 부탁받은 남건·남산 형제 사이에서 어떤 자가 이간질을 했다.

"남생이 두 아우가 자기를 핍박하는 걸 싫어해서 제거하려고 생각하고 있으니 먼저 계획하는 것만 못합니다."

두 아우는 이간질하는 이자의 말을 믿지 않았다. 그러나 남생에게도 이간질을 하는 자가 있었다.

"두 아우가 형이 그 권력을 빼앗을까 두려워하여, 형을 막아 들어오지 못하게 하려고 합니다."

이 말을 들은 남생은 의심이 들었다. 남생은 친한 사람을 평양에 몰래 보내 상황을 엿보게 했다. 그런데 공교롭게 이들 정탐꾼이 잡혔다. 이에 보장왕은 남생을 소환했다. 남생은 감히 돌아갈 생각을 하지 못했다. 그러자 남건은 스스로 막리지가 된 뒤 군사를 내어 왕명을 거역한 남생 토벌에 나섰다. 남생은 아들 헌성이 있는 국내성으로 도망간 뒤 헌성을 당나라에 들여보내 도움을 요청했다.

권력 내부 분열 노린 간신 모략

이 상황에서 고구려와 당의 싸움은 이미 끝난 것이나 다름없었다. 국력을 다 바쳐 싸워도 승리를 장담할 수 없는 상황에서 권력의 핵심에서 일어난 분란은 그만큼 치명적이었다. 막리지로서 고급 정보와 자체 군사력을 보유했던 남생과 그 아들 헌성은 당나라 군대의 길잡이가 되어 고구려 침공의 1등공신이 되었다. 662년, 연개소문 때 당의 백주자사 방효태가 이끄는 당군을 전멸시켰던 고구려의 군사력도 분열 앞에서는 속수무책일 수밖에 없었다.

요컨대 고구려 멸망의 첫 단추는 연개소문의 세 아들을 이간질한 자들에 의해 끼워졌던 것이다. 그런데 이간질하던 이들의 정체는 무엇일까. 『삼국사기』는 이들을 일러 간첩이라고 하지 않았다. 추측컨대 그들은 아마도 권력을 분점하고 있던 연씨 형제 사이에 끼어들어 한몫 잡으려던 자들이었을 것이다.

통상 군사적 모략에서는 적의 내부를 이간질시키는 간첩술을 쓴다. 항우의 책사였던 범증이 유방 측의 이간술에 휘말려 항우 진영을 떠나야 했던 것이 대표적이다. 지략가가 사라진 항우가 열세에 처하게 된 것은 당연했다.

그런데 고구려의 경우에는 상대방의 전술이 아니라 권세를 탐하는 내부 간신들의 이간질 때문에 굳건한 방비태세에 결정적 틈이 생기고 말았다. 백제 역시 왕자인 부여풍과 부여융의 분열이 패망의 한 원인이었다. 충신인 성충 대신 간신들의 말에 귀를 기울인 의자왕의 간신 탐닉은 패망의 결정적 원인이었다.

흔히 '측근'이니 '가신'이니 하며 권력의 단맛을 취하는 이들은 자신들의 조그만 권력을 지키기 위해 조직에 암적인 '이간질 세포'를 증식시킨다. 아무리 잘나가는 기업이든 나라든 이간질하는 간신을 제어하지 못하면 한순간에 망한다.

조직을 죽음에 이르게 하는 병은 외부가 아닌 내부적 요인 때문에 발생한다. 그래서 이간질을 획책하는 경쟁조직의 공작보다 내부의 이간질이 조직을 죽음에 이르게 하는 치명상이다. 부지런한 간신의 부식을 어떻게 막아야 할 것인가.

묘청

? ~ 1135

고려시대의 승려로 서경천도遷都와 칭제건원을 주장하였으나 중신들의 반대로 좌절되었다. 그 뒤 왕의 신임을 얻기 위한 노력이 무위로 돌아가자 서경에서 반란을 일으켰으나 김부식에게 섬멸되고, 자신은 부하에게 피살되었다.

妙

'조선 역사상 1천 년래 제1대 사건'의 주인공 묘청이 간신이라고?

묘청을 간신으로 꼽는다면 의아하게 생각할 독자들이 많겠다. 아니, 어쩌면 분노까지 느낄 수 있을 것이다. 묘청이 누구인가! 식민지 시대 최고의 역사학자이자 독립운동가였던 단채 신채호 선생이 '조선 역사상 1천 년래 제1대 사건'이라고 평가한 '묘청의 난'의 주인공 아닌가.

신채호는 이 묘청의 난이 '낭가사상과 불교사상 대 유가', '국풍國風 대 한학파', '독립당 대 사대당', '진취사상 대 보수사상'의 한판 전쟁이며, 전자의 대표자를 묘청, 후자의 대표자를 김부식으로 꼽았다. 이 독립 대 사대의 싸움에서 묘청이 졌기 때문에 조선의 역사가 1천 년간 사대로 이어져 오다 일제의 식민지로 전락했다고 탄식하는 것이다. 신채호의 평가에서 보자면, 묘청은 진취적이고 독립적인 입장에 선 민족의 영웅이어야 마땅하다.

과연 그런가? 이 물음에 대한 답은 묘청의 난이 발생한 배경과 그 전개과정을 보면서 판단해야 할 것 같다. 묘청의 난이 일어났던 12세기 초 고려는 위기국면에 놓여 있었다. 인종 4년(1126)에는 이자겸의 난이 일어났는데, 강력한 외척이었던 이자겸의 반란은 고려 왕실에 위기감을 심어주었다.

또한 지배층이 경제발전의 소득을 독차지하면서 향락 생활을 즐긴 반면, 일반 백성은 극심한 착취구조에 저항해 살던 곳에서 도망을 가버리는 유망流亡 현상이 전국적으로 확대되고 있었다. 게다가 지배층 안에서도 대대손손 고위직을 지켜가며 권력과 부를 움켜쥐고 있는 문벌귀족과 과거제를 통해 새롭게 등장한 신진 관료 사이의 대립이 격화하고 있었다.

대외적으로도 새롭게 발흥하는 금金은 강성한 힘을 바탕으로 고려에 대해 속국이 될 것을 강요했다. 여진이 세운 금은 예전에 고려를 부모의 나라로 섬겼던 터라 고려인들은 치욕에 떨었다. 그간에도 이자겸이 자신의 권력 유지를 위해 금의 속국이 될 것을 주도했지만 이제 사정은 달라졌다. 거란을 멸망시킨 데 이어 송까지 격파한 금이 명실공히 대륙의 절대 강자가 된 것이다. 그 누구라도 대륙의 패자 금에 거역하기는 힘들게 되었다.

이런 상황에서 개경에 기반을 둔 구신舊臣이 아닌 서경의 신흥세력이 부각되었다. 서경 출신이자 빼어난 시인으로 알려진 정지상은 이자겸 제거에 공을 세운 권신 척준경을 과감히 탄핵해 그를 귀양 보내는 데 공을 세웠다. 이로써 정지상은 인종仁宗의 최측근으로 부상했다. 정지상은 서경 출신의 승려인 묘청의 사상을 신봉했다. 지덕地德이 다한 개경을 버리고 서경으로 수도를 옮기면 금나라의 항복을 받아낼 수 있고, 동북아시아 중심국가가 될 수 있다는 것이 묘청의 주장이었다.

인종을 매혹시킨 천도 주장

정지상의 추천으로 묘청을 만난 인종은 서경 천도 주장에 솔깃했다. 문벌 관료들이 득실거리고 몸서리치는 반란을 겪은 개경을 벗어나 새로운 기운을 맛보고 싶었던 것이다. 또한 개경과 더불어 고려의 2대 도시인 서경의 인재 풀(pool)을 가동해 친위세력을 구축하고자 하는 의도도 있었다. 결국 서경 천도는 추진되었고, 인종 6년(1128)에는 풍수지리상 가장 좋다는 대화세大花勢의 명당에 해당하는 임원역에 대화궁을 짓기 시작했다. 그리고 이듬해에는 대화궁의 낙성을 기념해 서경에 행차하기로 했다. 당시 한겨울에 벌어진 대공사로 인해 백성들의 원망이 컸다.

이후 묘청과 정지상 등은 서경 천도에 이어 황제 칭호와 독자적인 연호를 사용해 나라의 자긍심을 높일 것을 권유했다. 그리고 금에 항복한 북송인이 세운 대제국大齊國과 연합해 금을 협공할 것을 주장했다. 그러나 이런 주장은 개경 세력의 완강한 반대에 부딪혀 실현되지 못했다.

그래도 인종은 묘청과 정지상 등 서경 세력의 주장을 일부 받아들여 서경에 자주 행차해 대화궁을 쌓기도 하고 팔성당이란 일종의 만신전을 쌓기도 했다. 그러던 중 인종이 묘청에 대한 신뢰를 얼마쯤 거두게 된 일이 발생했다. 인종 10년(1132) 2월, 왕이 묘청 일파와 함께 서경으로 가던 중 큰 폭풍우를 만나 인종을 비롯한 많은 사람이 고초를 겪고, 수많은 인마人馬가 살상되었다.

이에 묘청의 입장은 난처해졌다. 그러자 묘청은 무리수를 썼다. 기름이 들어간 떡을 대동강에 던져 수면에 기름이 흘러 오색으로 빛나게 했던 것이다. 묘청은 강물이 오색으로 빛나는 것은 용이 침을 토했기 때문이라며 이는 천 년에 한 번 있기도 힘든 상서로운 기운이라고 주장했다. 그리고 이런 상서가 있을 때를 놓치지 말고 금나라를 공격하자고 했다. 검교태사檢校太師를 지낸 이재정 등 서경인 50여 명도 묘청의 주장에 동조했다.

인종으로서는 서경에서 이를 독단으로 결정할 수 없었다. 신중했던 인종은 대신 문공인과 참지정사參知政事 이준양에게 대동강에 뜬 '용의 침'이 무엇인지 조사하게 했다. 그 결과 대동강에 뜬 '용의 침'은 기름떡을 가지고 농간한 것임이 탄로 났다. 묘청과 정지상 등의 정치적 위신은 크게 실추되고, 조정에서는 묘청 일파에 대한 숙청 요구가 잇따랐다.

그러나 인종은 용인하지 않았다. 오히려 얼마간은 서경의 대화궁에 행차할 것을 요청하는 묘청의 건의를 절반쯤 받아들여 옷만이라도 보내게 했다.

묘청의 '반란 아닌 반란'

그러나 얼마 지나지 않아 묘청 일파의 입지는 좁아지기만 했다. 풍수지리상 명당이라는 대화궁이 여러 번 벼락에 맞아 불타는가 하면, 극심한 가뭄으로 인해 많은 사람이 굶어죽었던 것이다. 또 대동강에서 뱃놀이하던 인종이 풍랑을 만나 큰 위험을 당하기도 했다.

이런 상황에서 개경의 대표적 권신인 김부식이 서경 천도를 반대하는 상소를 올리자 인종도 이를 받아들여 서경 천도 중지 명령을 내리는 결정적 사건이 발생했다. 이에 묘청 등은 인종을 서경으로 납치해 서경 천도를 강행하려 했지만 개경 관료들의 견제로 성공하지 못했다.

이제 묘청 일파는 정치적 생존은 물론 자신들의 목숨까지 위협받게 되었다. 묘청 일파는 사태가 반전되자 인종 13년(1135) 정월, 서경에서 성급하게 난을 일으켰다. 서경의 최고 행정책임자였던 분사시랑分司侍郎 조광과 군사책임자인 분사병부상서 유참, 재정책임자인 분사대부경分司大府卿 윤첨 등을 끌어들여 새로운 나라를 세웠던 것이다. 국호는 대위大爲, 연호를 천개天開로 한 이 나라는 그가 인조에게 권유했던 칭제건원稱帝建元을 실현한 것이었다.

그러나 나라라고 하기에 대위국은 너무나 어설픈 것이 사실이었다. 묘청 일파는 서경 관료 중 동조하지 않는 자는 구속하고, 서경에 와 있던 개경인은 모두 가두었다. 묘청에 동조한 세력도 모두가 적극적인 것은 아니었다. 김부식을 총사령관으로 한 개경의 정부군이 반란군을 진압하러 오자 내부 분열이 일어난 끝에 자멸했던 것이다.

반란의 공동 주모자였던 조광이 반란의 중심인물인 묘청, 유참 등의 목을 베고는 항복했다. 그러나 개경의 중심세력은 이들의 투항조차 받아들이지 않았다. 어쩔 수 없이 정부군과 대치한 서경의 반란세력은 인종14년(1136) 2월, 관군의 총공격으로 두 달 만에 진압되었다.

현실성 없던 '금국 정벌론'

이상이 묘청의 난의 전부다. 신채호가 후하게 평한 것에 비해 반란은 어설펐고, 칭제건원은 종이에 그린 호랑이에 불과했다. 그렇다면 묘청 일파가 주장했던 금나라 정벌은 현실성 있던 주장이었을까? 식민 치하에 있던 신채호가 묘청을 적극적으로 평가했던 것은 금국 정벌이라는 그들의 주장 때문이었다. 독립 의지를 키우기 위해서라도 민족 자주적인 입장에 선 사례를 찾고자 했던 것이다.

신채호의 기대와 달리 묘청 세력의 금국 정벌 주장은 실현 가능성이 전혀 없는 것이었다. 당시 여진이 세운 금나라는 거란족이 세웠던 강력한 요나라를 멸망시키고 송나라를 격파해 대륙의 남쪽으로 몰아냈을 만큼 동아시아 최강국이었다. 금은 이때 송의 황제를 포로로 잡기도 했다. 금은 중국 영토의 절반 이상을 차지하고 있었다. 이런 금을 징벌하는 것은 고사하고 그들이 침략할 경우 나라를 보존하기도 힘든 것이 사실이었다. 특히 여진족인 금의 병력은 기마부대가 주력이었다. 이들과 대적할 기마부대가 절대 부족했던 고려가 국경을 넘어 만주 일대의 평원에서 전투를 벌였다면 절대 불리할 것은 자명했다. 고구려와 고려가 방어전쟁에서 이길 수 있었던 것은 들을 불태워 적에게 먹을 것을 남기지 않고 산성에 올라가 싸워 기병을 무력화시켰던 청야전술淸野戰術에 능했기 때문이었다. 그런 고려군이 보병 중심으로 정벌에 나서는 것은 짚을 안고 불에 뛰어드는 격이었다. 물론 인종 전대인 예종 때 윤관이 여진 정벌을 단행해 동북 9성을 축성하는 성과를 보이기는 했다. 그러나 당시에도 고려의 국력을 다 쏟아 부어 동북 9성을 쌓았지만 얼마 뒤에는 고스란히 되돌려줘야 했다. 윤관의 여진 정벌은 10배가 넘는 병력을 동원해 겨우 이긴 싸움이었다.

고려는 예종의 선대인 숙종 당시부터 여진 부락을 공략하기 위해 기병 양성에 무진 애를 써야 했다. 더욱이 여진은 요와의 전쟁에 집중해 고려와는 화평하려는 입장이었기에 고려와의 전쟁을 회피했다. 그러나 이제 입장은 달라졌다. 요를 멸망시킨 금으로서는 상대가 누구라도 전쟁을 마다할 이유가 없었다. 이런 금을 징벌한다는 정책은 현실성이 전혀 없는 공허한 주장에 불과했던 것이다.

상징 조작의 선수였던 묘청 세력

이런 사정을 묘청 일파는 몰랐을까? 반란군을 제대로 조직할 능력조차 없었던 묘청 세력으로서는 현실을 몰랐을 수도 있다. 그러나 묘청 일파에게 금국 정벌의 가능성 여부는 별 문제가 아니었다. 금국 정벌과 서경 천도는 국내 정치에 필요한 수사 정도에 지나지 않았다. 한마디로 국내용 여론 호도책에 불과했던 것이다.

묘청 세력은 3대 광종 사후 세력을 잃었던 서경 출신이 주력이었다. 고려의 주류는 개경 이남 출신의 문벌 세력이었다. 이들 사이의 대립과 투쟁은 필연적인 역사의 과정이라 할 수 있었다. 묘청 일파가 세력을 강화하기 위해선 서경으로의 수도 이전이 핵심 포인트였다. 그 명분으로 그들은 금국 정벌이란 대의명분을 내세웠던 것이다. 인종 역시 이자겸의 난 이후 문벌귀족에 대한 거부감이 심했고, 기득권 세력이 포진한 개경을 벗어나고자 했다. 이런 인종의 이해와 맞아 한때나마 묘청은 세력을 얻을 수 있었다. 그런데 묘청이 인종의 총애를 받는 방법은 전형적인 상징 조작에 바탕을 둔 것이었다.

인종 7년(1129), 서경에 새 궁궐이 완공되었을 때 인종은 건룡전乾龍殿에 나가 앉아서 신하들의 축하를 받았다. 이때 묘청은 이런 말을 한다.

"방금 임금이 건룡전에 좌정할 때 공중에서 선악仙樂 소리가 들렸으니 이것이 어찌 새 대궐로 온 데 대한 상서로운 징조가 아니냐!"

그러고는 하표賀表를 초안하고 고위 신하들에게 서명을 요구했다. 그러나 들리지도 않는 신선의 음악을 들었다고 서명할 신하는 없었다. 앞서 기술한 바와 같이 대동강에 기름떡을 넣고는 용의 침이라고 사기 친 것 역시 조작의 일환이었다. 묘청은 상징 조작으로 뜨기도 했지만 그 때문에 몰락을 재촉하기도 했던 것이다.

춘추전국시대의 병서인 『육도六韜』에서는 "허위의 방술, 이상한 기술, 방자한 방법 등으로 남을 저주하며, 사악한 도술과 상서롭지 않은 말로 선량한 백성들을 현혹시키는 자"를 경계하고 물리쳐야 할 간신의 하나로 꼽았다. 묘청이 바로 이에 해당하는 것이다.

이들의 권력투쟁에 죽어났던 것은 일반 백성이었다. 한비자는 간신의 술책 중 하나가 "자신의 욕심과 사사로운 이득을 채우려는 속셈으로 대대적으로 백성을 동원하여 궁실을 짓고 누각을 세우는 대규모 공사를 일으키는 것"이라고 했다. 묘청은 무리한 서경 천도를 강행해 고려 백성의 피눈물을 짜냈다. 『고려사』에는 엄동설한에 공사 독촉을 심하게 해 주민들의 원성이 자자했다고 당시 신궁 공사 상황을 전한다. 더욱이 묘청은 서경에서 대위국을 일시적으로 세웠을 때는 서경 양부兩府부터 주군수州郡守까지 모두 서경인만을 임명했고, 개경 출신은 모두 가두었다. 지역 차별에 반대했던 그들이 자신들의 왕국을 세웠을 때는 정작 서경인만을 등용했던 것이다. 반란의 명분조차 잃었다는 얘기다.

묘청이 권력을 얻는 방식이나 세력을 규합하는 방법은 전형적인 간신의 모습이었다. 명분은 칭제건원과 금국 정벌이었지만 그것은 허황된 정치적 수사에 그쳤던 것이다. 이자겸의 난을 극복했던 것을 계기로 새로운 정치 질서를 수립할 수 있었던 기회를 인종은 인재 기용의 실패로 놓쳤던 것이다. 결국 뒤이어 왕위에 오른 의종 때는 무신의 난으로 인해 정상적인 정치체제가 붕괴되기에 이른다. 인재 기용의 실패로 왕권은 땅에 떨어지게 된 것이다.

김돈중

? ~ 1170

고려시대 문신. 인종 때의 권신인 김부식의 아들로 왕의 측근에서 보
필하는 내시직에 있었다. 무인들에게 오만방자한 태도를 보여 그들
의 원한을 샀다. 정중부가 보현원에서 난을 일으켜 많은 문신이 살해
당하자, 도망하여 감악산에 숨었으나 종자의 밀고에 의하여 잡혀 죽
었다.

奸

충신과 간신의 차이는 종이 한 장 차이라 하였다. 물론 단순 예스맨과 같은 3급 간신도 있다. 그런 자는 역사라는 장에서 보면 바닷가 백사장의 한 줌 발자국 같은 존재다. 흔적도 없이 스러진다.

그러나 이런 미미한 존재라 하더라도 최고 권력자가 혼미하면 역사의 물꼬를 바꿔버리게 된다. 무신의 난으로 왕의 자리에서 쫓겨난 뒤 3년 만에 이의민에 의해 허리가 꺾여 죽는 비참한 최후를 맞았던 고려 의종의 경우가 그랬다. 무신의 난으로 사실 고려 왕의 위상은 얼굴마담 수준으로 떨어졌다. 무신들이 새로 왕조를 열고자 했다면 왕씨 왕조는 문을 닫을 수도 있는 상황이었다. 왕조는 몰락 직전까지 갔던 것이다. 이런 의종은 환관을 총애했다. 물론 그렇다고 의종이 남색 취향이 있었던 것도 아니고, 변태적 관계를 좋아해서도 아니었다. 의종 대의 기묘한 정치적 역할관계 때문이었다.

향락과 측근에 취한 의종의 비극

묘청의 난을 맞았던 인종의 뒤를 이어 즉위한 의종은 고려에서도 보기 드물게 환락에 취한 왕이었다. 25년이라는 긴 기간을 왕위에 있으면서 그는 거의 대부분의 시간을 술 마시고 노는 데 보냈다. 즉위 초 얼마간은 간관의 충언에 귀 기울여 노는 것을 자제했지만 얼마 지나지 않아 노는 데 빠져들었다. 『고려사』나 『고려사절요』의 의종조 기록은 의종이 이 절, 저 정원으로 놀러 다녔다는 기록으로 빼곡하다. 놀러갔다가 기상이변이 생겼는지 날씨가 춥고 비가 심하게 내려 호위하던 군졸 9명이 얼어 죽은 일까지 발생했다.

말년에 이르러서는 알코올 중독자와 같은 행태를 보이기도 했다. 얼마나 알코올 중독에 빠졌는지 무신의 난이 발생했던 1170년 9월 정중부 등이 왕을 수행한 내시 10여 명과 환관 10여 명을 죽일 때도 의종은 술을 마시면서 태연자약했다고 한다. 살육의 현장에서도 의종은 악사들의 음악을 들으면서 술에 취한 뒤에야 잠에 들었다.

의종의 측근세력 강화 정책

사실 의종은 즉위 초년에는 인종조를 거치면서 악화된 왕권을 안정시키기 위해 많은 노력을 기울였다. 서경 세력을 진압한 김부식 등 거대 문벌관료세력은 이미 왕권보다 우위에 있었다. 인종도 김부식 등을 내켜하지는 않았지만 세력관계의 추는 이미 문벌관료에게 있었다.

20세의 나이에 즉위한 의종 역시 이 사실을 잘 알고 있었다. 그는 실권을 쥔 문신들에 대항할 세력을 키우기 위해 내시와 환관 등 측근 세력을 배양했다. 그리고 문신에 비해 전통적으로 홀대당하던 무신 세력에 대해서도 관심을 기울였다.

고려의 내시는 조선시대처럼 환관이 아니라 왕을 측근에서 모시는 승지(비서)와 같은 위상이었다. 내각을 직접 통제할 힘이 없던 임금이 측근세력을 키워서 행정부를 견제하는 도구였다. 이 내시 중에는 당대 실력자였던 김부식의 아들 김돈중도 있었다. 이들은 왕의 총애를 받았다.

무신에 대한 대우도 이전과는 달랐다. 천민 출신의 군인도 재능이 있으면 중용했다. 또 의종은 궁술과 말타기에 능숙한 자를 직접 선발했으며, 그들이 활을 쏘며 훈련하는 것을 하루 종일 지켜보기도 했다. 건룡군과 시위군과 같은 왕의 친위부대는 좋은 대우를 받았다.

그러나 의종의 친위세력 구축은 곧바로 문신의 견제를 받았다. 문신을 대표해 간관들은 왕의 측근세력인 환관을 집중 공격했다. 미천한 출신으로 고자인 환관을 중용하는 것을 문벌가의 관료들은 참지 못했던 것이다. 또한 왕이 무신들과 어울려 노는 것을 비판했다.

유약한 의종은 이러한 견제에 굴복했다. 아무래도 실권은 주류 문신세력에게 있었기 때문이었다. 의종은 이때부터 문신과 놀러 다니는 것을 즐겼다. 만수정이나 보현원 같은 정원에서 벌어진 잔치에서는 시문을 농락하는 소리가 울려 퍼졌다.

그러나 무신들은 이들을 호위하느라 밥을 굶고 추위에 떠는 일이 잦아졌다. 한때 임금의 총애를 받던 무신들인지라 그 상실감은 훨씬 더 컸다. 이런 불만이 무신들의 내면에 부글부글 끓고 있다가 무신의 난으로 폭발하게 된 것이었다.

인사가 망사였다

결국 무신란은 문신관료 출신 내시·천민 출신의 환관·무신 등 의종을 떠받치는 3대 세력에 대한 균형을 잡지 못해 벌어진 것으로 볼 수 있을 것이다. 애초 내시와 환관은 심각한 갈등 관계에 있었다. 의종은 친위세력 구축을 통해 천민 출신의 환관을 고려에서 처음으로 조정 관원으로 등용했다. 고려에서는 거세형을 쓰지 않았기 때문에 궁궐의 일상 업무를 관장할 환관은 개에게 남근을 물려 고자가 된 이들 중에서 뽑아서 썼다. 당연히 백성이나 천한 노비 출신이 환관이 되었다. 이에 반해 내시는 문벌귀족 출신의 엘리트 관료가 출세 코스로 가는 보직이었다. 조선의 승지나 요즘 청와대 비서실의 비서관이나 수석에 해당하는 자리였다.

그런데 이런 내시직에 천민 출신의 환관을 기용한다고 하니 문벌 관료의 반발은 집요했다. 의종은 환관으로서 자기 유모의 남편이었던 정함이란 자에게 최초로 내전숭반內殿崇班 벼슬도 주고, 서대犀帶를 하사해 차고 다니게 했다. 서대란 물소 뿔로 만든 요대로, 국정에 참여하는 조관들만 차고 다닐 수 있는 것이었다. 더구나 정함은 고려 창업에 반대해 노비가 된 가문 출신으로 그 역시 공노비였다.

대간들은 정함의 서대를 강제로 빼앗아 왕의 권위에 직접 도전하기도 했다. 의종은 이런 대간들을 처벌하기도 했으나 부분적으로는 정함 편을 들었던 내시들을 철직撤職시키는 타협책을 쓰기도 했다. 의종은 정함을 종7품직인 권지합문지후權知閣門祗候(의례를 관장하는 직무)에 임명했지만 대간의 관리들이 정함의 임명 고신告身(사령장)에 서명하지 않아 이를 관철시키는 데만 7년이 걸릴 정도로 문신귀족들의 반발은 거셌다.

어쨌든 의종의 집요한 의지 덕에 환관인 정함은 내시직에 머물 수 있었다. 환관이 양반이 된 것이다. 직급은 낮았지만 왕의 총애를 바탕으로 정함은 권세가 성해져 관노인 왕광취와 백자단 등을 내시직에 올려 세력을 쌓았다. 대궐에서 동남방으로 30보 밖에 있는 그의 저택은 행랑이 무려 200칸에 이르렀으며 구조가 왕궁과 비슷할 정도였다고 한다.

이제 정함의 힘은 막강해져 재상이나 대간도 세력에 눌려 겁을 먹을 정도여서 뭐라 말할 사람이 없을 정도였다. 정함을 기점으로 하여 환관들은 세력을 얻기 시작했다.

백선연이란 자는 남경南京(서울)의 관노였는데 의종의 눈에 띄어 입궐해 환관이 되었다. 의종은 양자養子라고 불렀다는데 왕의 침전을 관리했다. 의종이 총애하던 궁녀 무비와 관계한다는 소문이 나돌았지만 의종의 총애는 여전했다. 그 총애는 곧바로 권세가되었다.

당연히 똥파리가 들끓었다. 내시 김헌황이 아첨하다 어사대의 규탄을 받아 내시 적籍에서 삭제되는가 하면 서리 진득문은 노예처럼 백선연을 섬겨 보석 판관 벼슬을 얻었다. 광주의 서기 김류는 백성의 재산을 토색하여 환관에게 뇌물을 바쳤다. 그 역시 내시직을 얻었다.

의종은 노비 출신만이 아니라 반역자의 후손으로 점쟁이인 영의란자 또한 중용하여 숱한 불사와 제사를 올려 국고를 고갈시켰다. 한편 문신관료 중에는 환관들과 갈등만 일으켰던 자가 있는 것만도 아니었다. 김존중이란 자는 인종 때 과거에 급제한 정통 문신관료로 태자의 시학으로 의종을 가르쳤다. 의종이 즉위한 뒤에는 내시부에 소속돼 우승선右承宣으로 발탁되었다. 김존중은 문신관료들이 꺼리던 환관 정함과 친했다. 왕의 총애를 받던 두 사람은 결탁해 왕실의 실세로 떠올랐다. 김존중은 인사권을 장악해 벼슬과 작위를 팔아 고래등 같은 집을 네 채나 소유했다. 그의 형제와 친척들이 그의 권세를 믿고 교만 방자했던 것은 물론이다.

이렇듯 내시와 환관의 세상이 되었다. 환관은 의종의 최측근이었고, 내시 상당수는 의종과 타협한 문벌귀족이었다. 이들은 부와 권세를 거머쥐었다. 다만 의종의 무력 기반인 무신들과 하급 군인들은 날이 갈수록 찬밥 신세였다. 그렇다고 당장 반란의 기운이 생겼던 것은 아니었다. 반란을 촉발시켰던 것은 김부식의 아들 김돈중이었다.

의종 몰락의 직접적 계기는 내시 김돈중

김돈중이 내시직에 있을 때 정중부의 수염을 불태워 그의 원한을 샀던 일을 유명하다. 자식뻘밖에 안 되는 새파란 놈에게 무인의 자랑인 수염이 불태워졌으니 이가 갈릴 만하다. 이 원한 때문에 무신란을 일으켰다고도 한다. 그러나 수염이 불태워진 것은 무신란 26년 전 일이었다. 그 긴 세월동안 잊지 못하고 목숨을 건 난을 일으킬 리는 없다. 수염 사건이 아니라 김돈중은 무신란 3년 전인 의종 21년에 결정적인 실수를 저질렀다.

관등제를 하던 날 밤, 의종 일행은 봉은사로 갔다가 관풍루로 돌아가게 되었다. 그런데 김돈중이 탔던 말은 조련도 덜 된 데다 징과 북 치는 소리에 놀라서 뛰다가 어느 기병과 충돌하게 되었다. 그 바람에 기병의 화살통에서 화살이 튀어나가 왕이 타고 가던 가마 옆에 떨어졌다. 깜짝 놀란 의종은 급히 궁으로 돌아와서는 범인 색출에 나섰다. 시내 각처에 방이 붙고 현상금이 걸렸다.

놀라고 겁이 난 김돈중은 사실을 고하지 못했다. 왕의 서슬에 무고한 이들이 체포되었다. 왕의 동생 대녕후 경의 집 하인이 지목돼 죽음을 당했다. 또한 호위병들이 태만하다 하여 견룡, 순검, 지유 등 추위에 배고픔에 떨며 격무에 시달리던 무신들 14명이 귀양 갔다. 무신들이 원한에 사무치지 않을 수 없었다. 무신의 집단적 반란의 기운은 이때 더욱 증폭되었을 것이다.

김돈중은 앞에서 기술된 환관과 내시처럼 권세 자랑은 하지 않았지만 그 폐해는 더욱 컸다. 앞서 정함이 합문지후에 임명됐을 때도 그는 문벌귀족이라고(김부식 집안은 고려에서도 세 손가락 안에 드는 문벌귀족이었다) 임명 고신에 서명하지 않아 직급이 떨어지기도 했다. 시어사侍御史에서 호부원외랑戶部員外郞으로 강직降職되었던 것이다.

그러자 아버지는 김부식이 창건한 관란사를 중수하고 왕을 위해 복을 빌었다. 물론 소문을 냈다. 의종이 관란사를 찾았을 때는 근처의 주민을 강제 동원해 소나무, 잣나무, 삼나무, 젓나무 등 기이한 화초를 이식하고 왕이 휴식할 이궁까지 신축하였다. 섬돌은 모두 기괴한 돌로 만들었다. 장막과 그릇, 집이 모두 사치스럽고 진기한 것이었다. 강제 노역에 동원된 백성의 고초가 심했을 것은 말할 필요도 없다.

이런 김돈중이 무신에게 곱게 보일 리 없었다. 무신란 직후 그는 도망갔지만 집 종의 밀고로 붙잡혀 살해당했다. 일신의 안위만 살피던, 힘이 자신만 못하면 짓밟던 자의 최후였다.

의종은 날로 취약해지는 왕권을 강화하기 위해 측근세력의 부식에 골몰했다. 그러나 원칙이 없었다. 무엇보다 문벌귀족을 견제할 대항세력을 형성하지 못했다. 집단적 지지기반이 요구되는데 측근 그룹에만 매달렸던 것이다. 게다가 문벌귀족과는 애매한 타협으로 천출의 환관 그룹과 무신 그룹과의 갈등상황을 방치했다. 어쩌면 그 스트레스를 잊으려 술과 환락에 탐닉했는지 모르겠다.

일본의 경제·역사 평론가인 사카이야 다이치는 그의 명저 『조직의 성쇠』에서 좋은 보좌역의 제1조건으로 '익명의 정열'을 꼽았다. 자신의 공을 감추는 데서 기쁨을 느끼고 우두머리의 업무인 종합 조정의 사전처리와 사후처리를 매끈하게 처리해 자신의 존재감에 대한 욕심이 없어야 한다고 했다. 당연히 공로 다툼이 있을 수 없다.

의종이 형성하고자 했던 측근세력은 이같은 좋은 의미의 보좌역 역할에 충실해야 했다. 그러나 의종에게는 단물만 빨아먹는 간신만 있을 뿐, 목숨을 거는 보좌역은 없었다. 물론 의종에게도 문제가 컸다. 좋은 보좌역을 만들기 위해 권력자는 전폭적인 신뢰를 이들에게 주어야 한다. 그러나 절반의 신뢰만 주었던 것이 김돈중 같은 비겁자를 양성했던 것이다.

권력은 균형을 잡는 저울추라 했다. 그 추를 어떻게 잡느냐가 성공과 실패를 가른다.

김용

? ~ 1363

고려 말기의 무신. 공민왕이 세자로 원나라에 갔을 때 시종한 공으로, 대호군大護軍에 올랐다. 원나라에서 장사성을 토벌할 때 참여하였다. 공민왕이 돌아와 즉위하자 응양군상호군鷹揚軍上護軍이 되었으며 여러 차례 고위직에 올랐다. 평소 사이가 좋지 않던 정세운과 안우 등이 홍건적을 격퇴하여 공을 세우자 모략을 써서 이들을 죽였다. 죄상이 폭로될까 두려워 공민왕을 시해하려다 실패한 뒤 사형 당했다.

奸

"앞으로 누구를 믿고 의지할 것인가!"

공민왕은 탄식하며 눈물을 흘렸다. 얼마 전에 죽은 한 인물을 그리며 흘린 눈물이었다. 공민왕이 이토록 슬퍼했던 인물은 김용이었다. 김용은 『고려사열전』「반역」조에 그의 일대기가 실려 있는 인물이다. 그러나 김용은 반역자라기보다는 전형적인 간신으로 꼽아 마땅한 인물이었다. 그에 관한 기록을 보면 분노가 치밀어 오르기까지 한다. 더욱이 김용은 공민왕을 시해하려는 인물이었다. 그런데 공민왕은 김용을 애절하게 그리워하고 있는 것이다.

공민왕은 누구인가? 재위 24년간 끊임없이 개혁을 추진했던, 고려에서 손꼽을 만한 개혁군주였다. 그의 개혁정치로 고려는 원의 간섭에서 벗어나 새로운 역사의 도약을 준비할 수 있었다. 그런데 희대의 간신을 추모하는 공민왕이라… 김용은 권력자의 간신 중독을 보여줄 대표적인 인물로 꼽을 수 있다.

공민왕의 간신 중독

김용은 공민왕이 즉위하기 전 원자元子로서 원나라에 가 있을 때부터 공민왕의 곁을 지켰던 최측근 인사였다. 공민왕이 즉위한 후에는 응양군상호군鷹揚軍上護軍 벼슬을 주고 원나라 조정에 신청하여 행성원외랑에 임명했다. 김용은 그 뒤에도 시종공侍從功이 1등으로 평가돼 토지와 노비를 받고 종2품 밀직부사로 임명되었다.

그런데 김용은 공민왕의 최측근이자 공신이면서도 재위 초기부터 이상한 징후를 보였다. 공민왕 1년(1352) 김용과 마찬가지로 공민왕을 원에서부터 시종했던 조일신이 반란을 일으켰다. 그때 조일신은 왕이 거처하던 궁궐을 침범해 숙위하던 사람들을 많이 죽였는데 김용은 내전에서 숙직하고 있으면서도 화를 면했던 것이다. 또한 왕을 방어하는 데 나서지도 않아 물의를 빚었다. 공민왕 역시 이를 의심해 김용에게 곤장을 치게 하고 바다섬으로 귀양을 보냈다.

그러나 김용은 2년 뒤 복권되었다. 원이 한족의 반란을 진압하는데 고려의 유능한 장수와 군사를 요청하자 김용을 보냈던 것이다. 김용은 원에 파견된 지 1년 만에 귀국하여 지도첨의사사知都僉議使司란 중책을 맡았다.

그러나 김용은 곧 실각했다. 공민왕 4년(1355) 12월, 그의 간신 행각이 또다시 드러났기 때문이다. 당시 김용은 찬성사 김보와 권세를 다투고 있었는데, 김보가 모친상을 당하자 몰래 정동성도

사征東省都事 최개를 움직여 관리들이 부모의 상을 맞으면 3년간 벼슬을 쉬도록 청원하도록 했다. 그러고는 왕의 명령을 위조해 도평의사都評議司에서 조정백관의 3년 거상 제도를 시행하도록 압력을 가했다. '효'란 명목 아래 김보를 정치적 식물인간으로 만들려 했던 것이다. 이런 김용의 행태를 공민왕이 알아채고는 3년 거상 제대를 폐지하고 김용을 제주에 유배시켰다.

이런 김용을 공민왕이 또다시 이듬해 5월, 첨의평리僉議評理란 벼슬을 주어 복권시켰다. 같은 달에 있었던 부원파 기철 등을 주살하면서 측근세력을 강화하고자 하는 의도에서였을 것이다. 김용은 1년이 조금 지난 공민왕 7년(1358) 정월에 중서문하시랑평장사中書門下侍郎平章事로 승진했다. 이때부터 김용은 권력의 전성기를 맞이하였다. 왕의 총애를 받아서인지 이전과는 달리 몇 가지 물의를 빚어도 문책당하지 않았다.

판밀직 벼슬에 있던 신귀가 강직당하여 지방에 있었는데 그의 처 강 씨는 혼자 살면서 대신들 여럿과 간통을 일삼았다. 김용 역시 강 씨와 바람을 피웠다. 그런 강 씨를 신귀의 모친이 어사대에 고소하여 관계한 벼슬아치들은 대개가 처벌되었다. 그러나 김용만은 처벌을 면했다. 권세의 힘이었다.

또한 그가 순군만호(도성의 치안을 맡은 책임자)로 있을 때는 무뢰배 1천 명을 모아 순군에 예속시키고 그들을 데리고 다녔다. 팔관회 때에는 순군과 궁실 경호원인 홀치忽赤가 열을 지어 국왕을 호위했는데, 그 과정에서 길을 다투다 순군 편에서 홀치의 장군을 몽둥이로 친 일이 발생했다. 기강을 무너뜨린 일인데도 공민왕은 순군 편을 들어 이 일을 못 본 체했다. 이쯤이면 김용에 대한 공민왕의 신뢰가 어떤 것인지 짐작할 만했다.

김용의 모략극

이런 총애를 받다보면 권력에 대한 독점욕이 강해지는 모양이다. 김용은 홍건적의 난을 진압하는 데 빛나는 공을 세웠던 정세운 장군을 시기해 모략극을 꾸몄다. 공민왕 10년(1361) 10만의 홍건적은 개경까지 함락시키며 우리 국토와 민중을 짓밟았다. 이런 홍건적의 난을 진압했던 총사령관은 정세운 장군이었으며 김득배·안우·이방실 장군이 사령부를 맡았다. 일선 지휘관으로 참여했던 최영과 이성계는 홍건적의 난을 계기로 민중의 영웅으로 떠오르기도 했다.

그러나 김용에게 정세운과 김득배를 비롯한 홍건적 토벌의 공신들은 그의 권력 독점을 방해할 걸림돌에 불과했다. 그는 무시무시한 모략극을 꾸몄다. 우선 정세운을 죽일 것을 명하는 내용의 편지를 쓰고는 공민왕의 것인 양 위조하여 그의 조카뻘 되는 전 공부상서 김림이란 자를 통해 안우 등에게 주었다. 그러고는 이렇게 덧붙였다.

"정세운이 평소에 그대들(안우·이방실·김득배)을 꺼렸으므로 적을 격파한 후에는 결코 화를 면할 수 없을 것이니 어찌 먼저 손을 쓰지 않겠는가?"

정세운과 나머지 장군을 떼어놓는 술책이었다. 이에 안우와 이방실이 먼저 넘어갔다. 그들은 김득배의 진중에 찾아가 정세운을 죽일 것을 거듭 설득했다.

"정세운을 처단하라 함은 임금의 명령이다. 우리가 공을 세워도 명령을 받들지 않으면 후환을 어떻게 할 것인가."

김득배는 이런 주장에 대해 강력히 반대했다. 부득이하게 정세운을 죽여야 한다면 계통을 밟아 집정執政이 국왕에게 말하여 시행해야 한다고 하였다. 이런 합리적 주장이 이들 장군에게 받아들여지지 않았다. 전쟁이란 비상시국이, 그리고 고려 말기의 정치적 격변이 세상사에 대한 상식적인 감마저도 깨뜨려놓은 모양이다. 안우와 이방실은 김득배의 반대에도 불구하고 정세운 살해를 감행했다. 정세운을 청해 술을 먹이고는 장사에게 쳐 죽이게 한 것이었다.

다음 날 안우가 공민왕이 거처하는 행궁에 왔을 때, 김용은 문지기를 시켜 문 앞에서 망치로 안우의 머리를 내리치게 했다. 그러자 안우는 안색도 변하지 않고 자신이 차고 있던 주머니를 손으로 두드리면서 큰 소리로 부르짖었다.

"잠시의 여유를 얻어 임금 앞에 가서 주머니의 편지를 드린 후에 형刑을 받는 것이 소원이다!"

이 목소리는 왕에게 들리지 않았다. 대신 문지기의 손에 들린

망치가 안우의 머리를 다시 칠 뿐이었다. 이렇게 안우는 죽임을 당했다. 주머니의 편지란 정세운을 살해할 것을 가짜로 명한, 김용이 위조한 공민왕의 편지였다.

김용은 이어 비밀이 누설될까 우려해 편지를 전했던 김림을 죽였다. 그리고 공민왕에게 주장主將인 정세운을 함부로 죽인 죄를 들어 이방실·김득배를 죽일 것을 청했다. 김용은 공민왕의 승인을 받아 이방실과 김득배를 찾아서 죽였다. 홍건적의 침략을 사력을 다해 막아낸 공에 대한 대가가 이런 참혹한 피살이었다.

고려인들은 안우와 이방실의 열 살 남짓 된 아들들이 거리에서 놀고 있을 때면 앞 다투어 이 아이들에게 물품을 주었다. 개중에는 "지금 우리들이 편안히 먹고 잘 수 있는 것은 세 원수의 공"이라며 눈물을 흘리는 이들도 많았다.

김용의 공민왕 암살기도

이런 끔찍한 일이 벌어진 지 얼마 되지 않아 공민왕을 시해하려는 사건이 발생했다. 공민왕12년(1363) 3월, 김수와 조련 등 반란군 50여 명이 왕이 임시로 머물고 있던 행궁行宮인 흥왕사로 난입해 들어왔던 것이다.

"황제(원나라 황제)의 명을 받들고 왔다."

이들은 이렇게 외치며 지키고 있던 환관을 죽이고는 왕의 침전으로 들어갔다. 바로 그 순간 환관 이강달이 공민왕을 업고 샛문으로 나가 대비의 밀실에 숨어 들어갔다. 대신 친전의 자리에는 공민왕과 용모가 비슷한 환관 안도치가 누웠다. 공민왕 대신 죽음을 맞이하기 위해서였다. 암살자는 안도치를 죽이고는 왕을 죽인 것으로 알고 만세를 불렀다.

행궁에 머물러 있던 왕자문과 김한룡 등의 관리를 죽인 암살자는 이제 우정승 홍언박을 없애기 위해 그의 집으로 갔다. 홍언박은 김용을 시기하는 인물이었다.

"홍언박은 나와서 황제의 명을 받으라."

반역자들이 그를 찾자 홍언박은 아들과 아내의 만류를 무릅쓰고 집 밖으로 나왔다.

"수상이 되어가지고 죽음을 피해 도망갈 자가 있으리오!"

홍언박은 죽음을 두려워하지 않았다.

"너희들은 도적인데 어찌 황제의 명령이라 일컫는가?"

홍언박 최후의 일성이었다. 반역자들은 홍언박을 한칼에 쳐서 죽였다.

행궁에 난입한 지 얼마 되지 않아 반란군은 공민왕이 살아 있다는 것을 알았다. 그들은 공민왕을 안심시키려고 "임금을 놀라게 하지 말라"며 무리 40여 명에게 거짓으로 궁중의 여러 직책을 맡겼다. 그러고는 주방 사람들에게 음식을 만들어 왕에게 바치도록 하였다. 공민왕이 안심하고 나오도록 만들 유인책이었다. 또 한 편의 무리를 짜서는 개경의 재상들을 죽이려 하였다.

그러나 반군이 권력을 잡는 데는 이미 어려운 상황이 되었다. 재상들은 매달 초 묘련사에 모여 국가를 위해 비는 행사를 하고 있다가 반란 소식을 들었다. 그들은 반군이 오기 전 순군부로 가서 반군 진압을 숙의했다. 대부분의 재상과 장군은 행궁으로 가서 반군을 진압하고자 했다. 이때 모략의 대가였던 김용은 자신이 반군의 배후에 있으면서도 반군 진압에 앞장섰다.

그는 재상들에게는 행궁으로 가라고 하면서도 자신은 흩어진 병력을 수습해 곧 가겠다며 공민왕에게 가는 것을 미루었다. 그러고는 잡혀오는 반란군을 그의 문객인 화지원과 눈짓을 맞춰가며 즉석에서 죽여서 입을 막아버렸다. 사건의 추이를 재빨리 읽어 생존을 도모하는 무서운 음모가였던 것이다.

행궁에 난입해 있던 반란군은 최영과 김장수가 과감히 진격하여 반항하는 반군은 모조리 격살했다. 이 진압작전 과정에서 김장수는 반군의 칼을 맞고 죽었다.

힘센 쪽이 정의다

홍왕사에서의 반란이 평정된 뒤 김용은 역적 토벌의 제1공신으로 책봉되었다. 무서운 일이었다. 그러나 김용의 이런 가공할 만한 정치 쇼는 오래가지 못했다. 감추기에는 꼬리가 너무 길었던 것이다. 홍왕사의 난으로 체포된 반군이 90여 명이었는데, 김용은 사건 처리를 책임진 제조提調의 자리에 있으면서도 한 명도 심문하지 않아 사람들이 의심했다.

공민왕 역시 김용을 의심하지 않을 수 없었다. "너를 순군옥에 가두고 심문할 것이나 다만 전 공을 생각하고 그저 경하게 처치하여 둔다"며 밀성군으로 귀양 보냈다. 그의 측근들도 외지로 추방했다. 얼마 지나지 않아 대호군 임견미 등이 와서 김용을 계림부(경주)로 이관한 뒤 국문했다. 물론 김용은 극구 부인했다.

"내가 8년 동안 재상으로 있으면서 하고 싶은 일을 못 해본 바 없었는데, 어찌 왕을 해칠 마음이 있겠는가? 다만 홍언박 시중을 제거하려고 했을 뿐이다."

그러나 임견미 등의 다음과 같은 반문에는 답을 하지 못했다.

"그렇다면 무엇 때문에 안도치를 죽였는가?"

반군이 공민왕으로 알고 죽였던 환관 안도치를 말하는 것이었다. 김용은 그의 사지가 찢겨져 팔도에 조리 돌리고, 머리는 개경으로 전송돼 저잣거리에 걸렸다. 그의 재산은 몰수당했으며 집은 헐려 연못이 되었다. 그의 도당 10여 명은 목이 베였고, 수십 명은 귀양에 처해졌다.

김용의 말대로 하고 싶은 모든 것을 했던 그가 왜 이런 반란을 일으키려고 했을까? 그것은 그가 홍왕사의 난이 있기 한 달 전 원에서 추진된 공민왕 폐위와 덕흥군(충선왕의 3자)의 고려왕 책봉과 관련이 있었다. 김용은 덕흥군과 그 배후세력인 기황후, 그리고 부원배 최유 등과 내통해 권력을 더욱 공고히 하려고 했던 것이다. 고려왕에 책봉된 덕흥군은 원에서 김용을 판삼사사判三司事란 고위직에 임명한 바 있었다. 공민왕의 권력이 유지될지 어떨지 모르는 상황에서 김용은 원이란 안전판에 기대고자 했던 것이 아닐까? 양지만 좇는 간신에겐 힘센 쪽이 정의이기 마련이다.

한편 김용이 이렇게 죽임을 당한 뒤에도 공민왕은 그를 잊지 못했다. 그 총명한 공민왕조차 간신 중독에 빠져 헤어나지 못했던 것이다.

지나친 충신은 간신이 된다

홍국영

1748 ~ 1781

조선 후기의 정치가. 1771년 과거에 급제한 후 당시 세자이던 정조를 도와 여러 차례 음모를 막아냈다. 정조 즉위 후 왕의 전폭적인 신임을 업고 한때 막강한 권력을 휘둘렀으나, 지나친 전횡이 물의를 일으키면서 탄핵을 받아 실각, 고향에 내려가 있다가 죽었다.

奸

홍국영은 조선 후기 역사에서 대표적인 간신으로 오명이 자자한 사람이지만, 여느 '간신'들에 비해 독특한 데가 있다. 먼저 집권할 때 나이가 20대에 불과했으며, 집권 기간도 4년을 넘지 않았다. 대규모의 사화士禍나 옥사를 일으키지도 않았고, 나라를 팔아먹지도 않았다. 그런데도 그는 "어느 때이든 난신적자亂臣賊子가 있겠지만 이보다 더 악랄한 자는 없을 것이다"라는 평가를 들었을 뿐 아니라, 실각한 뒤, 심지어 죽은 뒤에도 두고두고 불씨를 남겼다. 그리고 그 불씨는 급기야 조선 왕조 자체의 몰락을 재촉했다. 어떻게 그럴 수가 있었을까?

홍국영이 권세를 얻게 된 것은 오직 정조와의 친분과 그에게 세운 공로 때문이다. 손꼽히는 명문이자 풍산 홍씨 가문에서 태어난 그였지만, 아버지인 홍낙춘은 가문에서 따돌림받는 처지였다. 그 때문에 홍국영도 한때 세상에 불만을 품고 불량배들과 어울리며 술타령이나 주먹다짐으로 세월을 허송하기도 했다. 그러다가 스물다섯 나이에 과거에 급제, 가문의 후광을 입어 청요직에 나아갈 수 있었다. 그러다가 세손(정조)과 가까워졌다. 비슷한 연배(홍국영이 네 살 위)에다, 지적이고 내성적이던 정조의 기질에 과감하고 호탕했던 홍국영의 기질이 어울리면서 두 사람은 떨어질 수 없는 친구가 된다. 하도 사이가 좋으니 주변에서 홍국영을 '세손의 첩妾'이라 부르기도 했다. 홍국영은 아버지 사도세자의 죽음 이래 정치적으로 불안한 처지였던 정조를 전심전력으로 도와, 마침내 그가 보위에 오를 수 있게 했다. 그리고 그 과정에서 '못된 늙은이들'을 때려잡았다.

이홍제홍 以洪制洪

아버지가 아들을 죽였다. 새어머니와 여동생이 오빠를 모해했다. 장인이 사위의 죽음을 방관했다. 외조부가 외손자를 해치려고 했다. 손자가 외종조부를 죽이고 외할아버지를 죄인으로 만들었다.

　말세末世가 따로 없다고 볼 일련의 사건들이 예의염치를 앞세우고 가족의 가치를 무엇보다도 중시했던 나라의 심장부에서 현실로 벌어졌다. 그러나 그 비극에서 각자가 담당했던 역할에 대해서는 지금 확실히 규명하기 힘들다.

　영조가 자기 아들인 사도세자를 뒤주에 가둬 죽였고, 그 과정에서 세자의 계모 정순왕후와 친누이인 화원옹주가 세자를 모해했으며, 이때 세자의 장인인 홍봉한은 적극적으로 말리지 않았음(일선에서는 뱃놀이를 즐겼다고도 한다)은 분명한 사실이다. 이 과정에 대해 일각(가령 사도세자의 빈궁이자 정조의 어머니였던 혜경궁 홍씨)에서는 세도세자가 정말로 미쳐서 손을 쓸 수가 없을 정도라 국가를 위해 처단하는 것이 얼마간 불가피했고, 홍봉한은 일이 어쩔 수 없음을 알고 세손만큼은 보전하고자 말리지 않았다고 한다. 반면 다른 일각에서는 사도세자는 미치지 않았고, 단지 집권 노론세력을 제거하려고 하다가 역습을 당해 죽었으며, 그 과정에서 노론인 홍봉한은 핏줄보다 당파의 이익을 앞세워 사위의 죽음을 부추겼다고 한다.

그 뒤에 일어난 일에 대해서도 해석은 둘로 갈린다. 노론이 사도세자를 죽였다는 시각에서는 홍봉한의 동생으로 정조의 외종조부가 되는 홍인한이 세손이 보위에 오르는 것을 백방으로 막았다고 본다. 홍봉한도 덜 적극적이었지만 그에 동조했다고 본다. 홍인한은 세손에게 양위하려 한다는 영조의 말에 "세손께서 반드시 국사를 아셔서 무엇 하시겠습니까? 이판과 병판을 아셔서 무엇 하시겠습니까? 노론 소론을 아셔서 무엇 하시겠습니까?"라고 이른바 '삼불필지론三不必知論'을 폄으로써 정면으로 반대했다. 그것도 모자라서 화원옹주와 결탁해 세손을 미행하여 "세손이 금주령을 어기고 술을 마셨다"고 고해바치는가 하면, 급기야는 자객을 침투시켜 세손을 해치려고까지 했다. 이 모든 것은 홍인한 등이 친족보다 당파에 충실했으므로, 그리고 세손이 보위에 오를 경우 사도세자를 해친 자신들이 살아남지 못하리라는 생각에서 비롯된 일이었다고 한다.

그러나 홍봉한과 홍인한을 두둔하는 시각에서는 이른바 삼불필지론은 오해일 따름이라고 한다. 영조가 먼저 "이 녀석에게 대리청정을 시킬까 하는데, 이놈이 이판 병판을 아나, 노론 소론을 아나…" 하고 말을 꺼냈기에 홍인한은 "굳이 노론 소론까지 모르셔도 지장이 없습니다"라고 대답했다는 것이다. 즉 오히려 세손을 위하는 말이었고, 또한 임금이 대리청정이나 양위를 거론하면서 자신에 대한 충성심을 시험하는 경우가 종종 있었기에 섣불리 "그렇게 하소서"라고 말하기란 힘들었다는 것이다.

생각해 보면 홍봉한이나 홍인한은 혜경궁 홍씨가 세자빈이 됨으로써 권세를 얻었고, 그녀의 아들이 세손이기에 권력을 유지하고 있었다. 그런데 그 세손이 왕이 되는 것을 전력으로 막고, 해치려고까지 한다는 것은 상식적으로 납득이 되지 않는다. 사도세자의 일과 삼불필지론 등으로 세손의 보복을 두려워했을 수는 있다지만, 그렇다고 다른 후궁의 소생을 세움으로써 자신들의 권력 기반을 스스로 파괴하려고 했을까? 하지만 정조가 즉위 전후로, 어쩌면 생명의 위험까지 포함한 위험에 처해 있었음도 사실인 것 같다. 그를 해치려는 세력은 우선 화원옹주와 정후겸 일파였고, 정순왕후 쪽의 김구주 그리고 홍인한도 그들과 연계가 전혀 없었다고는 보기 어려웠다.

이 살얼음판을 걷는 듯한 정국에서 몸을 던져 세손을 보호한 사람은 홍국영이었다. 그는 사재를 털어 사람을 사서는, 한편으로 정보를 수집하고 한편으로 세손을 그림자처럼 지키게 하여 몇 차례의 암살 시도를 막아냈다.

야사에 따르면 그는 영조의 임종 시 몰래 옥새를 빼돌리려던 화원옹주도 저지했다고 한다. 그는 또한 정민시, 서명선 등과 힘을 합쳐 홍인한의 삼불필지론을 비판하는 등 세손에 대한 정치적 압력에 대항했다.

정조가 즉위한 후에도 갈등은 그치지 않았다. 정후겸과 김구주를 제거했는가 했더니, 또 다른 홍씨들(홍술해, 홍지혜, 홍상범, 홍계능)이 두 차례에 걸쳐 역모를 꾸몄다는 혐의로 체포되었다. 이들은 홍인한과 가까운 사이였다. 그 홍인한은 이미 탄핵을 받고 귀양을 가 있었으며, 홍봉한도 처벌을 받고 있었다. 그리고 이 사건을 계기로 홍인한은 결국 사약을 받게 되며, 홍봉한 역시 처형당할 뻔했다.

이번에도 숙위대장으로서 궁궐을 지키며 '역모'를 차단한 것은 홍국영이었다. 홍인한 등을 처단하는 일에도 그가 주역이었으며, 혜경궁 홍씨 등 그를 싫어하는 사람들은 그것이 홍국영이 과거에 홍씨 본가에 홀대당한 앙갚음을 하려고 죄를 부풀리고 역모를 조작한 결과라 했다. 어쨌든 그의 공로는 정조의 표현에 따르면 "홀로 한 손으로 하늘을 떠받친 것"으로 받아들여졌으며, 홍국영은 타의 추종을 불허하는 총애를 받으며 불과 스물아홉의 나이로 '세상을 다 가지게' 되었다.

세도世道는 홍국영에게?

아무리 임금의 총애를 한 몸에 받고 있었더라도, 아직 젊은 홍국영이 대번에 정승이나 판서 자리에 오를 수 없었다. 하지만 그보다 더 효과적인 방식으로 조정의 권력을 틀어쥐었다. 바로 다양한 실무직을 한 몸에 집중시켰던 것이다. 정조 즉위년에서 3년까지 그가 겸임했던(일부는 일시적으로만 재직했으나, 영향력은 내내 유지되었다) 직위는 대략 다음과 같다.

승정원 도승지 왕을 가장 가까이에서 보좌하며 왕명을 출납하는 직위. 말하자면 비서실장.

약방 제조 왕에게 탕제를 올리는 기관의 실무 감독역. 이는 두 가지 의미를 가졌다. 우선 정조의 독살 가능성을 미연에 방지했고, 또한 아침저녁으로 탕제를 올린다는 명목으로 임금과 독대獨對했다. 정조와 홍국영은 이 자리를 빌려 정무를 비롯한 여러 사안을 의논했다.

비변사 제조 군사 및 주요 국무의 의결기관인 비변사의 실무 감독역.

선혜청 제조 대동법에 따라 전국의 대동미를 수급하는 기관이었는데, 이후 상평창, 진휼청, 균역청 등을 흡수하여 유일한 조세기관이자 물가조절 · 빈민구제기관이 되었다. 한마디로 나라의 경제 실무를 총괄하는 기관의 실무 감독역.

승문원 제조 외교 문서를 작성하는 기관인 승문원의 실무 감독역.

홍문관 제학 경서 보관 등 학문연구기관이었으나 경연의 실무를 맡으며 국왕을 보좌하고 간쟁하는 기관으로서 언론3사에 포함된 기관의 실무 감독역.

규장각 제학 정조가 처음 설치한 학문 연구 및 출판 기관의 실무 감독역.

중영대장(오영도총숙위) 5군영을 총괄 지휘하는 사실상 수도경비사령관의 지위.

훈련대장 5군영 중 훈련도감의 지휘관. 훈련도감은 5군영 중 가장 정예병을 갖추고 있었다.

숙위대장 신설된 직위로 궁궐의 수비·경비를 담당하는 숙위영의 지휘관.

이처럼 내무, 총무, 재무, 병무, 외무, 학무의 실무를 모조리 홍국영이 관장하게 되니, 의정부와 육조는 명목상으로만 있고 모든 정무가 정조와 홍국영 사이에서 진행되게 된다. 지금 말로 하면 대통령 비서실장과 금융감독위원장, 비상계획위원장, 수도경비사령관, 대통령경호실장을 한 사람이 겸임하는 것 이상이니, 얼마나 거대한 권력이었겠는가?

뿐만 아니라 홍국영의 아버지 홍낙춘, 숙부 홍낙순 등이 의정부와 육조에서 지지세력이 되어주고 있었으며, 홍국영과 함께 세손을 지켰던 서명선, 정민시는 각각 의정부와 성균관에 진출한 상태로 홍국영과는 동덕회同德會를 결성해 결속을 다지는 중이었다.

홍국영은 행정 권력에서 그치지 않고 재야의 힘까지 자기 것으로 하려고 한다. 송시열의 후손이며 명망 있는 사람이었던 송덕상을 정조에게 소개한 것이다. 학문을 좋아하는 군주인 정조의 마음을 사로잡은 송덕상은 노론 중에서도 청류淸流를 대표하며 사림의 중심인물로 떠올랐다.

이제 갓 서른을 넘긴 나이로 일국의 유무형의 권력을 장악한 홍국영. 당시 그의 위치는 그가 스스로 했다는 다음과 같은 말로 여실히 표현되었다.

"지금 세도世道의 책임을 내가 맡지 않으면 과연 누가 맡겠는가?"

발을 끌며 단봉문을 나서다

그러나 정조의 생각은 좀 달랐다. 그는 홍국영을 아꼈지만 한편으로 그의 성향과 기량을 냉정히 꿰뚫어보고 있었다. 말하자면 홍국영은 사석의 벗이자 공석에서는 가장 믿을 수 있는 심복이었다. 그러나 고매한 인격과 학식으로 자신에게 가르침을 주는, 천하대사를 함께 이끌어갈 대신大臣은 아니었다. 정조는 일찍이 홍국영에 대하여 "총명하고 민첩하며, 또한 충성스럽다. 그러나 그 충성은 부시婦寺의 충성일 뿐이다"라고 했다. '부시'란 궁중의 잡일을 담당하는 하인들을 말한다. 홍국영이 시킨 일은 어김없이 해내지만 조광조나 송시열처럼 실무의 차원을 넘어 리더십을 발휘할 인물은 못 된다는 것이었다. 정조는 홍국영이 실각한 뒤에도 "학식은 없고, 그저 총명한 젊은이에 지나지 않았다. 그래서 권세가 지나치게 중하고 지위가 지나치게 높은데도 자중하지 못하고 오직 총애만을 믿었다"고 평하고 있다.

그래서 정조는 홍국영에게 모든 요직을 다 맡기는 듯하면서도 대대로 신권臣權의 핵심이었던 언론3사의 총재직은 주지 않았다. 홍문관 제조로는 그야말로 실무만 보게 했고, 단 한 번 대사헌을 제수했으나 곧바로 해임해버렸다.

이를 아는지 모르는지, 홍국영은 날이 갈수록 오만방자해졌다. 숙위청이나 약방을 자신의 집처럼 여겨서 친구들을 불러 술판을 벌이고, 궁중의 의녀醫女들을 첩처럼 끼고 지냈으며, 식사를 임금의 수라상과 똑같이 차려 먹었다고 한다. 대소신료들은 궁궐을 출입할 때마다 그가 있는 숙위청에 들러 인사를 해야 했으며, 까딱 잘못하면 아버지뻘의 대신도 사람들 앞에서 봉변을 당하기 일쑤였다고 한다. 나중에 올라온 비방 상소에는 뇌물을 받았다는 내용도 나오지만, 대체로 여색女色과 무례함에 대한 비방이 많다. 그가 젊기 때문일까? 옛날 불량배 시절의 가락은 아직 남아 있었던 모양으로, 정조도 나중에 그가 벼슬을 내놓고 물러갔을 때 "경치 좋은 곳을 다니며 여러 기생들과 원 없이 놀 수 있을 테니 오히려 잘된 일이 아니겠는가"라고 말하고 있다.

그러나 이런 일로는 정조의 총애가 식지도, 그의 권력이 약해지지도 않았다. 비극은 그가 자신의 권력을 더욱 완전히 하려던 데서 시작되었다. 홍국영쯤 되어서 더 무슨 권력이 필요할까? 바로 외척이었다. 척족이 되면 자기 손으로 처단한 홍씨 본가 사람들처럼 막강한 힘이 생긴다. 정조의 사후에도 권력을 이어갈 수 있다.

마침 정조의 정비正妃 효명왕후가 몇 해 동안 자식을 낳지 못하고 있었다. 그래서 그는 자신의 누이동생을 정조의 후궁으로 들이는 데 성공한다. 칭호도 '으뜸 원元'자를 써 원빈元嬪이라 했으니 그 야심이 적나라했다. 빨리 후사를 보아서 왕실을 튼튼히 해야 한다는 명분은 그럴듯했으나, 누이동생의 나이가 아직 13세에 불과해 하필 그녀를 간택해야 할 이유는 궁색했다.

자연히 원빈도 태기가 없자, 홍국영은 한 걸음 더 나아가 명종의 예를 좇아 '예비용 후사'를 만들라고 정조를 설득한다. 비빈에게서 아들을 얻지 못했던 명종은 조카를 양자로 삼아 후사를 대비했고, 그가 나중에 선조 임금이 되었던 것이다. 그래서 은언군 이인의 아들인 이담을 원빈의 양자로 삼아 완풍군이라고 칭했으며 '우리 조카'라고 부르며 친분을 과시했다. 이 역시 정조의 나이가 이제 겨우 서른임을 감안하면 명분이 부족한 조치였다.

비극의 막은 원빈이 입궐 후 1년도 되지 않아 갑작스럽게 사망함으로써 올라갔다. 이 죽음에는 수상쩍은 데가 있었다. 실록에는 "죽기 직전까지 단정히 앉아 있어 주위 사람들이 아무도 병이 든 줄 몰랐다"고 적혀 있다. 또한 정조의 일상을 기록한 『일성록』에는 정조가 이 일을 놓고 송덕상과 이야기하며 효종이 죽은 날짜와 원빈이 죽은 날짜가 거의 겹친다는 점을 거론하고 있다. 정조는 이어서 "이건 우연이 아니다"라고 말한다. 송덕상은 "그렇습니다"라고 대답한다. 효종은 독살되었다는 설이 분분했던 임금이 아닌가?

뭔가 수상하다는 생각은 홍국영도 했던 모양이다. 중전을 의심한 그는 내전 나인들을 여럿 잡아놓고 심하게 문초했다. 하지만 별 성과가 없었던 듯한데, 장례를 준비하는 과정에서 누군가가 무심코 "이렇게 되었으니 다음 후궁을 들여야겠다"고 말하자 화를 버럭 내며 이 마당에 그게 무슨 소리냐고 소리치기도 했다. 자기 누이동생이 의문사하고, 동시에 원대한 계획이 틀어져 울분을 삭이지 못하던 홍국영으로서는 당연한 행동일 수도 있었다.

하지만 경솔했다. 당시는 '삼불필지론'처럼 말 한 마디 잘못했다가 역적으로 몰리던 시대가 아니던가, 그가 궁녀들을 문초한 일, '중전을 모해하려 했다'고 후궁을 다시 들인다는 말에 화를 낸 것은 '왕실의 후사를 끊으려고 했다'고 비방 받을 소지가 충분하고도 남았다. 아니, 이미 물밑에서는 급박한 움직임이 벌어지고 있었다. 홍국영의 언행은 당연히 내명부에 빠르게 전파되었을 것이고, 홍국영이 자기 외가를 도륙했다 하여 이를 갈던 혜경궁 홍씨와 반전의 기회를 노리고 있던 정순왕후 등이 정조에게 이를 알리며 할 소리 못할 소리를 다 했을 것이다.

정조는 더 이상 홍국영을 비호할 수 없는 상황이 되었음을 인식했다. 원빈이 죽은 직후에는 홍국영이 빈소를 드나들기 불편할 거라며 창덕궁의 단봉문 옆에 집을 따로 마련해 주기까지 한 정조. 이제 그는 평지풍파가 불기 전에 조용히 일을 마무리하려고 홍국영을 은밀히 불렀다. 그리고 술잔을 나누며 그에게 은퇴를 종용했다.

정조 3년 9월 26일, 홍국영의 사직 상소는 한마디의 만류도 없이 바로 수리되었다. 그가 물러나던 날은 우연히도 그가 처음 벼슬길에 올라 세손 시절의 정조를 만난 날이었다. 그는 피를 토하는 심정으로 정조에게 자신의 부신符信을 바쳤다. 그리고 무릎걸음으로 물러나 나갔다.

술 취한 듯 발을 질질 끌며 단봉문을 나서는 그의 마음은 어떠했을까? 그는 자신을 유례가 없을 만큼 빠르게 최고 자리에 앉혔다가, 다시 너무나 빨리 나락으로 떨어트린 궁궐을 다시 한 번 쳐다보았다. 그리고 발길을 돌려 고향 길을 찾았다. 정조가 내려준 단봉문 곁의 웅장한 저택에는 눈길도 주지 않고.

죽은 사람에게 매 때리기

홍국영이 물러감으로써 일이 끝나지는 않았다. 그가 물러난 속사정이 대소신료들에게는 곧바로 알려지지 않았기에, 처음에는 그의 사직을 취소하고 복직시키라는 상소가 앞을 다투어 올라갔다. 그러나 대응하지 않던 정조가 끝내는 끈질기게 복직을 청하는 사람 몇몇을 처벌하자, 그때야 분위기를 파악한 사람들은 반대로 홍국영을 비방하는 상소를 올리기 시작했다. 쓴웃음이 절로 나오는 세태였다.

결정적인 것은 정조 4년 2월 김종수의 상소였다. 홍국영이 후궁을 다시 들이는 일을 '반대'함으로써 "왕실의 후사를 끊으려 했다"는 사실을 처음으로 공식 거론했던 것이다. 김종수는 본래 홍국영과 가까웠기 때문에 일부에서는 그가 약빠르게 변신했다고 했고, 일부에서는 임금이 넌지시 시킨 것이라고 했다. 아무튼 김종수의 상소를 받아든 정조는 "내가 이런 말을 듣게 되고 경이 이런 말을 하게 하였으니, 나는 아무 할 말이 없다" 하였다.

왕실의 후사를 끊으려 했다면 그것은 명백한 역모라는 해석이 널리 퍼지고, 이제는 홍국영을 엄중히 처벌하라는 상소가 둑이 터진 듯 밀어닥친다. 마침내 정조는 홍국영에게 '처벌'을 했으나, 사사賜死도 귀양도 아닌 전리방환田里放還(고향 집으로 돌려보냄) 처분이었고 그나마 봉조하奉朝賀 직위를 주었다. 봉조하란 현직을 떠난 관리가 녹봉을 계속 지급받으며 수시로 임금을 알현할 수 있는 직위다. 이게 무슨 처벌이냐는 비판과 극형에 처해 마땅하다는 주장이 궁궐을 들썩이게 했다. 이른바 역모죄 외에 홍국영의 여러 비리도 들춰내졌다. 정조는 먼저 횡성으로 보냈던 홍국영을 다시

강릉으로 보내는 한편, 앞서 지나치게 홍국영의 복직을 요구하던 사람들을 처벌했듯, 이번에는 지나치게 그를 매도하는 사람들을 처벌함으로써 대응했다.

정조 5년(1781) 4월 5일, 홍국영이 시골집에서 쓸쓸히 숨을 거둘 때에도 그를 처형하라는 상소는 끊이지 않고 있었다. 겨우 32세였다. 게다가 체력이 남달라 스스로 천하장사라고 자부하기도 했던 홍국영이 왜 갑자기 죽었는지는 기록에 없다. 어쩌면 자살이 아닐까? 그를 처단하라는 공세를 결국 정조가 이겨낼 수 없음을 내다보고, 임금의 부담을 덜어줌으로써 마지막 충성을 다한 것일까? 아니면 반대로, 실컷 이용당한 후 철저히 배신당한 울분과 한이 쌓이고 쌓여 더 이상 견딜 수가 없었을까?

홍국영의 죽음도 끝이 아니었다. 홍국영을 부관참시하고, 그 도당들 역시 엄중히 처벌하라는 상소가 이어졌다. 홍국영의 숙부로 좌의정 자리에 있던 홍낙순이 삭탈관직되는 것을 시작으로 홍국영 계열의 풍산 홍씨는 변변치 않은 직위에 있던 사람까지 탄핵된다. 송시열을 이어 삼림의 영수領袖가 되리라 여겨졌던 송덕상도 완풍군을 세우려는 음모를 주도했다는 혐의를 받아 몰락한다. 송덕상의 친지들까지 화를 당했다. 완풍군은 역모의 장본인으로 몰리는 가운데 의문사한다.

뒤이어 동생 김구주가 정조 즉위년에 숙청된 뒤 숨을 죽이고 있던 정순왕후가 목소리를 냈다. 그녀의 교지에는 직전에 죽은 완풍군과 관련된 홍국영의 음모를 다시 부각하는 한편, 그보다 얼마 전에 정조의 원자가 죽은 것도 홍국영 잔당의 음모일지 모른다는 추측이 담겨 있었다. 조정은 더욱 떠들썩해졌다. 홍국영은 물론 완풍군도 부관참시해야 한다는 논의가 들끓었다. 또다시 죽은 사람에게 매 때리기였다. 홍국영과 조금이라도 관련된 사람은 비판의 대상이 되니, 정조가 크게 신임했던 명재상 채제공도 평생 홍국영의 잔당이라는 혐의에 시달려야 했다. 이쯤 되자 정조 역시 적어도 공식석상에서는 홍국영을 "흉악한 역적"이라 부르며 매도하였다. 그러나 이미 죽은 그에게 죄를 주자는 말은 끝내 받아들이지 않았다.

홍국영이 역적이자 간신으로 완전히 공식화된 것은 결국 정조가 죽고 난 다음이었다. 순조가 보위를 잇고 정순왕후가 대왕대비로서 수렴청정을 하자, 홍국영을 죄주라는 건의에 비로소 응했다. 그때까지도 보존되어 있던 그의 관작이 추탈되고 재산이 몰수되었다.

세도정치-체제가 간신이 되다

그래도 홍국영의 유산은 남아 있었다. 그가 권력의 절정기에 남긴 말. "지금 세도의 책임을 내가 맡지 않으면 과연 누가 맡겠는가?"라는 말은 그가 실각한 후 100년이 지날 때까지 메아리친다.

세도世道란 본래 송시열이 강조했던 개념이다. 세상을 참된

도의道義로 이끄는 것이 성리학의 정치론이다. 그 책임은 우선 임금에게 있다. 그러나 임금이 자질이 떨어지거나 병약하면 그 대업을 감당하기 어려울 수 있다. 그렇다면 신하 중에서도 도덕이 뛰어난 사람이 '세도'가 되어, 대신 그 임무를 맡아야 한다는 것이다.

결국 자신의 정치적 영향력을 정당화하기 위한 개념이었는데, 이것은 결국 한 신하가 법적·제도적인 구속을 뛰어넘어서 모든 국사를 관장할 수 있다는 '절대적 신권'을 뒷받침하고 있었다. '세도'는 "관직이 낮거나 관직이 아예 없더라도, 왕이 세도의 책임자로 정하면 영의정 이하 대소신료가 그의 명령을 듣고 따르며, 모든 국가의 대사와 업무 보고는 먼저 세도에게 알린 다음에 왕에게 보고하고, 왕은 먼저 세도에게 문의한 다음에 결정하는" 권한이 있다고 여겨졌다.

그런데 개념만 있고 구체적 실천 방법이 미비했던 상황에서 홍국영이 바로 그 실행모델을 제시했던 것이다. 이전의 간신들은 혹은 임금의 신임을 무기로, 혹은 공신의 위세나 척족의 영향력으로 권력을 잡았다. 당파의 힘을 빌리거나 사림의 권위를 내세우기도 했다. 그러나 홍국영은 조정의 실무를 장악하는 한편 송덕상을 통해 사림의 리더십을 겸하고, 다시 외척까지 됨으로써 훈척-조정-사림을 하나도 묶는 통합 권력을 창출하려 하였다. 말하자면 행정, 입법, 사법부를 모두 장악할 뿐 아니라 교육계, 종교계, 시민단체까지 지배하는 절대 권력인 셈이었다.

정조의 사후 순조, 헌종, 철종의 시대를 거치며 홍국영은 파렴치한 간신으로 계속 매도되었지만 그의 '모델'은 적극적으로 수용되고 현실화하였다. 권력은 노론 시파에게, 다시 말하면 몇 개의 유력 가문에게 독점되고 왕비가 바뀔 때마다 주도권이 달라지는 변화만 있었다. 그 결과 고위직은 친족관계에 따라, 하위직은 뇌물에 따라 결정되었다. 과거는 합격자가 처음부터 정해져 있는 '무늬만 과거'로 전락했다. 경직되고 일탈된 정치 행정은 삼정의 문란을 비롯한 여러 폐단을 불러일으켜, 민생은 도탄에 빠지고 국가재정은 오므라들었다. 그러므로 19세기 말 황현은 『매천야록』에서 '세도世道가 아닌 세도勢道 정치'라고 불렀던 것이다. 하지만 당시 집권자는 단지 현실적인 세도만 누렸을 뿐 아니라, '세상을 참된 도의로 이끄는 사명'을 다한답시고 사상까지 하나로 통일하려 했다. 주자의 경전 주석에 약간의 의문을 제기해도 목숨이 위험할 수 있었다. 양명학이나 천주교는 철저히 박해받았다. 영조와 정조 시대에 간신히 싹을 틔웠던 자체적 근대화의 가능성은 뿌리째 뽑혀 시궁창에 처박혔다. 그리고 망국의 조짐이 서서히 다가왔다. 이제는 더 이상 충신과 간신을 구별할 필요가 없었다. 체제 자체가 간신이 되었다.

운명의 갈림길

여러 가지 정황을 보나, 그가 남긴 말에 구구절절 맺혀 있는 마음을 보나, 홍국영이 정조에 대해 '역모'를 꾸몄을 것 같지는 않다. 그러나 그는 '지나치게' 충성스러웠다. 그는 자기 자신을 지키듯 정조를 지켰고, 그러다 보니 자신과 정조를 구분하지 못했다. 자신의 권력을 강화하는 것이 정조에게는 불리할 수도 있음을 깨닫지 못했다.

정조는 과연 홍국영을 끝까지 믿었으나 사정상 어쩔 수 없어 그를 내쳤던 것일까? 아니면 모든 게 냉정한 정치적 계산이었을까? 정치적으로 해석하면 하나의 시나리오가 선명히 떠오른다.

정조는 노론세력 전체를 배제할 힘은 없었다. 그 중에서도 권력을 고착화시킬 가능성이 있는 척족세력을 타깃으로 삼았으며, 그리하여 홍국영을 앞세워 외가(본가)세력을 뿌리 뽑는 '이홍제홍' 작전을 쓰는 한편 화완옹주와 정순왕후의 세력도 억제했다. 그리고 그 과정에서 원망을 한 몸에 받게 된 홍국영을 마지막으로 제거함으로써 신권세력에 큰 공백을 창출했고, 그 공백을 왕권으로 메우면서 힘이 약해진 노론과 소론, 남인 등 여러 당파를 병립시키는 탕평정책으로 견제와 균형 상태를 이룩한 것이다. 이 시나리오는 고려 말기 공민왕이 신돈을 이용해서 왕권을 강화했던 시나리오와 비슷하다.

그러나 공민왕이 신돈을 등용했다가 제거하는 과정이 개인적

'왕의 남자', 측근이 나라를 망친다

감정에 치우친 것이었는지, 정치적 계산이 의해서였는지가 불분명하듯, 정조의 의도 또한 불분명하다. 당시의 사건 대개가 그처럼 복잡하게 얽혀 있다. 사도세자가 정말 미쳤기에 사라져야 했는지, 정치적 세력 다툼의 결과로 희생된 것인지? 풍산 홍씨 본가는 과연 당략에 따라 사도세자와 정조를 음해했는지? 홍국영은 개인 감정을 앞세워 혜경궁 홍씨의 본가를 공격했는지? 이런 등등은 지금 시원하게 여부를 가리기가 어렵다.

위선과 암투의 시대였다. 밝은 것과 어두운 것이 쉽게 구별되지 않는 세상이었다. 그런 가운데 홍국영과 정조는 정치적 '운명'을 띠고 있었으며, 그 운명에 따라가다 보면 언젠가는 갈라지게 되어 있었다. 홍국영의 기량은 그 운명을 꿰뚫어보고 대비할 수준이 못 되었다. 두 사람의 우정은 운명을 이기고 새로운 길을 개척할 만큼 강하지 못했다.

하지만 결국 홍국영이 정조보다 오래 남았다. 정조의 탕평정치는 정조 자신만큼 비범한 군주가 없는 한 유지되기 어려웠고, 홍국영이 제시했던 세도정치의 모델이 발전되고 정착되었다. 끝내 힘을 합칠 수 없었던 두 사람의 비극, 그것이 곧 한국사의 비극이 아니었을까?

사람을 시험해 알아보는 6가지 방법,
육험법 六驗法

- 그를 기쁘게 하여 정상적인 상태를 잃고 천박하게 흐르지 않는지 살핀다.

- 즐겁게 해서 그의 취향이나 나쁜 버릇 따위를 살핀다.

- 화를 돋구어 통제 능력이 있는지 없는지를 살핀다.

- 두렵게 만들어 그것을 견딜 수 있는지를 시험한다.

- 슬프게 만들어 스스로를 지탱할 수 있는지를 살핀다.

- 힘들게 만들어 그의 의지를 시험한다.

『여씨춘추 呂氏春秋』

최순실

헌정사 초유의 국정농단 스캔들 일으킨 비선

1956 ~

본명은 최서원이며 박근혜 전 대통령의 측근. 2016년 촛불혁명의 도화선이 된 박근혜-최순실 게이트의 공범. 새마음봉사단 등에서 활동. 부친인 최태민의 바통을 이어받아 박근혜 전 대통령과 혈육 이상의 친분관계를 이용해 재산을 모으고, 국정을 농단했다는 평가를 받음. 2020년 대법원에서 징역 18년, 벌금 200억원을 확정받아 복역중.

奸

'망한 나라 위에 멍한 군주가 있고, 멍한 군주 밑에 간신이 설친다.' 이는 만고의 진리다. 역사에서 호가호위하는 비선 실세는 멍청한 군주 밑에서 언제든 나오기 마련이니까. 외척이니 측근이니 공신이니 하는 것들이 그런 부류다. 내 지식이 짧은 것인지, 5천 년 한국사에서 지금과 같은 사건은 발견하기 힘들었다. 왜? 이보다 최악의 완벽한 조합은 찾을 수 없었기 때문이다. 멍한 리더, 소신 없는 간신·관료, 측근 내시 그룹, 사이비 냄새 완연한 비선실세. 이 네 가지 조건을 다 갖추기는 수천년 역사를 더듬어봐도 쉽게 찾기 어려웠다.

멍한 리더-측근 내시-사이비 비선 '최악의 조합'

국민의 손으로 뽑힌 대통령이 권력 서열 3위이고, 한낱 '강남 아줌마'가 서열 1위로서, 정부 부처의 과장 인사에서 기관장, 장관급 인사까지 좌우한다니…. '비선'이 청와대 수석을 심부름시키고, 재벌 돈을 갈취하거나 혹은 자발적인 상납을 받아 공익재단이란 곳에 예치시키는 동안, 대통령은 가끔 나와 '인쇄물'을 읽을 뿐이었다.

박근혜 전 대통령의 수준이야 대선 때의 텔레비전 토론 한번 본 뒤 애당초 알아봤다. 토론 당시 박근혜 후보의 논리력과 표현력은 평균적인 중학생 수준도 되지 않는 듯했다. 보수 일간지의 어느 편집국 간부가 토론 직후 전화를 걸어와 판세를 묻기에 이번 선거는 끝난 거 아니냐고 답했다. "토론을 보고도 누가 찍을 수 있겠냐"고 했는데 그 역시 공감하는 듯했다. 하지만 선거 결과는 예상과 달랐다. 취임 이후에도, 번역기를 돌려서야 알아먹을 수 있는 대통령의 말은 말이 아니었다. 그런 대통령에게 합리적인 토론을 기대하는 것은 애초 포기했다. 유시민씨의 표현대로 혼군(昏君·어리석은 군주)이었다. 물론, 왕의 적·장자 중심으로 권력이 승계되는 봉건왕조 시절이 아니라 선거로 권력자를 선출하는 민주국가에서 대통령을 왕처럼 표현하는 것이 한심스럽지만 말이다.

봉건시대에 혼군은 사실 흔했다. 피로 세습된 권력자가 다수의 후보군 중에서 선출된 권력자보다 똑똑할 확률이 낮을 것은 자명하지 않은가. 그러나 '21세기 혼군과 비선'은 봉건시대보다 더 무작스럽다.

최순실이 신돈이라고?
공민왕·신돈은 개혁가였다

우선, 고려시대 공민왕과 신돈. 하태경 국민의힘 의원은 최태민·최순실 부녀를 고려를 멸망하게 한 요승으로 불린 공민왕 때의 신돈과 비교하기도 했다. 그러나 이는 역사에 대한 무지에서 비롯된 것이다. 공민왕과 신돈이 울고 갈 일이다. 반원 자주정책을 폈던 공민왕은 친원파와 권문세족의 부패를 개혁하고자 지연·혈연·학연에서 자유로웠던 승려 신돈을 기용했다. 신돈은 정몽주·정도전 등 신진사대부를 등용하기도 했다. 자주적 외교정책, 조세와 군사제도 혁신 등은 초기 민중의 열띤 호응을 이끌어냈다. 그러나 신돈의 과감한 개혁정치는 세가 약했다. 권문세족, 심지어는 자신이 기용했던 신진사대부의 반발로 좌초하고야 말았다. 돌아가신 어머니를 불러냈다거나 최면을 걸었다는 등 선무당 흉내 내며 염치도 없이 사욕을 부린 최씨 일가와는 격이 달라도 너무 다른 것이다.

'콤플렉스 덩어리' 연산군의 비선 장녹수

조선시대 연산군은 폭군의 대명사이지만, 재위 10년까지만 해도 정치도 신중히 하고 명민한 측면도 있었다. 친모인 폐비 윤씨가 사약을 받은 것을 복수하기 위해 갑자사화를 일으켜 수많은 신료를 죽였지만 단순한 복수극은 아니었다. 훈구·사림의 비대해지는 신권을 제어하고 왕권을 강화하기 위해 10년을 기다린 끝에 칼을 든 것이었다. 임사홍 등 당대의 간신이라 불려진 인물들은 박근혜 정권의 실력자들과는 비교가 안될 만큼 품위도 있고 격조도 있었다. 성종 때는 직언을 서슴지 않아 유배에 처해지기도 했다. 그러나 모성결핍의 콤플렉스였을까? 절대권력자의 절대불안이었을까? 가난 때문에 결혼을 수차례 했다던 비천한 출신의 기생 장녹수가 이상하게도 연산의 총애를 받으며 실세 노릇을 했다. 장녹수가 왕을 어린애 취급하며 조롱을 일삼고 종처럼 부리고 욕해도 연산군은 기뻐했다고 한다. 연산의 불안 콤플렉스가 이상상태에 달했던 것이다. 벼슬을 원하는 이들이 장녹수의 눈에 들기 위해 뇌물을 바쳐 장녹수 집안의 전답과 노비가 셀 수 없이 많았다. 요즘 비정상적인 비선실세의 주변에 들러붙는 자들과 비슷하지 않은가. 장녹수는 연산군 몰락의 한 원인이었고, 반정 후에는 목이 잘려 죽었다. 연산군은 어쨌든 말년에는 자신의 명이 다했음을 감지했다. 중종반정 일주일을 앞두고 연산군은 총애하던 장녹수와 전비 앞에서 "인생은 풀잎에 맺힌 이슬과도 같아서 만날 날이 많지 않을 것"이라고 읊으며 눈물을 흘렸다.

연산군을 몰아내고 집권한 중종은 반정 세력이 쳐놓은 권력의 한도를 넘어서기 힘들었다. 이후 인종의 뒤를 이어 열두살에 왕위에 오른 명종을 대신해 친모인 중종비 문정왕후가 섭정을 했다. 당연히 친정 동생인 윤원형 일파가 권세를 잡았다. 역대급 외척의 전횡이 문정왕후가 세상을 뜰 때까지 이어졌다. 무려 20년이었다. 그러나 윤원형은 비선이 아니었다. 물론 대비 누나라는 '빽'이 있었지만, 그는 과거를 거쳐 영의정까지 오른 공식 실세였다. 문정왕후는 승려 보우를 총애하고 불교를 숭상하는 정책을 펴긴 했지만 유교국가 조선에서도 왕실의 여성들은 전통적으로 불교를 숭상했다. 보우는 도첩제 부활 등 승려의 신분 향상을 제도적으로 도모했다. 음습한 미신이 아니었다는 얘기다. 명종은 왕 노릇 한 번 제대로 해보지 못했다. 외척과 훈구세력의 발호로 민중의 삶은 피폐해져 곳곳에 민란이 발발했다. 의적 임꺽정이 바로 이 시기에 있었다.

광해군의 몸과 마음을 장악한 상궁 김개똥

외교에선 비교적 성공했지만 내치에서 실패했다는 광해군에게도 비선실세가 있었다. 광해군의 몸과 마음을 사로잡았던 상궁 김개시(개똥)는 이름에서 짐작할 수 있듯 천출이었다. 용모도 뛰어난 편이 아니었지만 그는 광해군을 함부로 대하는 듯하면서도 비위를 잘 맞추고 잠자리 비방에 능했다. 광해군의 몰락을 부추겼던 권간 이이첨과도 친한 사이였다. 『조선왕조실록』에는 오늘날 언론 보도와 비슷하게 '이이첨과 김상궁 개시 비교평가' 같은 대목이 있다. 둘 다 벼슬 욕심은 적지만 실익을 최대한 추구한다는 것. 그래서 이이첨은 영의정 자리에 오르지 않았고 김개시는 귀빈 등 내명부의 직첩에 연연해하지 않았다. 이들은 반대파에 대해선 과격한 토벌론도 주장했다. 이들은 광해군의 흔들림없는 비선실세인 듯했지만, 광해군을 끝까지 지켜주지 않았다. 김개시는 인조반정의 주도자였던 이귀에게 매수돼 반란 첩보를 무력화시켰다. 광해군이 인조반정에 대한 첩보가 수시로 들어왔음에도 김개시의 감언이설에 넘어가 방비를 하지 못했던 것이다. 이이첨 역시 절대다수였던 사대부들의 눈치를 보면서, 광해군이 심혈을 기울였던 명청 교체기의 균형외교노선에 반해 친명사대입장을 고수했다. 광해군은 인조반정군이 궁궐에 들이닥치자 "이이첨이 저지른 짓이 아닌가"라고 물었다. 그만큼 측근의 배신이 불안했던 것이다.

임진왜란·병자호란 등 큰 전란을 겪으면서도 이씨 왕조는 버텼고, 혼군의 시대는 여전했다. 병자호란을 막지 못한 인조 역시 이제는 다들 '쪼다 임금'으로 기억한다. 영·정조 중흥기를 지나 순조 이후 헌종·철종은 허수아비일뿐이었다. 왕비를 배출하면서 만들어진 외척이 권세를 잡은 세도정치의 시대였다. 그러나 그런 시대라 해도 지금처럼 황당하지는 않았다. 혼군 밑에서 부패한 척신이 있어도, 그들은 공식적 시스템을 통해 권력을 나눠가졌다.

명성황후, 임오군란 뒤
무당이 잡아준 날에 환궁 성공!

'박근혜 · 최순실 사태'와 가장 흡사한 사례를 찾자면 조선시대 막바지 '민비'(명성황후라 칭해야 한다는데 나는 다 망한 조선왕실을 껍데기 뿐인 황제국 체제로 만든 것이 그리도 중요한 것인지 의심을 품고 있다)를 꼽을 수 있다. 명성황후는 구국의 여걸이라는 평가가 있는가 하면 친정의 영화와 왕실의 안녕만 도모하다 망국의 길을 재촉한 왕비라는 혹평이 엇갈린다. 평가는 뒤로 하더라도 그의 미신숭배와 사치행각은 엄연한 사실이다.

　황현의 『매천야록』을 보면, 명성황후는 자신이 낳은 두살배기 왕자의 세자 책봉을 청나라에 승인받기 위해 100만금을 청나라의 서태후와 리훙장에게 바쳤다. 병약한 세자의 건강을 기원하기 위해 금강산 1만2천 봉우리마다 쌀 한가마니, 돈 100냥, 베 한필씩을 공양하기도 했다. 전국의 유명한 절과 서울의 치성터는 명성황후가 독점하다시피 했다. 거의 매일 밤 새워 연회를 베풀고, 왕실의 물품을 각국의 진귀한 것으로 채우는 등 끝없는 사치를 부렸다.

이런 미신행각과 사치 끝에 국고는 바닥났다. 1882년 임오군란이 일어났을 당시 문무백관은 5년 이상 봉급을 받지 못했고, 군인들은 13개월간 급료를 받지 못하고 있었다. 그나마 13개월 만에 나온 한달치 봉급이란 것이 반은 썩은 쌀이요 반은 돌과 모래가 섞인 것이었다. 이에 격분해 병사와 민중의 봉기가 촉발됐던 것이다. 이때 들고 일어났던 병사들과 민중은 절과 무당집도 습격했다. 민중의 분노는 명성황후와 그 일족을 겨눴다. 척족 민겸호를 죽이고 명성황후까지 살해하려고 했다.

명성황후 홀린 '진령군'을 최순실에 비길쏘냐

명성황후는 이때 궁녀로 변장하고 가까스로 충주로 피신해 목숨을 구할 수 있었다. 그 때 한 무당이 찾아와 그의 환궁 날짜를 점쳐주었다. 무당이 예언한 날짜에 딱 맞게 환궁하게 되자 명성황후는 한양으로 무당을 데리고 갔다. 그리고 무당을 진령군眞靈君에 봉하고 수시로 만났다. 진령군은 '진실한 영혼'이란 뜻. 박근혜 전 대통령이 '순실'씨를 감싸면서 말했던 '순수한 마음'이나 지난 총선 때 언급한 '진실한 사람'이란 표현을 떠올리게 한다. 여하튼 명성황후는 아픈 곳이 생길 때마다 진령군을 불렀고, 그가 만져주면 고통이 가셨다 한다. 명성황후는 진령군을 총애했고, 그는 만나고 싶을 때면 언제든 명성황후와 고종을 만날 수 있었다. 수령 방백과 대신들이 앞을 다퉈 그에게 아부했다 하니 진령군은 말 그대로 비선실세였던 셈이다. 어떤 이는 진령군을 자매로 여기기도 하고, 어떤 이는 그의 수양아들이 되기를 원하기도 했다. 가장 심각한 사례는 무뢰배 출신인 이유인이란 자였다. 그는 귀신을 불러오는 쇼를 벌여 진령군의 신임을 얻었는데, 고종과 명성황후는 진령군으로부터 이유인을 소개받은 지 1년 만에 양주목사에 임명했고, 이유인은 비선실세로 행세했다. 진령군과 이유인은 모자관계를 맺었는데, 이들을 둘러싼 추한 소문이 끊이지 않았다고 한다.

명성황후는 본래 영민한 인물이었다. 어릴적부터 『춘추』 등 역사서를 많이 읽어 대원군과의 정치적 투쟁에서 밀리지 않았다. 대원군의 쇄국 대신 개항을 주도하기도 했다. 한때 개화파였던 그가 샤먼에 취했다는 것은 아이러니한 일이기도 하다. 그러나 '진실한 영혼'에 눈이 어두워진 명성황후와, '순수한 마음'에 사리분별을 잊은 박 전 대통령의 차이점은 크다. 적어도 명성황후는 자기 생각은 있었다.

실세 간신,
권세에 취해 왕권까지 넘본다

이자겸
염흥방
한명회
윤원형

당시의 사관은 진지하게 그렇게 썼다.
우박만 와도, "이게 다 윤원형 때문이다."
흉년이 들어도, "이게 다 윤원형 때문이다."

이자겸

? ~ 1126

고려 시대 문신. 예종 사후 나이 어린 태자(인종)를 즉위하게 하고, 부를 설치하여 요속을 두게 되었다. 딸들을 왕비로 삼게 하고 권세와 총애를 독차지했다. 매관매직과 수뢰로 축재하였다. 척준경 등의 거사로, 유배된 후 죽었다.

奸

권력을 잡기 위해선 자신을 도와줄 사람이 필요하다. 그것도 목숨을 걸고 도와줄 수 있다면 더욱 좋다. 충성을 맹세하며 헌신적으로 도와주었던 인물은 권력을 잡은 뒤 중용되는 게 당연하다. 그게 소위 말하는 측근이고, 가신이고, 동지다. 측근이라 해서 좋다 나쁘다 할 것은 없다. 제 분수와 시대의 과제를 알고 제 일만 하면 그야말로 금상첨화다. 그러나 제 자리를 아는 2인자는 드물다. 멀리 갈 것도 없이, YS 때나 DJ 때나 자타가 인정하는 2인자였던 자들이 정권의 도덕성에 치명상을 입히고, 국정의 난맥상을 초래한 것은 더 말할 필요도 없는 사실이다. 고려 인종 재위(1122~1146) 때의 실력자로 왕권에 버금가는 권세를 누렸던 이자겸 역시 측근의 부정성을 극단적으로 드러낸 인물이었다.

"남을 헐뜯는 거짓말을 잘 믿고 자신의 이득을 좋아하여 밭과 논 및

본인의 저택을 치부하고, 치장하여서 논과 밭이 죽 연결되어 있고 집의 규모는 화려했다. 나라 곳곳에서 음식과 물건을 선물하여 썩는 고기가 늘 수만 근이었고 다른 것도 모두 이와 같았다. 나라 사람들이 이런 것들 때문에 비천하게 여겼다."

인종 때 송나라 사신으로 고려를 방문하여 고려에 대한 상세한 기록 『고려도경』을 남긴 서긍이 이자겸을 소개한 글의 끝부분이다. 서긍은 이 책의 인물편에서 고려의 유력 인사 5명을 소개했는데, 이자겸이 첫째였다. 그만큼 이자겸은 고려에서의 위치가 확고부동한 1인자였다는 것을 말해 준다.

이자겸이 이런 위치에 올라설 수 있었던 것은 다른 무엇보다 인주 이씨라는 막강한 족벌의 힘을 배경으로 했기 때문이었다. 이자겸 집안은 문벌귀족 사회였던 고려에서도 가장 막강한 로열패밀리였다. 이자겸은 가문의 힘으로 과거를 거치지 않고 합문지후(조회朝會 의례 등 국가 의식을 맡아보던 합문 소속의 관직)로서 벼슬길에 올랐다.

인종 즉위에 공을 세워 출세가도를 달리다

이자겸에게도 불운은 있었다. 누이동생인 순종비 장경궁주가 순종이 요절한 뒤 궁중의 종과 통정을 한 게 발각돼 궁주의 자리에서 쫓겨날 때, 이에 연좌돼 관직에서 삭탈 당했던 것이다. 그러나 그의 둘째 딸을 예종의 비로 들여보내 다시금 평장사 등 고위관직에 오르게 되었다. 이씨 집안의 딸이 부정을 저질렀음에도 다시금 왕실과 통혼할 수 있었던 것은 인주 이씨 집안이 그만큼 왕실도 함부로 할 수 없을 만큼 막강했던 것을 반증하는 것이었다.

이자겸이 무소불위의 권력을 휘두르게 된 것은 인종이 즉위하면서부터였다. 예종의 뒤를 누가 이을 것인가가 당시 초미의 쟁점이었는데, 이자겸은 자신의 사위인 14세의 왕해를 왕위에 옹립한 것이다. 그러나 어린 조카를 대신해 왕위에 오르고자 하는 숙부들(예종의 동생들)이 호시탐탐 왕위를 노리고 있던 상황이었다. 인종의 할아버지였던 숙종 역시 어린 조카를 밀어내고 왕위에 오른 전례가 있던 바라 숙부가 왕위에 오를 명분은 있었다.

당연히 숙부를 둘러싼 관료들이 세력을 형성했다. 그 중 숙종의 넷째 아들인 대방공 왕보가 가장 큰 세력을 형성하고 있었다. 그 주변에는 고려의 문벌 귀족들이 에워싸고 있었다. 인종에게는 정치적 후견인이 필요했던 것이다.

이자겸은 인종과 자신의 권력을 공고히 하기 위해 정적 제거에 나섰다. 대방공 왕보를 둘러싼 문벌귀족들이 반란을 일으킬 것이란 징후가 포착되자 재빨리 진압에 나선 것이다. 반란 주도 세력인 한안인을 사형시키고, 대방공 왕보는 귀양을 보냈다. 그 외 문공인 등 50여 명의 동조 세력을 유배시켰다. 그 밖에도 숙종의 다섯째 아들인 왕효 역시 유배를 가야 했다. 숙부 중 남은 사람은 제안공 왕서뿐이었지만 그는 목숨을 보전하기 위해 아예 손님을 맞지도 않으며 술로 세월을 보냈다.

이제 권력은 이자겸이 독점했다. 왕의 인척도, 유력 문벌 관료도 모두 제거한 것이다. 훈구 대신의 도움으로 왕위에 올랐던 조선의 성종 때나 반정세력에 등 떠밀려 왕이 된 중종 때도 이자겸만큼 권력을 독점한 권신은 없었다.

반란을 진압한 공으로 이자겸은 수태사중서령守太師中書令이란 최고위직에 올랐다. 이제 더 오를 곳이 없었다. 반대세력이 제거되었지만 이자겸은 권력을 더욱 공고히 하기 위해 무리수를 두었다. 인종이 타성의 왕비를 둘까 두려워 아예 자신의 셋째 딸과 넷째 딸을 잇달아 인종의 왕비로 보낸 것이다. 그의 둘째 딸이 인종의 아버지 예종의 비였으므로 인종은 이모들과 결혼을 한 셈이었다. 하지만 당시 그의 권력이 강해 누구도 반대하지는 못했다. 그의 아들 6명 모두 중추원 부사 등 조정의 요직에 올랐고, 승려인 아들 의장은 수좌首座(교종의 법계 가운데 하나)에 임명되었다.

이자겸은 자신의 자식들을 요직에 앉히는 것에 그치지 않고 외교 면에서도 권력을 안정시키기 위해 사대의 예를 요구해 오는 신흥국 금에 대해서도 복종했다. 금은 전대인 예종 때 윤관이 정벌한 바 있던 여진족이 세운 나라였다. 자신의 권력을 지키기 위해서라면 나라의 이익과 체면도 상관하지 않았던 것이다. 이 때문에 이자겸 일파는 신진 관료세력에게 더욱 반감을 샀다.

탄탄한 권력의 자리에 앉은 이자겸은 왕에 버금가는 권세를 누리기 시작했다. 자신의 의전 등급을 왕태자와 마찬가지로 보았는지, 왕자들이나 둘 수 있었던 부府를 설치했던 것이나 자신의 생일을 인수절仁壽節이라고 부른 것이 그런 예다.

이런 지위에 있었음에도 재물에 대한 욕심 또한 컸다. 앞서 말한 바와 같이 끝도 없이 뇌물을 받는 것은 물론 백성들의 토지를 거리낌 없이 강탈했다. 또 자기집 종들을 보내서 남의 마차를 약탈해 자기 물자를 수송하는 바람에 백성들은 자기 마차를 때려 부수고 말과 소를 거리에 풀어놔 버려 도로가 소란스러울 지경이었다. 이자겸의 모친 또한 욕심이 많아 상인에게서 물건을 사고는 값을 제대로 치르지 않는가 하면 아예 한 푼도 주지 않았다고 한다. 그녀 역시 집안의 노비를 시켜 약탈을 시키니 백성의 원성이 자자했다.

이자겸 제거 거사는 실패로 끝나

이런 이자겸의 전횡을 방치한 것도 모자라 부추긴 것은 사실 인종이었다. 왕이 신하의 이름을 부르는 예를 벗어나 '경'이라 불렀고, 조선국공朝鮮國公에 봉했다. 봉한 날에는 당일 전국에서 헌납한 물건을 전부 이자겸의 집으로 보내주었다. 인종은 종종 이자겸의 집을 방문해 집안사람끼리 대하는 예법으로 술을 마시며 놀았다. 측근을 너무 키운 것이다. 인종의 총애를 믿고 이자겸은 더욱 자신의 사람을 심고, 재물을 모았다. 그런데 문제는 자신의 한계를 몰랐던 데 있었다.

이자겸이 인종에게 집으로 와서 자신을 지군국사知軍國事로 임명하는 책서를 수여해 줄 것을 요청하고 임명식 일자까지 강압적으로 지정하자 인종은 분노했다. 결국 이 일은 실현되지도 않았고, 이자겸에 대한 왕의 증오는 깊어졌다.

드디어 내시 김찬과 안보린이 왕의 뜻을 알고 상장군 최탁과 오탁, 대장수 권수, 장군 고석 등을 불러서 이자겸 제거에 나서게 하였다. 그러나 이들의 거사는 실패로 끝났다. 이들이 거사에 나선 것은 대의에 공감해서가 아니었다. 이자겸의 아들 이지원의 장인인 척준경이 아우 척준신과 함께 위세를 부리는 데 분개했기 때문이다. 최탁 등은 자신의 밑에 있던 척준신이 병부상서로 임명된 것에 배알이 뒤틀렸다. 이런 사감에 눈멀어 치밀하게 거사에 나서지 않았다. 본래 권세가 제거란 핵심 인물을 신속하게 처단하는 데 성공의 열쇠가 있다. 그런데 이들은 곁가지인 척준신과 그의 아들, 그리고 내시 등을 죽이고 시체를 궁성 밖에 버리는 것부터 시작했다.

이 소식을 궁중에 있던 이자겸 측근이 이자겸 등에게 보고했다. 이자겸은 당황해 어찌할 바를 몰랐지만 여진 정벌에서 산전수전을 다 겪은 용장이었던 척준경은 병력을 동원해 최탁 등을 일거에 압도했다. 이자겸의 아들 승려 의장 역시 현화사 중 300명을 동원해 궁중을 포위했다. 궁중은 이들에 의해 불탔다.

실세 간신, 권세에 취해 왕권까지 넘본다

궁색해진 인종은 이자겸에게 왕위를 넘기는 조서를 주기까지 했다. 비록 이자겸은 주위의 반대로 왕위까지 받지는 못했지만 그의 위세는 전보다 더해졌다. 처지가 궁색해진 인종은 국사도 처결하지 못하고 활동이 제약되었다. 인종에 대한 감시의 눈길이 사방에 가득했다.

인종의 이이제이 以夷制夷 전략

이런 인종에게도 기회는 왔다. 이자겸과 척준경 사이가 벌어진 것이다. 발단은 사소했다. 이자겸의 종이 척준경의 종에게 "네 상전은 임금 있는 자리에 대고 활을 쏘고 궁중에 불을 질렀으니 그 죄가 죽어 마땅하며 너도 마땅히 관노로 몰입될 놈"이라고 욕했다. 이 말을 전해 들은 척준경이 크게 분노하여 이자겸에 등을 진 것이었다. 물론 이 사건만이 아니라 이자겸에 대한 다른 불만이 있었을 것이다.

인종은 이런 척준경을 회유해 이자겸 제거에 나서도록 했다. 그런데 이자겸은 장인이었다. 인척을 죄 없이 죽일 수는 없었다. 권력의 전횡은 죽일 죄까지는 아니다. 사서에는 이자겸이 "십팔자 十八子(李를 분해하면 十八子가 된다)가 왕이 된다"는 비기秘記를 보고 왕위를 찬탈할 생각을 했다고 한다. 그래서 독약이 든 떡과 독약탕을 인종에게 먹이려 했으나 왕비가 그것을 알아차리고 버리게 하여 성공하지 못했다고 한다. 그러나 그런 증거는 눈에 띄지 않는다.

이자겸은 자신이 왕이 될 수 없다는 것을 충분히 알고 있는 인물이었다. 위험하지 않은 명목상의 2인자로서 최고권력을 농단하는 것이 자신이 할 수 있는 최선의 선택이라는 점을 알고 있었다. 그래서 인종이 선위하겠다고 했는데도 받아들이지 않았던 것이다. 아마도 인척을 제거한 데 대한 부담 때문에 만든 말일 가능성이 크다.

척준경은 인종이 거사를 촉구하는 친서를 주자 바로 행동에 뛰어들었다. 그는 순서를 알고 있었다. 장교 7명과 아전과 관노 20명을 이끌고 재빨리 연경궁으로 진입했다. 누구도 눈치 챌 수 없도록 하기 위해 순식간에 움직였으므로 무장할 틈이 없어 목책의 나무를 뽑아 그것을 무기로 했다. 그리고 측근인 정유황에게 100여 명을 인솔해 군기감에 들어가 무장하고 연경궁으로 들어오게 했다. 척준경은 인종을 데리고 군기감에 들어가 병력을 지휘했다. 이자겸 일파는 왕을 모시고 군 지휘권을 확보한 척준경에게 저항할 수 없었다. 즉시 이자겸과 그 일파가 체포되었다. 장군 강호, 고진수 등 이자겸의 수족들은 사형당했으며, 이자겸 일파 30여 명과 사노, 관노 90여 명은 귀양에 처해졌다. 이자겸은 얼마 후 영광에서 병사했다.

측근을 제어하는 게 집권 후 제1과제

이자겸은 절대권력자에 버금가는 측근이자 2인자로서 고려의 국정을 농단했다. 비록 4년 만에 이자겸을 제거할 수는 있었지만 궁성이 불타고 국력은 내분으로 소진되었다. 더욱 중요한 것은 신흥강국 금의 대두라는 국제정세의 급변에 적극적으로 대처하지 못했던 것이었다. 예종 때 키워진 별무반을 비롯한 군사력이 있었지만 내부의 권력투쟁 때문에 외교는 뒷전에 밀렸던 것이다. 묘청 세력이 대두할 때 금에 대한 정벌 주장이 있었지만 당시는 이미 상황이 종료된 시기였다. 정벌이 아닌 효율적인 방어는 충분히 가능해 북방을 안정시킬 수 있었던 때를 놓친 것이다.

집권에 성공한다면 가장 먼저 할 일은 어쩌면 측근세력의 정리일지 모른다. 이자겸이나 조선 성종 때의 공신세력, 중종 때의 박원종, 광해군 때의 이이첨 등 측근세력은 권력을 사유화하여 국정의 난맥상을 초래했다. 측근들이 어려울 때 보좌했다는 그 부채의식을 벗어나지 못한 점도 크다. 그 점에서 태종이 자신을 평생 보필했던 이숙번과 처남인 민씨 형제들을 과감히 숙청해 세종 시대를 열어주었던 것은 음미해 볼 만한 대목이다.

염흥방

? ~ 1388

고려 말기의 권신. 공민왕 때 지신사로 홍건적을 대파하여 제학에 올랐고 도병마사로서 탐라·목호의 난을 진압하였다. 매관매직을 자행하고 토지와 노비를 강탈하는 등의 행패로 최영 등에 의해 처형되었다.

奸

고려 우왕 14년(1388) 정월, 느닷없이 반역 사건이 보고되었다. 순군 상만호上萬戶로 있던 염흥방이 전 밀직부사였던 조반趙胖이 반란을 꾀했다며 우왕에게 보고했다.

염흥방은 조반의 목에 현상금을 걸고 신속하게 잡을 것을 우왕에게 권고했다. 놀란 우왕은 신속하게 조반을 체포하도록 했다. 그런데 모반을 꾀했다는 조반은 5명의 기병과 함께 개경으로 들어오고 있었다. 5명이 모반을 꾀하다 도망갈 수는 있어도 5명이 수도로 쳐들어올 리는 없었다. 뻔한 무고였던 것이다.

실상은 염흥방의 제보와 완연히 다른 것이었다. 염흥방의 집 종인 이광이 조반의 백주白洲 땅을 강탈한 일이 있었다. 조반은 염흥방에게 애원해 그 땅을 돌려주도록 했다. 그런데 이광은 주인의 위세를 믿고는 다시 조반의 땅을 강탈하고는 능욕하기까지 했다. 그래도 조반은 양반 체면을 접고 들어가 이광에게 땅을 돌려줄 것을 간청했다. 그런데도 이광은 포악하게 나왔다.

조반은 더 참을 수가 없었다. 수십 명의 기병을 인솔하여 집을 포위한 뒤 이광을 죽이고 집을 불태웠다. 그리고 조반은 사태의 전말을 알리기 위해 염흥방이 있는 개경으로 말을 달려오는 중이었다.

염흥방, 조반을 반역자로 몰다

염흥방은 조반이 이광을 죽였다는 말을 듣고 격분하여 조반이 반란을 꾀했다는 무고를 했다. 그리고 순군에 명령해서 조반의 모친과 처를 잡아두고 기병 400명을 백주로 파견해 조반을 잡으러 갔다. 그러나 기병이 벽란도의 나루터까지 갔을 때 이미 조반은 기병 5명과 함께 개경으로 들어가 있었던 것이다.

조반은 곧 교주 도원수 정자교에 의해 체포돼 순군옥에 갇히게 되었다. 염흥방과 왕복해 등이 대간臺諫ㆍ전법典法과 함께 조반을 심문했다. 그러나 있지도 않은 모반을 했다고 할 수는 없었다. 조반은 꿋꿋하게 말했다.

"탐오한 재상 6~7명이 사방에 종을 내놓아 타인의 땅을 강탈하고 백성을 잔인하게 짓밟고 있으니 이것은 큰 도적이다. 내가 이번에 이광을 죽인 것은 오직 나라에 도움을 주고 백성의 도적을 제거하였을 뿐이다. 어째서 내가 반란을 꾀했다고 하는가!"

조반은 아무리 참혹한 고문을 해도 뜻을 굽히지 않았다. 오히려 염흥방을 꾸짖었다.

"나는 너희 국적國賊들을 베고자 한다. 너와 나는 서로 송사하는 사람인데 어째서 나를 국문하느냐!"

염흥방은 사람을 시켜 조반의 입을 마구 치게 했다. 주위 관리들은 이런 무리한 심문을 보고도 모른 척했지만 좌사의대부左司議大夫 김약채만은 홀로 옳은 일이 아니라며 고문을 그치게 했다.

제 꾀에 넘어간 염흥방, 최영 병력에 굴복

우왕 역시 이 사태의 진실을 알았다. 우왕은 며칠이 지난 후 최영의 집으로 가서 장시간에 걸쳐 이 문제에 대해 논의했다. 주위를 물리친 밀담이었다. 우왕은 조반과 그의 모친과 처를 석방하고 의약과 갖옷(짐승의 털가죽으로 안을 댄 옷)을 내려주었다. 조반의 무죄를 인정한 것이었다. 그때 마침 관리들에게 녹을 나누어주고 있었는데 우왕이 명령을 내렸다.

"재상들은 그만하면 부유하니 녹을 주지 마라. 먼저 먹을 것이 없는 군인에게 나누어주라."

그리고 염흥방을 순군의 옥에 가두었다. 우왕은 최영과 이성계에게 명하여 병력을 나누어 군대를 지키게 한 뒤 임견미, 도길부 등 권신 세족을 옥에 가두게 하였다. 임견미는 순순히 체포되려 하지 않았다.

"7일 만에 녹을 주는 것은 옛 제도이다. 지금 까닭 없이 폐지하니 어찌 왕 된 도리인가. 옛날부터 왕의 그릇된 것을 신하가 바로잡은 자가 있다."

그는 반란을 일으키려고 그의 도당에게 소식을 알리려 했다. 그러나 때는 이미 늦었다. 최영이 지휘하는 병력이 이미 임견미의 집을 포위하고 있었던 것이다. 임견미는 탄식했다.

"광평군이 나를 그르쳤다."

광평군은 이인임을 가리키는 것이었다. 최영이 맑고 정직하여 병권을 쥐고 있어 일찍부터 제거하려고 하였는데, 이인임이 말렸기 때문이다. 이때 수군은 염흥방의 죄를 다스리려고 하지 않았다. 아무래도 그의 세력이 뿌리 깊게 부식해 있었던 것이다. 우왕은 분노하여 왕안덕을 도만호로 삼는 등 지휘부를 교체하여 죄를 다스리게 했다.

한편 임견미의 일파였던 왕복해는 최영과 함께 숙위하고 있었다. 그런데 왕복해는 갑자기 돌격대 수십 기를 거느리고 궁성을 순찰한다는 핑계로 최영의 군영으로 달려갔다. 그런데 최영은 이미 왕복해의 반란을 눈치 채고 준비하고 있었고, 그들은 바로 체포되었다. 조반에 대한 무고가 계기가 돼 돌발적으로 일어난 사건으로, 무려 염흥방, 임견미, 이성림 등 권문세족 50여 명이 처형되었고 그들의 재산은 몰수당했다. 염흥방 집안의 가신과 노복만 1천 명이 체포돼 죽임을 당했다. 우왕의 즉위를 도운 공로로 최고의 권력을 구가하던 이인임은 겨우 죽음을 면하고 귀양을 가야 했다.

이 사건 뒤 전민변정도감을 두고 염흥방, 임견미 등이 강탈한 토지와 노비를 심사해 원주인에게 되돌려주었다.

개혁세력에서 수구세력으로 급전한 염흥방

염흥방은 『고려사』의 「간신열전」에 기록된 인물이다. 그러나 초기에는 간신상과는 거리가 멀었다. 고려 후기의 이름난 관료인 염제신의 아들로 공민왕 때 과거에 장원급제했다. 관직에 있었던 초기에는 의욕도 높아 국가 재정이 좋지 않은 상황에서도 유학을 진흥시키는 기관인 국학國學을 무리 없이 운영했다. 관료들에게 기부를 채근해 예산을 마련했던 것이다. 우왕 때는 당대의 실세이자 국정을 농단했던 이인임을 비판하다 귀양을 갔던 적도 있었다.

그러나 문제는 이인임의 뜨거운 맛을 본 뒤였다. 염흥방은 이인임의 심복이었던 임견미와 혼맥을 맺어 주류세력에 편입했다. 그 뒤로 이인임, 임견미 등 당대 권신가의 선봉장이 되어 중앙과 지방의 요직 인사권을 장악한 뒤 벼슬을 팔아먹고, 타인의 토지를 강탈하여 온 산과 들, 그리고 노비를 다 차지하였다. 심지어는 왕릉, 왕실의 창고, 주현, 나루, 역 등 공유지까지 강탈하는 데 앞장서 상당한 지분을 챙겼다. 한때의 개혁인사가 부패한 주류 그룹의 선봉에 선 것이다.

그런데 정작 문제는 자신만의 부패가 아니라 바이러스가 되어 주변을 감염시키는 것이었다. 배원룡이라는 자가 평소에 유능한 관리란 칭찬을 받았는데 염흥방에게 아부하여 그의 양부養父가 되었다. 양부가 염흥방에게 집을 바쳐 계림 부윤(경주 시장)이 된 뒤에는 백성의 재물을 긁어모아 심지어 쇠스랑까지 실어 가지고 고향으로 돌아갔다고 한다. 이에 계림 사람들은 배원룡을 '철문어鐵文魚 부윤'이라고 불렀다고 한다. 문어와 쇠스랑의 형상이 비슷해서였다는 것이다. 양부뿐만 아니라 염흥방의 종까지도 주인의 세력을 믿고 남의 재산을 빼앗고, 지역 관리를 구타하는 등 권력의 탈선은 그치지 않았다.

한 예로, 염흥방의 집 종과 이인임의 사위 판밀직判密直 최렴의 집 종들이 부평에 거주했는데 주인의 세력을 믿고 횡포한 짓을 마음대로 했다. 그러자 부사 주언방이 아전을 보내 병정을 모집했는데 오히려 종들이 주민 40여 명을 데리고 그 아전을 구타해서 죽게 만들었다. 이에 주언방이 4도 도지휘사의 징병 영장을 가지고 그곳으로 나가자, 염흥방의 종들은 주언장마저 구타하여 이를 부러뜨리는 일까지 생겼다. 이 사실은 도당都堂에 보고돼 종들이 모두 사형에 처해지기도 했다. 사적 권력의 전횡은 하늘 무서운 줄 몰랐다. 그러나 권력과 돈에 취한 염흥방에게는 보이지 않았다.

재미있는 것은 염흥방이 그의 이부형異父兄 이성림과 함께 고향 집에 갔다 오다가 거리에서 사람들이 연극을 하는 것을 보았다고 한다. 연극의 내용은 바로 염흥방 일파의 약탈과 전횡을 풍자하는 것이었다. 한창 상한가를 올렸던 영화 〈왕의 남자〉에서 장생 일행이 권신의 수뢰행위를 풍자하던 연극과 같은 것이었다. 배다른 형인 이성림은 이를 보고 부끄러워했는데, 염흥방은 그것조차 알지 못하고 마냥 재미있게 보기만 했다고 한다. 재물과 권력에 얼마나 중독됐는지, 엘리트 개혁세력이었던 염흥방의 눈은 흐려졌던 것이다. 이렇게 재물에 눈이 먼 상태에서 터진 게 염흥방 종의 조반 땅에 대한 강탈행위였다.

우왕의 덫에 걸려든 염흥방 일당

그런데 염흥방 사건을 보면 우왕이 사건을 굉장히 신속하게 처리한 것을 볼 수 있다. 또한 단순 무고 사건인데 처벌의 폭과 강도는 엄청났다. 이것은 우왕이 당시 불법을 일삼았던 권문세족을 어떻게든 손보려고 했던 차에 염흥방이 물의를 빚자, 이를 계기로 권문세족에 대한 대대적인 숙청을 단행한 것으로 볼 수 있다. 우왕은 즉위 초기에는 이인임, 임견미, 염흥방 등 권신들과 가까웠다. 그러나 그들이 권력을 농단하며 대규모 부정축재를 저지르자 제거할 것을 결심했다. 우왕은 이 사건 3년 전에 이미 화원에서 말을 조련하다가 주변 신하들에게 이런 말을 한 적이 있었다.

"물푸레나무 공문을 가져오라. 내가 장차 이 말을 길들이 겠다."

당시 이인임, 임견미, 염흥방이 종들을 시켜 좋은 토지를 가 진 사람이 있으면 모두 물푸레나무로 때리고 빼앗았다. 땅 주인은 엄연한 땅 문서가 있어도 무서워서 항변 한 번 해보지 못하고 빼 앗겼다. 사람들은 이때 강탈당한 땅문서를 "물푸레나무 공문"이 라고 불렀다. 우왕은 이 사실을 잘 알고 있었고, 이에 대해 굉장히 분노했다.

24세가 된 우왕은 체제 정비에 나서고 있었다. 그 옆에는 최 영이 있었다. 한 번의 귀양이란 고난에 자신의 포부와 꿈을 잃어 버리고 작은 권력과 재산에 탐닉해 있던 젊은 시절의 개혁 엘리트 염흥방은 역사의 도도한 흐름을 몰랐다. 그 결과 비참한 최후를 맞았고 역사에는 탐욕에 가득 찬 간신으로 기록되었다. 우리 시대 의 개혁 엘리트 중 이런 이는 없을까?

철혈鐵血의 승부사

한명회

1415 ~ 1487

조선 전기의 정치가. 1453년 수양대군을 도와 계유정난에서 공을 세워 정난공신이 되었다. 이후 세조에서 성종에 이르기까지 공신에 4회 책록되고 두 번 영의정이 되었으며, 두 번 국구國舅가 되는 등 훈척勳戚의 으뜸이 되었다. 세조의 묘정에 배향되었으며 시호는 충성忠成이다. 사후에 폐비 윤씨 사건에 관여했다하여 연산군에 의해 부관참시되었다가(1504) 중종반정 후 신원되었다.

奸

다 떨어진 갓, 누덕누덕 기운 도포. 말이 선비지 영락없는 거지꼴이다. 집에 돌아가면 부인은 또 쌀이 떨어졌다며 한숨, 할 수 없이 처가에 손을 벌리러 가면 "어디서 비루먹은 날건달을 서방으로 맞아 우리 딸이 고생한다"는 장모의 타박에 귀가 따갑다. 그러나 칠삭둥이 한명회는 좌절하지 않는다. 그 초라한 모습 속에는 무한한 지혜가 감춰져 있으므로, 언젠가는 세상을 자기 손바닥 안에서 주무르게 되리라는 믿음이 있기 때문에.

마침내 기회가 온다. 친구 권람의 소개로 만난 수양대군은 그의 깊이를 알 수 없는 재주에 탄복한다. 그때부터 수영대군의 일거수일투족이 한명회의 꾀에 따라 정해진다. 한명회라는 불세출의 모사謀士를 얻은 덕분에 수양대군은 여러 위기를 극복하며 김종서를 물리치고 왕위에 오를 수 있었다.

1970년대 이래 TV 사극과 소설 등에서 부각된 한명회의 이미지는 대략 이렇다. 그러나 실제 역사에 기록된 모습은 꼭 그렇지만은 않다.

한명회의 참모습

먼저 그는 보잘것없는 출신의 가난한 선비가 아니었다. 그의 가문인 청주 한씨는 고려 때부터 내려오는 내로라하는 명문이었다. 그의 할아버지인 한상질은 조선의 개국공신으로, 명나라에 가서 조선이라는 국호를 받아 돌아온 장본인이다. 그의 외가도 예사롭지 않아, 외할아버지인 이적은 예문관 대제학을 지냈다. 단 사헌감찰에 그친 아버지 한기 때는 가세가 전만 못했지만, 한명회가 마흔이 다 되도록 백수로 지낸 끝에 음보蔭補(조상의 덕으로 벼슬을 얻음)로 경덕궁지기라는 말직을 얻었던 이유는 무엇보다 그 자신이 연거푸 과거에 낙방했기 때문이었다.

한명회가 책사策士로서 수양대군을 도와 계유정난을 주도했다는 이야기도 과연 얼마나 진실일지 미심쩍다. 실록에 보면 애당초 권람이 그를 수양대군에 소개할 때 "기개가 뛰어나며 포부가 크다"고 했지만, 재주가 비상하다거나 지략이 뛰어나다는 표현은 쓰지 않았다. 그가 수양대군의 부하가 된 후에도 어떤 계책을 제시했다는 기록은 전혀 없다. 확실한 것은 한명회가 안평대군의 진영을 염탐했으며 홍달손, 양정 등 무인 또는 불량배들을 모아서 계유정난에 써먹을 수 있게 한 사실인데, 그 이상의 공로는 분명하지 않다.

한명회가 작성하여 계유정난에서 살리고 죽일 대상을 구별하는 기준이 되었다는 '생살부生殺簿'도 공식 기록에는 존재하지 않는다. 또 사육신 사건 때 한명회가 연회장에 칼을 들고 들어가는 운검雲劒을 중지토록 하여 세조의 목숨을 구했다는 이야기는 『세조실록』에는 없고, 그 뒤 30년이 지난 후 한명회가 죽었을 때 그의 졸기卒記에 나온다. 이상할 정도로 한명회를 극찬하는 내용으로 일관된 이 졸기는 세조가 한명회를 자신의 장자방(장량의 성과 호를 함께 이르는 말. 장량은 한의 고조를 도운 공신으로 책사의 대명사로 불린다)이라고 했다는 유명한 일화가 처음 나타나는 기록이기도 한다. 하지만 세조가 그런 말을 한 게 사실이라 해도 그것을 한명회가 불세출의 책사였다는 증거로 삼기는 어렵다. 그리 특별한 공적을 세우지 않은 사람이라도 공신에게는 "지략이 장자방에 뒤지지 않는다"는 표현을 써서 칭찬하는 일이 당시에는 흔했기 때문이다.

과감한 혹은 냉혹한

그렇다면 공식 역사에서 유추할 수 있는 '진짜 한명회'는 어떤 사람일까? 몸은 약해도 머리가 뛰어나 문인文人타입의 종래 이미지와는 달리, 실제 한명회는 무인武人 기질이 두드러졌던 것 같다. 계유정난 이후 그는 한동안 승정원에서 근무하다가 이조판서가 되지만, 내내 있는 듯 없는 듯, 이렇다 할 정책을 올리는 일이 전혀 없었다. 그러다가 세조 3년에 병조판서가 되고 나서는 고기가 물을 만난 듯 활발한 모습을 보였다. 군사제도의 개혁안을 계속해서 마련하고, 스스로 체찰사(지방에 군란이 있을 때 임금을 대신하여 그곳에 가서 일반 군무를 맡아보던 임시 벼슬)가 되어 북방을 순찰하며 여진족 등을 방어하고 영토를 개척할 방안을 연구, 제시하였다.

그는 원로급이 되어 상당군上黨君, 영의정 등의 자리에 오른 뒤에도 병조판서를 겸하여, 10년이 넘도록 조선의 병권을 손아귀에 쥐고 있었다. 조선 역사상 전무후무한 일이었다. 유교적 문치주의 시스템에서는 과거에 계속 낙방하여 적응하지 못하던 그였으나, 무武에서는 단연 두각을 나타낼 수 있었던 것이다.

그의 성품도 무인답게 다혈질이었고, 심지어 잔인했던 모양이다. 야사에는 그가 "멋대로 불법을 저지르면서 조금이라도 거슬리는 자가 있으면 당장 형벌을 집행하여, 사람 죽이기를 삼실 짜듯 하였다"거나 "성품이 잔학하여, 하인이나 부하에게 죄가 있으면 기둥에 매달아놓고 활을 쏴서 죽였다. 그의 집 뜰에는 늘 기둥 하나가 세워져 있었다"고 한다.

야사의 기록을 곧이곧대로 믿을 수는 없으나, 한명회가 활쏘기에 능했던 것은 사실이다. 세조 자신이 활쏘기를 좋아하여, 곧잘 신하들과 활쏘기 대회를 열었는데, 한명회가 우승하는 경우가 많았다. 수십 년 동안 관직에 있으면서 그가 임금에게 올린 주청의 내용을 보더라도, "누구누구는 죄인이다", "백성들의 우는 소리에 속지 마라", "이것은 최고형으로 다스려야 한다" 등등 과격하고 몰인정한 내용이 많으며 관대한 처분을 건의하는 내용은 아주 드물다.

계유정난에서 이시애의 난까지

아무튼 계유정난을 계기로 그는 정난공신靖難功臣이 되어 출세가도에 오른다. 하지만 처음에 그의 위치는 동료들에 비해 뒤처졌다. 고작 경덕궁지기였다는 그의 낮은 지위 때문에, 그리고 어쩌면 앞서 보았듯 그의 실제 공로가 그렇게 크지는 않았기 때문이었을까? 한동안 그의 벼슬은 홍달손이나 홍윤성, 심지어 그가 세조에게 추천한 건달 출신 양정보다도 아랫길이었다. 더구나 집권 초기에 세조는 한편으로 정난공신들을 우대하면서 집현전 학사 등 사대부들의 지지를 확보하려 애썼다. 그래서 원래 수양대군과 가까워졌지만 계유정난에는 별반 공로가 없던 신숙주는 한명회보다 두 단계 이상, 그야말로 한 일이 전혀 없었던 성삼문은 한명회의 바로 한 단계 뒷자리에 배치되었다. 신숙주가 도승지를 하면 한명회는 좌부승지, 성삼문은 우부승지라는 식이었다.

이런 추세는 사육신 사건으로 반전된다. 이 일로 사대부들의 지지를 포기한 세조는 집현전을 없애고 경연을 폐지하는 등 세종과 문종이 수립한 유교적 문치주의에서 이탈한다. 그리고 자신의 권력기반은 오직 공신들뿐이라고 여기게 된다. 세조가 한명회를 치켜세우는 표현은 이때부터 실록에 등장한다. 하지만 한명회는 아직도 배가 고팠다. 그는 더 높은 자리로 올라서기 위해, 세조의 마음에 들기 위해 최선을 다하는 한편 아무나 가지 못할 길을 간다. 바로 남들이 꺼리는 일에 자진해서 뛰어든 것이다.

세조는 중앙집권 강화와 북방영토 개척에 특히 관심이 많았다. 한명회는 체찰사로 임명되어, 평안도, 함경도, 황해도, 강원도의 북방 4도를 돌며 군비태세를 점검·강화하고 지방 수령들을 감시하는 역할을 떠맡는다. 세조 2년, 좌승지 시절부터 시작된 한명회의 북방행北方行은 상당군 겸 병조판서였던 세조 12년까지 계속된다. 파견된 횟수가 14회, 1년에 평균 4분의 1은 북방에서 보낸 세월이었다.

그것은 결코 쉬운 일이 아니었다. 먹을 것도 잘 곳도 변변찮은 경우가 많았고, 여진족의 습격이나 지방민의 반란 등을 항상 경계해야 했다. 한명회와 같이 북방에 파견된 양정의 경우 "공신 대접이 겨우 이거냐"고 푸념하던 끝에 세조에게 무례를 범하고 처형당하기까지 했다. 그러나 한명회는 수염이 희끗희끗한 원로대신이 되어서까지 북방행에 주저함이 없었고, 맡은 일을 기대 이상으로 해냈다. 세조의 재위기간 중 북방이 안정되고 조선 왕조의 뿌리가 든든해진 것은 한명회의 공로가 크다. 이러니 세조의 신임

실세 간신, 권세에 취해 왕권까지 넘본다

이 각별해질 수밖에 없었다. 세조는 대신들 앞에서 "한명회는 용 龍 같은 사람이다"라고 칭찬을 아끼지 않았고, "경과 나는 마음과 뜻이 하나로 합하니, 그대 생각이 곧 내 생각이다. 그대가 알아서 처리하고, 일일이 보고하지 마라"며 북방의 업무를 아예 모조리 한명회에게 맡겨버렸다. 그야말로 코드의 완벽한 일치였던 셈이다. 그리하여 한명회는 마침내 신숙주와 같은 반열로, 공신 중에서도 특등의 지위에 오르게 되었다.

하지만 그처럼 승승장구하던 한명회에게도 위기가 닥쳤다. 세조 13년에 일어난 이시애의 난이었다. 함경도의 토호였던 이시애는 세조의 중앙집권 정책으로 중앙에서 파견된 수령의 간섭을 받는 것을 참다못해 절도사 강효문 등을 살해하고 반란을 일으킨다. 그런데 이시애가 "한명회, 신숙주 등이 강효문과 짜고 반란을 일으키려 하기에 처단한 것"이라고 장계狀啓를 올린 것이었다. 명실공히 세조의 오른팔로서 권세에 부족함이 없던 한명회가 실제로 반란을 모의했을 가능성은 희박했다. 결국 이시애의 모함으로 결론이 나고, 그에게 가해진 가택연금도 열흘 만에 풀렸다.

하지만 이를 계기로 세조는 한명회에 대한 신임을 어느 정도 거두게 된다. 신숙주, 한명회의 역모설이 제기된 직후 그는 "신숙주에 대해서는 곧바로 잡아 가두고 문초해야 한다고들 난리더니, 왜 한명회는 잡아 가두라는 말이 없느냐?"며 신경질을 내고 있다. 그때 그는 아마도 '내가 한명회를 너무 키워주었다'는 생각을 가졌을 것이다. 그것은 이시애의 난을 수습하는 과정에서 한명회를 처벌하라는 간언이 올라오자 "한명회가 자기 멋대로 일을 처리한 경우가 많음은 사실이다. 하지만 그의 공을 생각할 때 처벌은 어렵다"고 거듭 대답하고 있는 점, 이시애의 난을 평정한 구성군 이준과 강순, 남이 등을 중용하면서 "과거의 공로는 한명회가 으뜸이고, 지금의 공로는 구성군이 으뜸이다"라는 말을 공개적으로 남긴 점 등에서 엿볼 수 있다. 비록 혐의는 풀렸고 원로대신으로서의 대우도 여전했지만, 한명회는 살얼음판을 걷는 심정이었을 것이다.

예종의 의문사

불안한 흐름은 세조가 죽고 세자가 즉위(예종)하면서 더욱 뚜렷해진다. 예종은 본래 한명회가 선이 닿아 있었다. 한명회의 딸이 세자빈으로 간택되었기 때문이다. 그러나 그녀는 얼마 후 병사했고, 지금의 중전은 한명회 계열이 아니었다. 예종은 한명회를 비롯한 훈구대신들이 조정을 장악하고 있는 가운데 한명회에게 겉으로는 깍듯이 예우를 다하는 듯했다. 그러나 두 사람 사이의 관계가 삐걱거리는 징후가 잇달아 나타났다.

먼저 대신들에 대한 분경奔競 금지 조치가 취해졌다. 분경이란 한마디로 벼슬 한 자리 달라며 뇌물을 안기는 로비 행위로, 한명회쯤 되면 문지방이 닳아 없어질 만큼 분경하려는 사람들이 드나들기 마련이었다. 그런데 이를 금지하기로 한 것이다. 그러면서 구체적인 한명회의 이름은 들지 않았으나, 누가 봐도 그를 지목하며 분경의 폐단이 거론되었다.

그 다음은 남이의 옥사였는데, 이를 대체로 세조 말년에 중용된 구성군 등 신 공신세력에 대한 한명회 등 구 공신세력의 반격으로 이해된다. 사실 한명회는 남이의 옥사를 다스린 공조로 세조시절의 정난공신, 좌익공신에 이어 익대공신에 봉해졌다. 그러나 도중에 남이가 "반드시 간신으로서 난을 꾸미는 자가 있을 것이다. 간신은 바로 한명회인데 그가 어린 임금을 끼고 권세를 휘두를 것이다"라고 발언했다는 내용이 불거졌다. 칼자루는 한명회 측이 쥐고 있었으니 그에게 당장 불똥이 튀지는 않았으나, 장기적으로 문제의 소지가 있었다.

이는 또 다른 사건으로 이어졌다. 『세조실록』을 편찬하는 과정에서 민수라는 사관이 처음 썼던 사초를 나중에 고친 사실이 발견된 것이다. 그가 처음 썼던 사초에는 "이시애의 난 때 한명회가 강효문과 실제로 반역을 모의했다"는 내용이 있었다. 이 역시 유야무야 넘어갔으나 언젠가 한명회를 끝장내기에 충분한 시한폭탄이나 다름없었다.

권람의 손녀도 문제가 되었다. 알다시피 권람은 한명회의 지기지우知己之友이자 그를 세조에게 추천해 준 은인이었다. 일찍 죽었지만 한명회의 동생이 권람의 여동생과 혼인하여 사돈으로 맺어지기도 했다. 그런데 권람의 딸이 남이와 결혼하여 낳은 권람의 외손녀를 남이가 처형된 후 한명회가 차지했던 것이다.

여기서 예종은 남이의 딸이기 이전에 공신 권람의 손녀이니 그녀를 해방하자고 한다. 한명회 편인 대신들이 이미 한명회의 집에 소속된 것을 어쩌느냐고 반대했으나, 끝내 예종은 그녀를 한명회에게서 빼앗는다. 예종이 죽기 전 며칠 동안 한명회는 어전에서 잇달아 의견과 요구를 제시하는데, 예종은 한결같이 무시하거나 회피하는 모습을 보이고 있다. 이쯤 되면 불과 재위 1년여 만에 20세의 나이로 숨을 거둔 예종의 죽음에 의문이 생길 법하다. 사실 미심쩍은 구석이 있었다. 예종은 본래 발에 질환이 있었으나, 죽기 직전까지 활발히 정사에 임했고 발을 가리키며 "아프기는 하지만 별 문제 없다"고 말하고는 그 다음 날 세상을 떠났다고 한다.

예종이 죽은 후 그의 건강을 책임진 전의典醫를 벌주려고 하니, 예종의 모친으로 수렴청정을 하고 있던 정희왕후가 만류하며 말했다.

"진작부터 아픈 줄은 알았으나 그 누가 이처럼 급작스레 악화될 줄 알았겠는가."

한명회가 예종을 죽였을까? 증거는 없다. 하지만 누가 뭐래도 예종의 죽음으로 가장 이익을 본 사람은 한명회였다.

한명회의 전성시대, 그리고 몰락

새 임금(성종)이 즉위하고 5년여 동안 한명회의 권세는 절정에 이르렀다. 애초에 새 임금의 선출부터 한명회의 입김이 뚜렷했다. 예종에게는 버젓이 원자元子가 있었고, 예종의 형으로 일찍 죽은 덕종의 맏아들은 월산대군이었다. 그러나 둘째인 자을산군이 왕위에 오르는데, 그것은 누가 봐도 그가 한명회의 막내사위였다는 게 결정적인 변수였음이 분명했다. 아직 13세였던 성종을 대신해 외할머니 정희왕후가 수렴청정을 했는데, 그녀는 훈구대신과 외척들로 왕실을 받치는 두 기둥을 삼았다. 그런데 한명회야말로 훈구대신 중의 훈구대신이며, 외척 중의 최고의 국구國舅(임금의 장인)였던 것이다. 조선시대를 통틀어 두 번 국구가 된 사람은 한명회뿐이다.

이제 그 누구도 한명회를 거스를 수 없었다. 그는 영의정이자 (영의정을 두 번 역임한 경우도 그가 최초였다) 원상院相(왕이 죽은 뒤 어린 임금을 보좌하여 정무를 맡아보던 임시 벼슬)으로서 왕명의 출납기관인 승정원도 장악했다. 또한 그가 계속해서 겸임 판서를 하고 있던 병조는 사실상 이조의 기능까지 흡수하여, 관료들의 인사가 한명회의 지휘 아래 병조에서 행해지게 되었다. 고려의 무신정권 이래 이런 일은 처음이었다. 세 번의 공신 자리도 모자라 다시 좌리공신의 칭호를 꿰찼다. 예종 때 금지된 분경도 천연덕스레 다시 허용토록 했다. 한명회가 어전에서 "아무개는 쓸 만한 인재입니다"

라고 하면 즉각 임용되었다. 죄를 짓고 귀양 간 사람이라도 한명회가 한마디만 하면 다시 벼슬을 얻었다.

실록은 당시의 한명회를 두고 "재물을 탐하고 색色을 즐겨서, 전민田民과 보화寶貨 등이 뇌물이 잇달았고, 집을 널리 점유하고 희첩姬妾을 많이 두어, 그 호부豪富함이 일시에 떨쳤다"고 적고 있다. 그의 권력이 얼마나 막강했는가 하면, 한명회를 탄핵하는 상소를 사헌부에서 제기하자 사헌부 전원이 파직되고 말았다. 당시 한명회는 성종에게 "주공周公도 탄핵을 받은 적이 있다"며 자신을 왕실의 큰 어른이면서 어린 임금에게 충성을 다한 성인聖人 주공에게 비유했다.

하지만 한명회도 인명人命을 어쩌지는 못했다. 병약하여 처가 나들이를 자주 하던 중전(공혜왕후)이 결국 젊은 나이로 세상을 떠난 것이다. 한명회의 권세는 곧바로 위축되었다. 그는 좌의정 자리를 대신 받아 체면을 세웠지만 영의정은 물론 내내 겸직해 온 병판 자리에서 해임되고 만다. 성종 5년이었다.

백구야, 훨훨 날지 마라

그렇다고 한명회가 하루아침에 먹고 버린 게딱지 신세가 된 것은 아니다. 한명회가 그동안 구축해 놓은 인맥과 재력은 어마어마했고, 다른 훈구대신들은 한명회를 시기하면서도 그의 몰락이 자신들의 몰락을 동반하지 않을까 염려했다. 성종은 어린 시절을 어머니 인수왕후와 함께 한명회의 집에서 보냈을 정도로 한명회와 인간적으로도 가까웠다. 적어도 정희왕후의 수렴청정 중에는 한명회가 파직되거나 하옥되는 일은 없을 듯했다.

그러나 여기에 만족하고 안일에 잠길 한명회가 아니었다. 그는 자신의 장기인 '앞장서서 위험 무릅쓰기'를 비롯해 '대국과의 관계 과시하기', 그리고 '안보 장사'로 만회를 시도한다. 그는 여진족이 침입하여 위험에 휩싸인 평안도 길을 따라 명나라에 사신으로 갔다 온다. 명나라에는 몇 대에 걸쳐 청주 한씨 가문이 일군 인맥이 남아 있기도 했다.

북경에 도착한 한명회는 사재를 털어 명나라 조정에 막대한 뇌물을 바치고, 다시 성종에게 바칠 예물을 잔뜩 사들였다. 그리고 당당히 한양으로 돌아왔다. 이어서 한명회는 오랜만에 북방을 다녀보니 과연 안보 문제가 심각하다면서, 국방에 만전을 기해야 한다고 목소리를 높였다. 군사 문제라면 한명회 아닌가? 이것으로 예전의 위세를 회복하려는 한명회. 참으로 안보 장사는 시대를 초월하여 거듭되는 보수파의 행태인 듯싶다. 하지만 역시 한번 무너진 둑은 다시 쌓기 어려웠다. 다시 파견되는 평안도 체찰사로 한명회는 자신이 가기를 원했으나, 성종은 어유소에게 맡긴 것이다.

한명회의 권세가 기울었다는 조짐이 보이자 그동안 숨죽이고 있던 비판의 목소리가 터져 나왔다. 성종 7년, 정희왕후는 성년이 된 임금에게 대권을 물려주며 수렴청정을 거두었다. 그런데 이때 한명회가 반대 의견을 제시한 것이 성종에 대한 불충이라 하여 탄핵 상소가 빗발쳤다. 그런 반대는 관례이며, 한명회만이 반대 의견을 낸 것도 아니었는데도 말이다. 몇 달이 지나도록 한명회를 처벌하라는 상소는 그치지 않았고, 그 중에는 남이 옥사 때 동지였던 유자광의 상소도 있었다.

겨우 이 문제가 잠잠해지나 싶자, 이번에는 한명회가 지방관에게서 뇌물을 받았다는 탄핵이 뒤를 이었다. 이전에는 아무런 문제도 되지 않는 일이었건만.

이런 식으로 겨우 하나가 조용해지면 또 하나가 불거지는 상황이 몇 년간 계속되었다. 그 중에서 가장 심각했던 것은 명나라 사신을 한명회가 자신의 압구정에서 사적으로 접대했던 사건이었다. 당시 성종은 마땅치 않게 여겨 여러 차례 그만두라고 했지만, 한명회는 접대를 강행했을 뿐 아니라 정자에 둘러치도록 왕실 전용의 용봉 차일을 빌려달라고까지 했다. 줄곧 한명회를 감싸주던 성종도 이번만은 분통을 터뜨렸다.

"신하의 몸으로 이렇게까지 할 수 있는가? 임금이 없다고 생각하는 것인가?"

한명회는 일시적으로 관직을 삭탈 당했고, 하마터면 귀양살이까지 할 뻔했다. 그래도 한명회는 끝내 파멸은 면했다. 이대로 가다가는 무슨 일이 일어날지 모르게 되자, 그는 잘나가던 시절 긁어모은 재산을 과감히 풀어서 자신을 지켰다. 먼저 정희왕후와 인수왕후, 그리고 성종이 모두 불교에 심취하여 간경刊經 사업을 크게 벌이고 싶은데 자금이 부족한 상황을 알고, 한명회는 부디 요긴하게 써달라며 거액의 돈을 바쳤다. 또한 성균관에 장서가 부족하다며 사재를 털어 서적을 구입, 유생들의 환심을 사려고 했다. 오늘날 비리로 지탄받는 재벌들이 거액의 기부금으로 상황을 모면하려는 것과 비슷하다. 한명회의 돈은 과연 효과가 있었다. 명나라와의 연줄도 그를 함부로 처벌하기 어려운 요인이었다.

이제 한명회는 실무직에서 모두 제외된 채 상당군의 이름만을 갖고, 가끔 조정에 나가서 군사·외교 문제 등을 조언하는 뒷방 늙은이가 되었다. 이빨 빠진 호랑이가 된 그의 모습에, 더 이상 탄핵 상소도 올라오지 않았다. 그는 세조 시대를 추억하는 살아있는 유물일 뿐이었다. 그가 70세가 되자, 성종은 그에게 궤장几杖을 내려주었다. 늙은 신하를 존중하는 의미로 내리는 궤장의 지팡이 손잡이에는 새가 조각되어 있다. 한명회는 쓸쓸한 심정으로 그 나무새를 쓰다듬었다. 그리고 지팡이를 짚고 비틀거리며 압구정으로 나갔다.

한명회의 권세가 절정에 달했을 때 한강변의 가장 경치 좋은 곳을 골라 화려하게 지은 압구정狎鷗亭. 명나라의 명신名臣 한기의 예를 따라, 나이 들면 한가롭게 앉아 갈매기나 보며 즐기겠다고 이름 지은 정자. 예전에 중국 사신을 접대했다가 곤욕을 치르기도 한 이 압구정은 이제 적막하기만 했다. 한명회의 권세가 하늘을 찌르던 때에는 온갖 사람들로 북적였고, 임금이 친히 써서 내린 현판이 떡하니 걸려 있었건만, 이제는 그야말로 무심히 끼룩거리는 흰 갈매기들만 텅 빈 정자 위로 날아들고 있었다. 누구보다도 권력에 목마르고, 최후까지 일선에서 뛰고 싶어했던 승부사 한명회, 이제 그에게 남은 것은 화려한 추억과 허울 좋은 명예뿐이었다.

백구야, 훨훨 날지 마라.

너 잡을 내 아니로다.

성상聖上이 날 버리시니,

너를 좇아 예 왔노라.

성종 18년 11월 14일, 한명회는 73세의 나이로 영욕의 삶을 마감했다.

한명회는 간신인가?

한명회의 운은 죽음을 넘어서지 못했다. 연산군은 생모인 윤씨의 폐비와 죽음에 관여했다는 이유로 한명회의 무덤을 파헤치고 시체를 난도질했다. 부관참시로도 모자라서, 그는 한명회 시체의 목을 잘라 한양 네거리에 높이 내걸도록 했다.

그는 중종반정 이후 신원되었지만, 이미 한명회의 이름은 임금을 능멸하고 권력을 남용한 권신, 또는 사육신을 해친 간신의 예로만 거론되고 있었다.

한명회가 자신에 대한 비난에 변명할 기회를 얻는다면 그는 아마 "실력이 있는 사람에게 합당한 지위가 주어져야 한다"고 말할 것이다. 분명 한명회는 실력이 있었다. 흔히 알려진 모사로서의 실력이 어땠는지 몰라도, 훈구대신의 몸으로 변방을 누비며 안보와 영토 보전에 공헌한 점은 누구도 부정할 수 없다. 그는 보기 드문 배짱이 있었고 남들이 꺼리는 위험한 일에 앞장섰다. 그가 단지 간사한 꾀와 아첨만으로 최고 권력에 이르렀다고는 볼 수 없다.

또한 한명회는 "실력 있는 사람을 찾으려면 융통성 없는 제도를 무시할 필요가 있다"고도 말할 것이다. 수양대군이 단종을 제치고 왕이 된 것이나, 글공부만 능한 나약한 책상물림을 양산하는 과거제도에서 빛을 못 본 한명회가 비정상적인 방법으로 관직을 얻은 것이 모두 그렇다. 나아가 세조부터 성종 초기까지 대간臺諫(대관과 간관을 아울러 이르는 말)을 억압하고 언로를 막은 것도, 작은 꼬투리에 연연하며 국가의 중대한 사업을 지체시키는 폐해를 막는 조치였다고 변명할 수 있다.

하지만 그처럼 월권과 편법을 허용하는 시스템은 바람직하게 정착하지 못한다. 세조가 공신을 중시하고 선비들을 외면한 결과, 소수에게 권력이 집중되고 세습되는 폐단이 발생했다. 처음에는 실력자를 박탈할 수 있는 방법이었을지 몰라도, 한명회 등이 과거를 회피하고 문음門蔭(공신이나 전·현직 고관의 자제를 과거에 의하지 않고 관리로 채용하던 일)으로만 사람 뽑기를 거듭한 나머지 돈 없고 '빽' 없는 인재는 초야에 묻혀야만 하게 되었다. 한명회가 자기 휘하의 병조에 인사권을 비롯한 권력을 집중시킨 것도 국가기관이 정당성과 효율성을 잃고 '그들만의 잔치'에 전용되는 결과를 낳았다.

한명회의 실력은 부정하는 사람이 드물었다. 그러나 이미 성리학을 지배이념으로 택한 조선에서, 단종과 김종서, 사육신의 피를 손에 묻히고 왕실과의 인척관계를 권력의 원천으로 삼은 한명회는 끝내 지지받을 수 없었다. 그는 인성 또한 장기적으로 리더십을 잃게 했다. 실록은 그가 "비록 일이 천하고 하찮은 것이라도 반드시 맡아서 감독하여 그 권력을 잡는 것을 좋아하고 내놓지 않았다…. 심지어는 한 낭관郎官(정오품 통덕랑 이하의 당하관을 통틀어 이르던 말)을 보내어 계달할 만한 일도 반드시 스스로 와서 번거롭게 아뢰니, 임금도 또한 싫어하였다"고 적고 있다.

권력 중독자 한명회는 권한을 위임하고 권력을 나눌 줄 몰랐다. 그리고 다가오는 사림의 시대에 원로로서 어떤 비전을 제시하지 못했을 뿐 아니라, 심지어 고위직이 할 일과 중간직, 말단직이 할 일조차 구분하지 못했다. 흰 수염의 노인이 되었어도 그는 여전히 수십 년 전 반대파들을 쳐 죽이던 행동대장과 달라진 게 없었다.

결국 한명회는 보통의 간신에 비해 실질적 공로가 많은 사람이었지만, 훈구파의 기득권 체제를 이룩하고 정권을 부패시킨 점에서 비판받아야 한다. 그리고 그의 성향, 방법과 행동은 난세에는 적당했더라도, 유교적 문치주의가 회복된 성종 시대 이후에는 환영받을 수 없었다.

이보다 더 썩을 수는 없다 —

윤원형

?~1565

조선 전기의 정치가. 1533년 별시문과에 급제했으며, 중종의 계비 문정왕후의 동생으로서 그 소생인 경원대군을 옹립하려는 소윤小尹의 영수로서 대윤大尹과 대립했다. 1545년 을사사화를 일으켜 대윤 일파와 상당수의 사림을 숙청했으며 문정왕후가 수렴청정을 하는 동안 막강한 권력을 행사했다. 그러나 1565년 문정왕후가 죽은 후 실각하여 죽었다.

奸

윤원형은 세조의 쿠데타 이후 이어진 훈척정치의 대미를 장식하는 인물이다. 공신, 원로대신, 척족들이 '그들만의 리그'를 만들고 사림의 기개와 민중의 생계를 억압하며 군림했던 훈척정치는 중종 때 조광조의 득세로 잠시 멈칫했을 뿐, 이후 남곤 등 이른바 기묘 삼흉-김안로-윤임으로 주도권만 바뀌며 끈질기게 계속되고 있었다. 그들의 뒤를 이은 윤원형은 권력 장악의 철저함에 있어서나, 부정부패를 자행한 점에 있어서나, 타의 추종을 불허하였다. 이른바 간신들도 다시 뜯어보면 나름대로 변명할 여지가 있고, 긍정적인 일면이 있건만, 윤원형만큼은 당시로서나 지금으로서나 부정적인 평가밖에 내리기가 힘들다.

윤원형, 그는 '괴물'이었다.

젊은 선비이자 왕실의 외척

그는 다섯 아들 중 막내로 태어났다. 아버지 윤지임은 그리 두드러진 가문 출신이 아니며 그 자신도 크게 출세하지 못했으나, 딸이 중종의 세 번째 왕비로 간택되면서 운이 트이기 시작했다. 당시에는 조광조 일파의 전성기였고, 평범한 가문에서 중전을 뽑은 것도 훈구세력을 견제하려는 그들의 의도가 반영되었을 것으로 여겨진다. 윤지임은 사람됨이 온화하고 공손하며, 국구가 된 후에도 비단옷을 입지 않을 만큼 검소했다고 한다. 또한 그는 외척이 나랏일에 끼어들어서는 안 된다는 말을 입버릇처럼 했다. 그러나 어찌 알았으랴. 그의 막내아들이 외척 중에서도 극악의 권간權奸, 탐욕의 화신이 되고, 조광조의 후예들을 탄압하는 장본인이 될 줄이야.

벼슬길 초기의 윤원형은 누이의 후광 덕도 보았겠으나, 자신의 실력도 있었던 것으로 보인다. 과거에 급제한 후, 홍문관에서 젊은 관리를 대상으로 치르는 시험에서 수석은 아니지만 좋은 성적을 거두고 있다. 젊은 선비들 사이에서도 인기가 좋았던 것 같다. 기묘사화에서 살아남은 정순붕이나 정언각 등과의 교분은 일찍부터 시작되었다. 그의 형 윤원로가 무식한 데다 정치판에 기웃거리며 술수를 꾸민다고 평이 좋지 않았던 반면, 윤원형은 똑똑하고 담백한 사람으로 알려졌다. 담당 부서의 아전들이 관례적으로 베푼 향응도 물리치고 몹시 꾸짖었다는 모습에, 사람들은 그가 청렴한 아버지를 닮았다고들 했다.

그러나 왕비의 동생이라는 그의 신분은 싫어도 그를 정치판의 중심으로 몰아넣지 않을 수 없었다. 그가 벼슬길에 나선 이듬해 누나 문정왕후는 경원대군을 낳았다. 하지만 이미 문정왕후 이전의 계비였던 장경왕후 소생의 세자가 엄연히 있었다. 이대로 세자가 보위를 물려받으면 문정왕후는 권력의 핵심에서 영영 물러나 뒷방 신세가 될 터였다.

그리하여 은근히 경원대군을 미는 소윤小尹과 세자의 외숙부인 윤임을 중심으로 하는 대윤大尹의 암투가 벌어지기 시작한다. 이때만 해도, 권력에 안달이 난 사람은 윤원로인데 동생인 윤원형이 청요직을 맡고 있고 인망이 있으므로 '본의 아니게' 소윤의 영수로 불리고 있다는 게 중론이었다.

대윤과 소윤의 싸움

두 세력이 싸우기에 앞서 먼저 걸림돌은 김안로였다. 김안로는 본래 경빈 박씨와 그녀의 아들인 복성군을 '작서의 변'(중종 28년, 세자를 저주했다 하여 중종의 후궁인 경빈 박씨와 복성군을 죽인 사건)을 기화로 몰아내는 시점까지는 문정왕후와 결탁했다. 그러나 이후 세자의 호위를 자처하며 적대적인 입장으로 돌아섰다. 이렇게 삼파전이 전개되다가 윤원로가 윤임과 밀담하며 "지금의 세자에게는 후사가 없지 않은가?"라고 발언한 것을 윤임이 김안로에게 누설함으로써 윤원로가 탄핵, 유배된다.

김안로와 윤임은 이로써 소윤을 꺾었다고 생각했겠지만, 바로 그 다음 날 김안로가 대대적인 탄핵을 받으며 결정적으로 몰락하고 만다. 문정왕후의 중종에 대한 영향력, 그리고 윤원형의 대간에 대한 영향력을 과소평가한 결과였다.

그 뒤로도 대윤과 소윤은 각기 세력을 모으며 물밑싸움을 벌이는데, 그러기를 6년 만에 "두 외척이 각각 당파를 만들어 조정을 분열시키고 있다"는 공론이 불거지게 된다. 이에 중종은 양쪽 모두에 징계를 가하지만, 윤임은 귀양 보내고 윤원형은 파직한다는 것으로 처분에 차등이 있었다. 중종이 소윤 쪽, 정확히 말하면 중전인 문정왕후 쪽에 더 기울어져 있었음을 짐작케 한다. 중종은 1년 뒤 윤원형이 성절사聖節使(중국 황제나 황후의 생일을 축하하기 위하여 보내던 사절)로 북경에 다녀오며 불법 거래를 했다는 의혹이 나왔을 때도 윤원형을 감싸주었다.

한편 두 사람이 징계될 때 언론3사는 합동으로 징계를 재고해 달라는 탄원서를 올렸다. 탄핵과 비판이 주 임무인 사간원, 사헌부, 홍문관이 구명을 위해 합동하는 일은 보기 드물었는데, 여기서도 윤원형의 영향력이 작동했던 것 같다.

윤원형은 조광조가 한때 대간의 힘으로 대신들을 허수아비로 만들었다는 점, 이후에는 그렇게까지는 못해도 심정이나 김안로 같은 거물들도 결국 대간에 발목이 잡혀 몰락했다는 점을 잘 알고 있었다. 권력에서 언론의 중요성을 뼈에 새긴 그는 언론3사의 젊은 사류들을 열심히 포섭하고 자기 사람으로 만들어간다. 나중에 집권 가도에 올랐을 때도 한동안은 대사헌 등을 맡으며 언론을 중심으로 권력을 조정한다. 대윤의 영수 윤임이 '무식한 무인 출신'이라는 사실도 그에게 유리했다. 윤원형은 정보의 중요성도 잘 알고 있었다. 그는 문정왕후와 함께 대궐의 궁녀들을 회유, 매수하여 왕이나 세자 등등의 동향을 상세히 파악해 나간다.

하지만 이 모든 노력은 한순간 수포로 돌아가는 듯싶었다. 1544년에 중종이 승하하고, 세자가 즉위(인종)했기 때문이다. 대윤과 소윤의 오랜 싸움은 확실히 종지부를 찍는 듯했다.

을사사화乙巳士禍

인종은 짧은 기간 재위하면서도 당시 선비들의 큰 호감을 샀던 임금이다. 그것은 계모인 문정왕후에게 늘 공손하고 효성을 다했던 점, 그리고 죽기 직전 조광조 등 기묘사림을 신원하라고 명했다는 점 때문이다. 그러나 그의 계모는 그 모두를 헛되게 만들고 만다.

인종은 본래 병약했는데, 유난히 효심이 깊기도 했으므로 부왕의 승하 후 탈상하기까지 식사를 최소한으로 줄이고 밤낮으로 애도를 그치지 말아야 한다는 규칙을 철저하게 지켰다. 사실 이를 엄격하게 지킬 경우 건강하던 사람도 앓아누울 정도로 상제는 고

달픈 것이었다. 그런데 인종이 이를 강행했으니 수명이 짧아질 만도 했다.

그러나 인종이 8개월 만에 승하하자 항간에는 독살 당했을 것이라는 소문이 퍼졌다. 항상 자신을 차갑게 대하던 문정왕후가 웬일로 웃으며 떡을 권하기에 인종이 반갑게 먹었더니, 곧바로 중독되어 죽었다는 야담도 생겨났다. 실록은 어지간해서 왕의 암살 가능성에 대해서는 언급하지 않지만, 인종에게만큼은 "윤원형의 음모에 당했을 가능성이 있다"는 말을 남기고 있다.

실제로 그랬을지는 몰라도, 인종에게 왕자가 없다는 이유로 자신의 아들인 12세의 경원대군을 보위에 앉히고(명종) 수렴청정을 시작한 문정왕후의 인종에 대한 태도는 차갑기 그지없었다. 1년을 넘기지 못한 임금은 임금의 예로서 장사 지낼 수 없다고 주장, 통상적인 5월장 대신 갈장(사람이 죽은 뒤에 신분에 따라 정하여진 예월禮月을 기다리지 않고 급히 장사를 지냄)을 후다닥 치르고 말았다. 더욱이 신위를 종묘의 문소전에 모시지 않고 연은전에 처박아두는 치욕을 안겼다. 그리고 곧바로 윤임 일파에 대한 제거에 착수했다.

포문은 윤원로가 열었다. 윤임 일파가 무사들을 써서 경원대군을 해치려 했다고 고한 것이다. 하지만 좌의정 유관과 이조판서 유인숙 등 대윤파 대신들에게 역습을 당해 도리어 윤원로가 귀양을 갔다. 그러나 소윤은 다시 매섭게 반격했다.

"윤임은 봉성군이나 계림군 등 다른 왕족을 내세워 역모를 꾸미고 있다."

이번에는 윤임 일파가 귀양을 가게 되었다. 그런데 여기에 사림이 휘말려든다. 헌납 백인걸이 문정왕후의 밀지에 의해 정당한 절차도 없이 조정대신들을 귀양 보내는 것은 지나치다고 탄핵한 것이 계기였다. 이를 "역적을 비호하며 대왕대비를 능멸한다" 하여 백인걸만이 아니라 "그에 동조한 조광조의 잔당들"까지 줄줄이 화를 입게 된다. 결국 윤임, 유관, 유인숙, 계림군 등은 사사되었고, 이후에도 문정왕후를 비판한 양재역 벽서 사건으로 옥사가 줄을 이었다. 사관의 권한조차 보장되지 못했다. 사관 안명세가 시정기에서 윤임 일파를 동정한 사건 등도 새로운 옥사의 원인이 된 것이다.

이 와중에 묻혀 있던 개인적 원한까지 작용하며, 조광조와 친했다거나 소윤 일파 중 누군가와 사이가 나빴다는 이유 등으로도 벼락을 맞았다. 총 56명이 사화에 희생되었는데, 윤임 일파가 절반, 사림이 절반이다. 귀양 도중에 죽은 사람을 포함해 23명이 목숨을 잃고, 나머지는 귀양 또는 삭탈관직되었다. 대윤-소윤의 싸움에서 비교적 중립적 입장이던 사람들까지 살육된 이유는 무엇일까? 윤원형은 오랫동안 사림의 환심을 사려고 노력해 오지 않았던가? 인종이 기묘사림을 신원하라고 지시한 점(이를 윤임이 조작한 것으로 치부하여 무효로 만들어버렸다)으로 대윤과 사림이 가까워진 점을 꺼렸을지도 모른다.

그러나 기본적으로 윤원형은 이 명분만 앞세우는 도덕주의 자들을 다스리는 방법은 '분리해서 지배한다'임을 간파하고 있었다. 을사사화에서 사림을 죄주는 일에 앞장서 위사공신에 책록된 사람들 중에는 원래 사림에서 명망이 높았던 홍언필, 정순붕 등이 포함되어 있었다. 과거 조광조를 몰아낸 '기묘 삼흉' 중 본래 사림파와 가까웠던 남곤은 '원조' 훈구파인 심정이나 홍경주보다 더 원성을 샀다. 그와 같이 이들 "변절자"도 사림의 원성을 한 몸에 사게 되었으며, 따라서 리더십을 잃고 윤원형에게 맹종해야만 하는 처지가 된다.

한편 사화를 면한 사람들도 "역적을 비호하며 대왕대비를 능멸한다"는 혐의를 무릅쓰며 윤원형을 적대시하기는 힘들었고, 따라서 정부에는 남아 있되 입을 봉하고 조용히 지내거나 아예 낙향하여 초야에 묻히는 쪽을 택한다. 이렇게 사림이 여러 갈래로 나뉘고 서로가 서로를 비난함으로써 윤원형 일파에게 힘을 모아 대적할 가능성은 사라졌던 것이다.

완벽한 집권 —
욕을 먹을수록 권력은 확고해진다

명종이 어리다는 이유로 문정왕후가 수렴청정을 했고, 다시 문정왕후는 정무를 거의 조정대신에게 일임하고 있었다. 그리고 조정대신의 일원이자 그들을 조종하는 사람이 바로 윤원형이었다. 이

것이 그의 권력을 떠받치는 한 축이었다.

다른 한 축은 정승에서 육경, 승정원과 언론3사에 이르기까지 구석구석 심어놓은 그의 심복들이었다. 처음에는 소윤 일파만으로 그런 세력을 확보할 수 없었다. 그래서 을사사화의 주역 중 하나였던 우의정 이기와 한동안 공동정권의 모습을 보였다.

하지만 윤원형은 권력을 나눌 마음이 추호도 없었다. 심복들을 시켜 이기의 심복들을 하나씩 제거한 끝에, 이기 자신에게도 탄핵의 세례를 퍼부었다. 결국 이기는 영의정 자리에 오른 것에 만족하고, 권간權奸의 오명을 한 몸에 뒤집어쓴 채로 죽어야 했다. 이기를 탄핵하는 데 앞장섰던 사람은 구수담인데, 얼마 뒤에는 구수담 자신이 윤원형의 공격을 받고 제거되었다. 구수담을 공격한 선봉장은 한때 그의 제자였던 진복창이었고, 이내 진복창 역시 윤원형에게 팽烹 당한다.

이런 식으로 조금이라도 클 가능성이 있는 사람은 하나씩 제거해나가, 을사사화 후 대략 5년 만에 윤원형을 제외한 위사공신들은 조정에서 자취를 감춘다. 그 대신 윤원형에게 무조건 충성을 다짐하는 인물들, 윤원형에게 아부하거나 뇌물을 바쳐 벼슬을 얻은 자들(실록의 표현을 빌리면, "윤원형의 개들")이 넘치게 된다.

얼마나 그 장악력이 대단했던가 하면, 명종 6년에 윤원형에게 우의정을 제수하자 윤원형은 아직 젊은 데다 외척으로서 의정이 되는 것은 외람되다며 짐짓 사양한다. 그러자 영의정에서 3사까지 나서서 "윤원형은 재능이 탁월하고 인품이 고귀하니 정승을 제수하심이 마땅하나이다"라는 상소를 올린다. 그것도 오늘은 의정부, 내일은 홍문관 하는 식으로 돌아가며 '충성 표시'를 바쳤다.

조선시대 왕들은 가끔 거짓으로 왕위에서 물러난다고 발표하여, 신하들의 만류를 통해 왕권을 확인하곤 했다. 그런데 윤원형은 신하로서 그렇게 한 것이었다.

그러나 모든 벼슬을 전부 윤원형의 심복으로만 채울 수는 없었다. 또 그래서도 안 되었다. 재야의 결집력을 강하게 만들었을 테니까. 앞서 본 대로 윤원형은 사림을 분열시켜 지배하려고 하였다. 그것을 위해 그가 취한 정책 중 하나가 불교의 진흥이었다. 보우를 중용하여 선교양종을 부활시키고, 과거에 승과僧科를 설치했으며, 대왕대비를 비롯한 내외명부와 대소신료가 운집한 상태에서 거창하게 법회를 여는 등, 억불숭유를 국시로 삼은 조선시대에 상상도 할 수 없는 수준까지 불교를 밀어주었다. 그 까닭을 자신이 범한 죄악을 불교의 힘으로 씻기 위해서였다고 흔히 해석하는데, 그런 면도 있었을지 모르나 정치적 이유가 더 컸으리라 여겨진다. 불교 행사를 빙자하여 자금과 인력을 짜낼 수도 있었고, 무엇보다 그처럼 노골적인 불교 진흥은 사림의 속을 뒤집어놓는 일이었기 때문이다.

외척으로서 국정을 농단하고, 사림을 박해하며, 불교까지 되살리는 윤원형은 이제 사림에게는 도저히 용납할 수 없는 악의 축이었다. 그런데 이렇게 '적'이 절대화되면 그만큼 '우리 편'의 '선명성'이 중시된다. 사림의 기준에서 윤원형이 사악하게 비춰질수록 그 윤원형이 좌우하는 정부에 몸담고 있는 사람에 대한 불신도 커질 수밖에 없었고, 왜 저런 악행을 두고 보고만 있느냐고 비난이 높아졌다.

한편 "윤원형의 개"는 아니지만 적극적인 반대도 못하던 제도권 내 사림에게 그러한 비판은 야속할 뿐이었다. 대왕대비가 떡 하니 버티고 있고, 주변에 온통 윤원형의 눈과 귀가 있으며, 뭐라고 말을 꺼냈다 하면 "역모에 동조하는 불순세력"이라며 잡아 가두는 판에 뭘 어쩌란 말인가? 그렇다고 모두가 더러운 꼴 안 보겠다고 벼슬을 내던지면 이 나라는 그야말로 윤원형의 나라가 되지 않겠는가?

당시 사림의 영수로는 김인후, 이언적, 이황, 조식을 꼽을 만했다. 이 중 김인후와 조식은 초야에 숨어버렸고, 이언적과 이황은 벼슬살이를 하면서 지조가 없다는 뒷공론을 들어야 했다. 이 때문에 훗날 광해군 때, 조식의 제자인 정인홍이 이언적과 이황은 간신에게 빌붙은 소인배라며 그들을 문묘에서 내쫓으라는 「회퇴변척소晦退辨斥疏」를 올리기까지 했던 것이다. 그것은 곧 서인, 남인과 북인의 극한 대립을 가져온다. 윤원형의 사림 분열책은 사화를 넘어 당쟁까지 예고하고 있었다.

"나라가 망하지 않은 것이 이상하다"

이처럼 완벽한 권력을 손에 쥔 윤원형은 그것으로 무엇을 했을까? 실록은 "관리의 임용과 진급, 죄수의 처벌과 방면이 오로지 윤원형의 손에서 나왔다"고 적고 있다. 벼슬을 얻으려고 해도, 더 좋은 자리로 옮기려고 해도 윤원형에게 뇌물을 주어야 했다. 뇌물만 있으면 죄를 지어도 풀려났다. 뇌물의 규모가 커지다보니 아예 뇌물을 가득 실은 배가 지방에서 한양으로 정기적으로 운행되었다. 엄연한 수군의 군선을 징발해 '뇌물배'로 쓰고, 이를 군졸들이 호위하는 웃지 못할 풍경이었다.

그뿐인가? 윤원형은 국가의 경제 시스템에까지 손을 대서 자신의 사리사욕을 위한 도구로 만들었다. 지방의 진상품을 서울과 가까운 지방 상인이 대납해 주는 방납제도가 있었는데, 윤원형이 여기에 개입하여 막대한 부당 차익을 챙겼다. 국가에 납품하는 기와, 종이 등도 멋대로 빼돌려 팔아먹었다. 그리고 명나라에 공무차 가는 역관譯官들에게 일정한 물자를 대신 사 오라고 하는데, 가령 5만 냥만 주고는 10만 냥에 해당하는 물자를 사오라는 식이라 역관들은 울며 겨자 먹기로 부족분을 자신들의 주머니를 털어 채워야 했다.

전국 방방곡곡에서 진상하듯 올라오는 뇌물이 집 안 가득히 쌓여 처치 곤란일 지경이 되자, 아예 그것들로 집 앞에 시장을 벌였다. 윤원형이 돈과 물건만 노릴 리는 없었다. 전국에서 말도 안

실세 간신, 권세에 취해 왕권까지 넘본다

되는 이유로 집과 논을 빼앗긴 사람들이 셀 수가 없었고, 국가 소유의 땅도 멋대로 전용하고, 왕실의 목장에 개인의 말과 소를 집어넣어 길렀다. 그것도 모자라서 아예 간척사업을 벌이고 그곳을 자신만의 사유지로 활용했다. 간척과 농사에는 사방에서 끌어다 놓은 죄수들과 도망 노비들을, 그리고 현지의 농민을 강제로 부려 먹었다.

이상은 모두 실록의 기록이다. 야담 중에는 그의 뇌물 관행에 대한 이야기가 두 편 전한다. 하나는 어떤 지방의 무관이 화살통 여럿을 바쳤기에, "활쏘기를 안 하는 내게 무슨 필요인가"라며 내팽개쳐 두었다. 나중에 그 화살통을 잘 살펴보시라는 말을 듣고 보니 담비 가죽이 가득 들어 있어서, 그제야 좋은 벼슬자리를 내려주었다고 한다. 다른 하나는 또 어느 지방 관리가 누에고치를 잔뜩 바쳤는데, 벼슬을 정하는 자리에서 마침 윤원형이 꾸벅꾸벅 졸다가 "이 자리는 누구에게 줄까요?"하는 말에 "고치다, 고치"라고 중얼거렸다. 그래서 '고치'라는 이름을 가진 사람이 엉뚱하게 벼슬을 얻었다는 이야기이다. 야담에는 과장이 많지만 실록의 기록을 보면 결코 과장이 아니었을 것 같다.

윤원형은 대체 무엇 때문에 이렇게까지 치부致富에 혈안이 되었을까? 대단치 않은 양반 가문에서 청렴을 고집했던 아버지에 대한 반동일까? 어려서 배운 성리학과 도덕률이 권력의 세계에서 아무 힘도 쓰지 못하고 조롱당하는 현실 속에, 영혼이 느끼는 허무함을 상상을 초월하는 재물로 달래려 했던 것일까? 아무튼 그만큼 강력한 권력을 유지하느라 그 많은 사람들에게 나눠줄 정치 자금도 많이 필요했을 것이고, 또 당연하게도 그 자신의 사치에도 많은 돈이 들었으리라.

그는 10여 채가 넘는 저택에 비단 휘장을 치고, 금과 은으로 밥그릇을 만들고, 궁궐에서처럼 전문 요리사들을 고용해 팔진미八 珍味를 먹어 매끼마다 1만 전을 썼다고 한다. 그의 첩들은 후궁들보다 화려한 옷을 입었고, 자신은 궁궐에서 왕이 하듯 집 안에서 이리저리 다닐 때도 가마를 타고 다녔다. 윤원형이 지방 나들이라도 한 번 할라치면 왕의 행차 이상으로 많은 인원이 따라갔고, 그가 묵는 고을은 농사철이든 뭐든 하던 일을 모두 팽개치고 윤원형과 그의 가신들 시중에 전념해야 했다.

이렇게 윤원형의 위세가 세상을 진동하고 뇌물과 탈법이 거리낌 없이 행해지다 보니, 어느덧 그것이 당연한 관행처럼 되어 다른 대신이나 그 이하의 관리들도 저마다 뇌물을 받았다. 그의 노비들은 백주 대낮에 민가를 약탈하고 부녀자를 강간하는가 하면, 옥을 부수고 수감자에게 사적으로 린치를 가하는 등 그야말로 안하무인이었다.

윤원형의 비리는 재물 쪽이 전부가 아니었다. 조강지처를 버리고 유명한 정난정을 정실 부인으로 승격시켰다. 또한 그녀에게서 낳은 자식들이 대접받을 수 있도록 서얼을 허통許通하는 법률을 만들었다.

여기까지는 현대의 기준에서 좋게 봐줄 수도 있다. 그러나 그 과정에서 원래의 부인을 학대하고 끝내는 죽게 만들었다. 또한 골육상잔을 거듭했다. 그가 집권하기까지 큰 역할을 했던 형 윤원로가 대우에 대한 불만을 표시하자, 다른 정적들처럼 탄핵하여 목숨을 빼앗았다. 그것도 모자라 윤원로의 아들, 즉 자신의 조카마저 죽이려 했다. 그리고 아들 하나도 자신의 손으로 없앴다. 첩(아마 정난정이 아닌 첩이리라)의 자식으로 두리손이라는 이름의 아들이 조금 화나게 했다고 죽이고는 시체를 강물에 던져버렸다. 집에 찾아온 배다른 동생의 부인을 강간하고는 소문이 날까봐 절에 가두고 여승으로 만들었다.

이처럼 도를 지나쳐도 한참 지나친 부패와 패륜에 선비들은 물론 일반 백성들까지 치를 떨었다. 실록을 기록하는 사관들조차 감정을 억누를 수 없었던지, 이전의 간신들을 표현할 때는 "음흉하다", "간사하다" 정도이던 것이 윤원형에 이르러서는 "개만도 못하다", "벌레나 다름없다"고 막말을 서슴지 않는다. 현대에도 뭐든지 다 "~때문이다"라고 하는 말이 농담으로 유행한 적이 있지만, 당시의 사관은 진지하게 그렇게 썼다. 우박만 와도, "이게 다 윤원형 때문이다", 흉년이 들어도, "이게 다 윤원형 때문이다", 대도大盜 임꺽정이 나타나 황해도를 휘젓자, "조정에 더 큰 도둑이 버티고 있는데 뭐가 대수인가". 이 믿을 수 없는 시대에 대해서는 한마디로, "이러고도 나라가 망하지 않은 게 이상하다."

달도 차면 기우는 법

명종 8년, 윤원형이 정적이 될 가능성이 있는 사람들을 모두 제거한 직후, 문정왕후의 수렴청정이 끝났다. 하지만 젊은 왕은 아직도 모후의 기에 눌려 제 목소리를 내지 못했다. 제 목소리를 낼 만한 처지도 아니었다.

한 번은 그의 침전에서 "외척이 정사를 좌지우지하는 게 옳은 일인가?" 하고 혼잣말처럼 말했더니, 그의 일거수일투족을 감시하고 있던 궁녀가 즉각 대왕대비전에 고해바쳤다. 그래서 다음 날 대비전에 불려가 "누구 덕에 임금 자리에 앉았는지 알고나 있느냐"며 불호령을 들었다고 한다. 윤원형의 권력을 떠받치는 세 개의 축은 건재했다.

그러나 명종이 언제까지나 윤씨들에게 눌려 살지만은 않았다. 중전의 외삼촌인 이양을 윤원형에 맞설 대항마로 키우기 시작했다. 물론 그 위세는 아직 윤원형이 비할 바가 아니어서, 한 차례 황해도 관찰사로 쫓겨났다가 돌아왔다. 그러나 명종 12년, '윤원형의 개들' 사이에서 첫 균열이 발생한다. 언론3사에 있던 김여부와 김홍도는 모두 윤원형을 추종하고 있었는데, 어느 기생을 차지하는 문제로 다툰 끝에 "김홍도가 대감을 탄핵하려고 준비 중입니다"라고 김여부가 윤원형에게 모함한 것이다. 윤원형은 곧바로 김여부에게 김홍도를 탄핵하게 했는데 의외로 파장이 만만치 않았다.

결국 김홍도가 귀양을 가면서 다시 한 번 윤원형의 승리로 끝나는 듯했으나, 그동안 문정왕후와 윤원형에게 철저히 굴종함으로써 위사공신 중에 거의 유일하게 살아남았던 영의정 심연원이 손을 써서 일부 윤원형에 대한 충성도가 덜한 낭관들을 움직였다. 그리하여 언론3사를 총괄하고 있던 윤원형의 충복 윤춘년이 체직遞職되고, 나중에는 윤원형까지 겸임하던 이조판서직에서 물러난다.

이를 계기로 언론기관을 비롯한 조정에 대한 윤원형의 장악력은 크게 쇠퇴하였다. 세 개의 축 중에서 하나에 금이 가기 시작한 것이다.

또한 여기서 윤원형에게 대항하려는 명종의 의지를 읽은 관리들이 이양 편에 붙기 시작했다. 윤원로의 아들 윤백원도 그 중에 포함되어 있었다. 이양 또한 외척으로 탐욕스럽기가 윤원형에 버금갔다고 한다. 늙은 호랑이를 쫓기 위해 젊은 호랑이를 키우는 격이었지만 당시 명종으로서는 달리 어쩔 수가 없었을 것이다.

윤원형도 당하고만 있지는 않았다. 먼저 새삼스레 영의정 자리에 앉음으로써 직접 현장에서 조정 신료들을 조정하려고 했다. 그리고 혼맥을 보강하여 문정왕후는 물론 명종의 사후에도 권력을 연장하려 했다. 먼저 세자빈을 자신의 측근인 황대임의 딸로 정하는 데 성공했으나, 그녀가 곧 죽음으로써 수포로 돌아간다. 게다가 황대임의 딸이 지병이 있는 상태에서 속이고 혼인했음이 밝혀지며 도리어 윤원형의 처지를 곤란하게 하는 변수가 된다. 다시 그 세자마저 병사하자 다음 세자로 유력했던 덕흥군에게 자신과 정난정 사이에서 얻은 딸을 출가시키려 했다. 그러나 이미 그의 권세는 예전 같지 않았다. "어딜 감히 첩의 자식을 왕손에게"라는 비난과 함께 무산되고 만다.

다급해진 윤원형은 모든 힘을 짜내어 이양에게 집요한 공격을 가한다. 그리고 마침내 이양을 귀양 보내는 데 성공한다. 그러나 기쁨도 잠시, 그의 권력기반이 송두리째 무너져버린다. 명종 20년(1565), 문정왕후가 숨을 거둔 것이다. 공격은 문정왕후 사후 5개월 만이었다. 사헌부와 사간원이 합세하여 탄핵 상소를 올리는 것을 시작으로, 한 달 사이에 100통에 달하는 상소문이 빗발쳤다. 최후의 일격처럼, 윤원형이 버린 본부인이 그냥 죽은 것이 아니라 독살당했다는 고발이 접수되었다. 이에 명종은 일단 윤원형을 체직했고, 다음에는 삭탈관직시켜 고향 땅에 내려가 살도록 했다. 실록은 이렇게 기록한다.

"그 결정이 내려지자, 온 조정이 기뻐 환호하였다."

모든 힘을 잃고 고향으로 내려간 윤원형은 그래도 안심할 처지가 아니었다. 그것만으로는 부족하니 귀양을 보내야 한다, 아니 사약을 내려야 한다는 상소가 연일 쇄도하고 있었고, 그에게 시달렸던 백성들이 가는 곳마다 핍박했다. 돌이 날아들고, 화살이 꽂혔다. 결국 윤원형은 정난정과 노비 몇 명만 데리고 외진 데로 도망쳐 숨어 살았다. 그동안 그 어마어마한 재산은 억울하게 갈취당했던 사람들이 몰려와 난도질해 뜯어가고 있었다.

한때 왕의 권세를 앞질렀던 조선 왕조 최대의 권간, 윤원형의 최후는 처절했다. 언제 한양에서 자신을 잡으려는 금부도사가 내려올지 몰라 벌벌 떨던 어느 날, 다른 죄인을 압송하러 가까운 고을에 들른 금부도사를 하인이 보고 달려와 알렸다. 그러자 정난정이 독을 마시고 자살하고 말았다. 윤원형은 죽은 아내의 시신을 안고 절규하다가, 자신도 뒤를 따랐다.

이 마지막을 보더라도, 어쩌면 윤원형의 정난정에 대한 사랑만은 순수했을지 모른다. 사실 그의 권세가 세상을 진동할 때, 재물에 대한 비리 이야기는 넘쳐도 색을 밝혔다는 이야기는 많지 않았다.(처제를 범했다는 이야기는 헛소문일 가능성이 있다) 무리를 하면서 정난정을 정실로 앉혔고, 제도를 바꾸어 그녀의 자녀들에게서 서얼이라는 멍에를 벗겨주었다. 어쩌면 그토록 과도했던 재물욕도, 중국의 옛 황제들처럼, 사랑하는 한 사람의 여인을 호사스럽게 해주려는 마음에서 비롯되었을지도 모른다. 그러나 설령 사랑 때문이었다고 해도, 그는 너무나 많은 잘못을 했다. 너무나 많은 사람이 눈물을 흘렸다. 너무나 많은 사람의 피가 흘렀다.

극단의 시대

윤원형은 세 개의 축을 사용해서 자신의 권력을 든든하게 받쳤다고 생각했다. 사실 그것은 한동안 믿을 만했다. 하지만 한계가 있었다. 아무런 비전 없이 검은 뒷거래로만 만들어진 충성집단은 모래성이었다. 그들은 스스로 윤원형에 대적할 그릇은 아니었으나, 윤원형이 힘을 잃자 다른 곳으로 재빨리 달려갈 그릇은 되었다. 윤원형이 실각하던 때에도 그가 심어놓은 사람들이 조정에 아직 많았지만 이제 그들은 앞장서서 그를 헐뜯었다. 스스로 이렇다 할 공로가 없이 외척이라는 점에만 기댄 권력은 문정왕후의 생명을 넘어서 이어지지 못했다. 그는 스스로 사림의 비난을 삼으로써 도리어 그들을 분열시키려 했지만, 다른 두 개의 축이 부러지자 그 동안 쌓이고 쌓인 한과 악감정은 둑이 터지듯 쏟아졌다.

그는 오랜 집권 기간 중 일부 긍정적으로 보일 수도 있는 일을 했다. 서얼을 허통시킨 일은 원칙적으로는 사림에서도 긍정했다. 간척 사업은 늘 부족하기만 한 농토를 늘렸다. 국가 규모로 이루어진 윤원형의 재물 비리 덕분에 어쨌든 경제활동이 활성화되는 효과도 있었을 것이다. 그러나 이 모든 것에 일말의 대의명분도 없었기에, 오직 그 한 사람의 사리사욕에 의한 일로 여겨질 수밖에 없었기에, 그는 정당성을 인정받지 못했다.

그의 극단은 반대의 극단을 불러왔다. 윤원형을 물리친 후, 평생의 힘을 다 써버린 듯한 명종은 내내 앓다가 2년 만에 승하한다. 그 2년과 다음 왕인 선조가 등극한 직후에, 사림은 정권을 접수했다. 이제 훈구파 대 사림파라는 구도는 조선 정치사에서 사라질 것이다. 정권을 장악한 사림은 위사공신을 취소하고 기묘사화와 을사사화의 희생자들을 복권시켰다. 그리고 오직 대의명분에 의한 정치를 제창했다. 윤원형을 통해 명분을 짓밟는 정치를 지긋지긋하게 맛본 끝에, 반대로 명분만을 강조하고 실질을 돌아보지 않는 정치가 새로운 흐름이 된다. 그것은 장기적으로 국가와 국민에게 또 다른 재앙을 예비하고 있었다.

윤원형은 자신에게 주어진 조건을 정확히 파악했고, 모든 것이 자기에게 유리하게끔 밀고 당기며 교묘하게 조정하는 정치력이 있었다. 그러나 그 결과 얻은 막강한 권력 앞에 자중할 줄 몰랐고, 미래를 준비할 줄 몰랐다. 무엇보다 적대적인 세력까지도 일부 만족시킬 비전과 명분을 제시하지 않고, 분열의 리더십만을 극한까지 몰고 갔다. 그 마지막은 자신에게나, 국가에게나 거대한 파국을 초래했다.

역사의 승자가
그들을 간신으로 몰았다

신돈
임사홍
남곤
원균
이이첨

개혁파의 중심이 될 수도 있었을 인물, 보수와 진보 사이에서
가교 역할을 맡을 수도 있었을 인물이 '수구 꼴통'으로 전락하고
말았다. 가장 간신을 혐오하던 사람이 최악의 간신이라는 멍에를
쓰고 말았다.

개혁가와 간신의 갈림길에 선 인물

신돈

? ~ 1371

고려 말기의 중이자 개혁적 정치가. 자는 요공耀空, 호는 청한거사淸閑居士. 공민왕에게 등용되어 국정을 장악하고 강력한 개혁정책을 추진했다. 권세가들이 부당하게 소유하고 있던 토지를 원 소유주나 농민에게 되돌려주고, 억울하게 권세가의 노비가 된 사람들을 희망에 따라 자유화시키는 등의 개혁은 기득권 세력의 강력한 반발을 샀다. 개혁 기반 세력이 미비한 가운데 신돈은 정치적 위기에 몰렸고 공민왕은 이를 뒷받침할 힘이 없는 가운데 의문의 역모 사건에 휘말려 처형당했다.

奸

신돈은 조선 왕조가 기록한 『고려사』에서 꼽힌 최악의 간신이다. 비록 『고려사열전』 「반역」편에 실려 있기는 하지만 내용은 전형적인 간신의 그것이다. 『고려사』에서뿐만 아니라 신돈은 조선 왕조 내내 경계해야 할 악의 상징으로 꼽혔다. 『조선왕조실록』에는 중종, 명종 때까지도 신돈이 요승이란 기록을 남겼을 정도다.

"공민왕 때에 요승 신돈이 국정을 마음대로 하다가 마침내 나라를 망치고 말았다."　　　　　　　　　　　　　　　　　　　　　　『중종실록』

"요승 신돈이 임금의 권세를 빙자하여 제멋대로 방자한 짓을 하는데도 상하 모두 두려워하며 감히 어떻게 하지를 못하였다."

　　　　　　　　　　　　　　　　　　　　　　　　　　　　『중종실록』

"요망한 중으로 국가를 어지럽힌 자가 많았으니, 묘청과 신돈의 화禍가 뒷사람들의 거울이 되고도 남는다."　　　　　　　　　『명종실록』

이런 정사의 기록만이 아니라 민간에 떠도는 민담에서도 신돈은 요승으로 전해진다. 아들을 못 낳는 여자들이 불공을 드리러 오자 이를 범하여 수백 명의 아들을 두게 되었다는 내용 따위다. 조선시대 내내 민과 관을 망라해 요승이자 간신으로 취급받고 있는 것이다. 그러나 최근에 와서 신돈은 공민왕의 개혁을 앞장서서 수행했던 개혁적 정치가로 재조명되고 있다. 절의 종이었던 어머니 밑에서 자란 천출이었지만 신돈은 공민왕의 절대적 신임을 받아가며 고려의 2인자로서 강력한 개혁정책을 폈다. 하지만 그의 최후는 사지가 찢겨 팔도에 떠돌아다니게 될 정도로 비참했다.

극과 극을 오간 삶. 드라마틱한 인생을 살다 간 신돈은 누구인가. 먼저 그가 공민왕에게 선발된 배경부터 보자. 그것이 비극의 씨앗이기 때문이다.

공민왕의 구원투수로 등판

1365년, 왕위에 오른 지 15년이 된 공민왕은 완전히 궁지에 몰려 있었다. 2년 전에는 그의 반원 자주화 움직임에 불만을 품은 원나라가 충선군의 서자인 덕흥군을 왕위에 세우고 공민왕을 퇴위시켰다. 그 이듬해 다시 왕위에 오르긴 했지만, 왕으로서의 체면은 깎일 대로 깎인 뒤였다.

복위된 해에는 그를 시해하려는 움직임까지 있었다. 공민왕의 측근 세력인 정세운, 안우, 김득배 등이 김용의 모략에 의해 서로를 죽이고 처형당하는 상황까지 벌어졌다. 게다가 그 전 해에는 금슬 좋고, 정치적 후원자 역할까지 다하던 왕비 노국대장공주가 난산 끝에 사망했다. 그의 곁에는 원대한 정치개혁을 수행해 갈 측근이 아무도 없게 된 것이었다.

대신 공민왕의 주변에는 홍건적의 침입을 무찔러 명망을 얻은 최영 같은 무장이 세력을 키우고 있었다. 세신대족世臣大族이라 불리는 권세 가문들은 서로 간에 뿌리 깊이 이어져 있어 왕실보다 더한 힘을 갖고 있었다. 초야신진草野新進이라 부르는 신진관료 세력은 처음에는 깨끗한 척하다가도 이름을 얻게 되면 명문가와 혼사를 맺지 못해 안달이었다. 유생이라고 불리는 선비들은 유약하기 짝이 없었고, 그들끼리 문생·좌주·동년이라 칭하며 패거리 짓기에 열중했다.

이런 상황에서 공민왕은 그의 개혁 파트너가 될 만한 인물에 목말랐다. 세상의 욕심에 초연하여 오로지 개혁 하나에만 열중할 수 있는 인물이라면 중용하겠다는 것이 공민왕의 생각이었다. 바로 이때 나타난 인물이 신돈이었다.

신돈은 영산 사람으로 그의 모친은 계성현 옥천사의 여종이었다. 당시 모친이 종이면 출가하지 못하게 되어 있는 상황에서 신돈이 어린 시절 중이 됐다는 것을 볼 때 아버지는 상당한 지위의 인물로 추정할 수 있다. 그러나 천출이란 이유로 중들 사이에서도 따돌림을 당해 항상 산방山房에서 거처했다고 한다.

공민왕 8년, 김원명의 추천으로 신돈은 왕과 면담할 수 있었다. 아마도 불도에 전념하면서도 비범한 능력을 발휘해 고관인 김원명에게도 그 소문이 들렸을 것이다.

이때 공민왕은 매사에 명백하게 논증하고 고담준론을 펴는 신돈을 상당히 마음에 들어 했다. 공민왕은 신돈을 총명하고 지혜로운 인물이라고 판단했다. 그 뒤 공민왕은 신돈을 비밀리에 불러 수시로 이야기를 나누었다고 한다.

천출 신분에서 왕의 사부로

신돈이 본격적으로 중용되기 시작한 것은 그로부터 8년이 지난 1365년경이었다. 왕이 신돈에게 청한거사淸閑居士란 호를 주고 사부師傅라고 불러 국정에 대해 자문을 의뢰했던 것이다. 왕의 특보로 기용된 셈이었다. 신돈이 국정에 참여하면서 가장 먼저 한 일은 정계 개편이었다. 이공수, 경천흥 등 세신대족이라 불리는 기득권 세력을 정계의 중심에서 몰아내고 신진세력을 공민왕의 측근세력으로 중용했다. 이때 최영 역시 경주로 좌천당해 내려갔다. 그리고 공민왕이 기용하기를 꺼려했던 관료 중 상당수를 유배 보내거나 파면해 정계에서 축출했다. 그 대신 신돈은 개혁에 동참할 세력으로 신진사대부로 불리게 될 초야신진을 꼽았다. 이들은 대부분 이제현 등 명망 있는 학자의 계보에 속해 있어 친위세력이 되기에는 위험 요소가 없지 않았다. 그러나 신돈은 이제현과 이들의 고리를 끊어내 개혁에 동참하게 하였다. 신돈이 개혁정치를 펼때 등장했던 인사들은 이색, 정몽주, 정도전, 이숭인 등으로 이들은 고려 말에서 조선 개국에 이르는 전환기의 주역으로 성장했다.

개혁을 위한 인사 조치를 마치고 난 이듬해인 1366년, 신돈은 드디어 고려 사회에 대한 근본적인 개혁에 착수했다. 바로 토지개혁이었다. 공민왕 15년(1366) 5월, 신돈은 전민변정도감田民辨正都監의 설치를 공민왕에게 청하였고, 공민왕은 이를 흔쾌히 받아들였다.

신돈은 전민변정도감의 책임자인 판사判事가 되어 토지개혁 사업을 열성적으로 추진했다. 전민변정田民辨正이란 토지의 소유자를 밝히고 신분을 바로잡는 것을 말했다. 당시 권세가들은 평민들의 토지를 함부로 빼앗거나 국가의 땅을 몰래 차지하는 일이 많았다. 또 백성들을 강제로 노비로 만들어 부려먹었다. 권세가의 횡포로 인해 국가는 세금을 걷지 못해 재정이 고갈될 지경이었다. 억울하게 노비가 되는 백성뿐만 아니라 지방관의 횡포를 피해 유랑 걸식하는 평민의 수도 많아졌다. 사실 이런 문제는 무신정권 이래 계속돼 온 것이었지만 기득권 세력의 힘이 너무 강해 손을 제대로 댈 수 없었다.

그러나 신돈의 명령은 엄격했다. 서울은 법령 발포 후 15일, 지방은 40일 이내에 자진 신고할 것을 명했다. 자진 신고하지 않을 경우 처벌은 엄했다. 그러자 권세가들이 강점했던 땅과 노비들이 원상태로 돌아왔다. 소수의 권세가를 제외하고 나라 전체가 이를 기뻐했다. 백성들은 "성인聖人이 나왔다"며 환호했다. 그리고 이 해에는 풍작까지 들어 공민왕이 "금년의 풍작은 실로 첨의(신돈)가 음양을 고르게 다스린 것에 연유한 것"이라며 흡족해했다.

토지개혁 단행해 백성들의 신망 얻어

신돈은 1367년 공민왕의 명령을 받아 성균관을 건축하기도 했다. 이 해는 고려 말 신진사대부 세력의 대부격인 이색이 성균관 대사성에 임명되던 해였는데 신돈은 류탁, 이색과 함께 성균관 옛터에서 중건을 다짐했다. 흥미로운 점은 주위 인사들이, "옛 규모보다 조금 못하게 하면 일이 쉽게 될 것"이라며 소극적으로 임했던 데 반해 신돈은 오히려 적극적이었다는 사실이다.

"공자는 천하 만세의 스승인데 어찌 사소한 비용을 절약하느라고 전대의 규모보다 줄일 수 있느냐!"

승려인 신돈이 유교의 비조인 공자를 숭상했던 것이다. 신돈은 이제현의 영향력 아래에 있던 기득권 세력을 제어했다. 하지만 당대의 개혁적 정치사상이었던 성리학 이념을 부정했던 것은 아니었다. 이색, 정몽주, 정도전 등 개혁색이 짙은 젊은 성리학자들이 성균관을 근거 삼아 개혁적 정치이념을 개발할 수 있게 해주었던 것이다.

그러나 공민왕과 신돈의 파트너십은 오래가지 못했다. 우선 신돈의 개혁에 반발하는 기득권 세력의 공세가 점차 거세지고 있었다. 자신의 기득권을 밑바닥에서부터 부정하는 신돈을 제거하지 않고는 안심할 수 없었던 그들은 강력하게 저항했다.

중앙에 정치적 기반이 없던 신돈은 이런 저항을 막을 힘이 없었다. 신돈의 지지기반이라고는 하위직 관리와 조직화되지 못한 백성뿐이었다. 신돈은 자신을 '성인'으로 추앙하는 백성을 조직하기 위해 여러 노력을 기울였다.

예컨대 판사 장해란 자가, 자신의 옛 종이었지만 지금은 낭장郞將 벼슬을 하는 사람을 버릇이 없다 하여 채찍으로 때린 일이 있었다. 옛 종이 신돈에게 호소하자 그는 장해를 옥에 가두어버렸다. 기득권 세력을 제압하기 위한 것이었을 뿐만 아니라 아래로부터 백성의 지지기반을 쌓아올리기 위한 시도이기도 했다. 고려 초의 강력한 개혁군주였던 광종이 호족세력을 제어하기 위해 백성과 하위직 관리를 후원하던 것과 마찬가지 맥락이었다. 광종은 공민왕과 마찬가지로 국내에 세력기반이 없는 중국 출신의 쌍기를 등용해 강력한 개혁정치를 편 바도 있었다.

권력 단맛에 취해 반대세력에 공격 빌미를 제공

그러나 쌍기가 '사랑도 명예도 이름도 남김 없이' 역사의 무대에서 사라졌던 이유도 지지기반이 미약했기 때문이었다. 신돈 역시 힘이 부쳤다. 기득권 세력은 신돈이 간통을 했다느니, 왕 앞에서 무례한 행위를 했다느니 하며 신돈을 지속적으로 공격했다. 그의 집이 일곱 채이며 뇌물을 받았다는 등 부정축재 문제를 거론하기도 했다. 승려인 신돈이 여자를 가까이하고 애가 있다는 공격까지 했다. 두 차례에 걸쳐 신돈을 암살하고자 하는 시도가 일어나기도 했다.

불행히도 이런 공격의 빌미를 제공한 것은 신돈 자신이었다. 치솟는 권력의 단맛에 현기증을 느끼며 자기관리에 실패했던 것이다. 초지일관되게 악의적으로 신돈의 악행을 부각시켰던 『고려사』의 기록만큼은 아니겠지만 신돈이 돈과 여자, 그리고 아첨하는 소인배의 유혹에서 자유로웠던 것 같지는 않다. 공민왕은 신돈을 스승으로 예우했다. 궁궐 옆에 집도 지어주고 함께 있을 때면 '밑'이 아닌 '옆자리'에 앉히려 했다. 벼슬 역시 영도첨의사사領都僉議司事로서 최고위직이었다. 조정 백관이 신돈에게 절을 하고, 원나라와 명나라에서도 그의 실력을 알아 벼슬을 내리는가 하면 선물을 보내오기도 했다.

'일인지하 만인지상一人之下 萬人之上'의 자리에 오르면 돈과 여자, 그리고 아첨 공세가 똥구더기처럼 몰려들지 않을 수 없었다. 신돈은 그걸 관리하지 못했던 것 같다. 가뜩이나 반격의 칼을 품고 있던 기득권 세력에게 호재가 될 만한 추문들을 스스로 제공했던 것이다.

이를 빌미로 한 기득권 세력의 공세를 공민왕은 견딜 수 없었다. 아니, 공민왕 역시 신돈을 의심했다. "왕의 천성은 의심이 많고 잔인해서 비록 심복 대신이라도 그의 권세가 성해지면 꺼리어 죽였다"고 『고려사』는 기록하고 있다. 반역과 외세의 위협 속에서 개혁정치를 펴자면 자연 의심 많고 잔혹해지지 않을 수 없다. 격변기의 개혁을 이루려는 권력자라면 필연적으로 마키아벨리적인 속성을 띠기 마련이다. 개혁군주 공민왕의 숙명이 그것이었다.

때마침 선부의랑選部議郞 이인이란 자가 한림거사寒林居士란 가명으로 신돈이 반역을 꾀한다는 내용의 투서를 재상 김속명의 집에 보냈다. 김속명은 이를 공민왕에게 보였다. 왕은 신돈과 그 일파를 잡아들일 것을 명했다. 결국 신돈과 35명에 이르는 인물들이 반란죄 명목으로 체포되어 살해되었다. 공민왕은 신돈을 기용하면서 "스승은 나를 구원하고 나는 스승을 구원하여 어떤 일이 있어도 남의 말을 듣고 의혹을 품지 않을 것"이란 맹세를 했다. 그러나 자신에게도 튈지 모를 불똥 앞에서 공민왕은 신돈을 보호할 수 없었다. 정치권력의 비정함을 보여주는 신돈의 최후였던 것이다.

신돈 개혁의 실패는 기득권 세력에게 포위된 개혁세력의 딜레마를 보여준다. 권력은 쥐었지만 정치적 기반이 취약하면 개혁의 성취도 어렵거니와 정치적·생물학적 생명마저 보장받지 못한다. 신돈 역시 자신의 개혁정치를 이인임 같은 권문세가에게 맡기는 한계를 보이기도 했다. 그런데 여기에다 도덕성까지 상실했으니 그 말로가 비참하지 않을 수 없었다. 패자敗者에 대한 역사의 폄훼와 분칠이 과도하기는 했지만 말이다.

역사에 버림받은 사람

임사홍

1445 ~ 1506

조선 전기의 정치가. 1465년 과거에 급제했으며 뛰어난 글씨와 왕실의 인맥으로 한때 각광받았다. 그러나 1478년 탄핵을 받고, 22년간 유배 생활을 했다. 연산군에 의해 풀려난 뒤 그를 충동질해 갑자사화 (1504)를 일으켰다. 이후 연산군 말기의 폭정의 원흉으로 지목되고, 중종반정이 일어나면서 척살되었다.

奸

"그년들을 살려두지 않을 것이다!! 결코 용서하지 않아!"

깊은 밤, 어느 대갓집 사랑방을 대낮처럼 환히 밝힌 등잔불이 강풍을 만난 듯 파르르 떨고 있었다.

미복 차림의 임금은 얼굴을 시뻘겋게 붉힌 채, 미친 사람처럼 울부짖고 있었다. 쓰러질 정도로 마신 술기운에 몸이 비틀거렸으나, 눈빛은 살기를 띠고 푸르게 빛났다.

"그놈들도 그냥 두지 않겠다! 단 한 놈도 그냥 두지 않아!"

분에 못 이긴 임금은 벌떡 일어나 팔을 휘두르고, 발을 내질렀다. 술병이 고꾸라지고, 국그릇이 날아가 쨍 하고 깨졌다. 광기에 찬 임금의 저주는 그치지 않았다.

"이젠 복수다! 복수! 복수! 복수! 복수!"

흥겨운 술자리 끝에 벌어진 놀라운 사태에, 왕을 초대한 집 사람들이나 왕을 호위하던 무사들 모두 말을 잊고 얼어붙은 듯 그 자리에 서 있었다. 임금의 옆에 앉아 술을 올리던 임숭재 역시 새파랗게 질려 떨고만 있었다. 그러나 연산군 앞에 엎드린 이 집의 가장, 임사홍만은 침착했다. 그의 가슴 속에는 방금 왕이 내뱉은 말이 메아리칠 뿐이었다.

　　"복수! 복수! 복수! 복수!"

화려했던 출발

임사홍은 유자광과 함께 연산군 대의 '투톱'으로 온갖 악행을 일삼은 간신이라고 알려져 있다. 하지만 두 사람은 배경이 여러모로 대조적이었다. 별 세력이 없는 양반의 서자 출신으로 한을 품고 자랐던 유자광에 비해, 임사홍은 좌리공신 임원준의 아들이며 그 자신은 효령대군의 아들인 보성군 이용의 사위였다. 그뿐 아니라 아들 광재는 예종의 딸 현숙공주에게 장가를 들어, 왕실과 각별한 친인척 관계를 맺고 있었다. 또한 세조 때 문과에 급제해 순조롭게 출세, 여러 청요직淸要職을 지냈고, 그의 글씨는 자타가 공인하는 당대의 으뜸이었다. 중국어에도 능통해 중국에 여러 차례 사신으로 다녀오기도 하고, 승문원에서 중국어를 가르치기도 했다. 말하자면 유자광과는 비교도 안 되는 명문 주류이자, 한명회나 유자광처럼 거친 데라고는 없는 우아한 선비였던 것이다.

　　홍문관 교리 등 청요직에 있을 때의 그는 또한 소신이 뚜렷하며 바른말을 잘한다는 평가를 받았다. 성종이 정희왕후, 인수왕비 등의 뜻을 따라 내불당을 설치했을 때 앞장서서 반대했으며, "재상이라고 해도 법을 어기면 단호히 처벌해야 합니다"라고 진언하기도 했다. "충신과 간신을 잘 구분하여 충신을 높이고 간신을 물리치는 것이 정치의 요체입니다. 전하께서는 부디 유념하소서"라고 간하기도 했다. 이것은 물론 당시의 상투적인 말이기는 했다. 하지만 임사홍은 그렇게 말하면서 정작 자기 자신이 최악의 간신으로 역사에 기록되리라고 상상이나 했을까?

임사홍 죽이기

왕실과 가깝고, 재주도 많고, 강직하기까지 한 임사홍에 대한 성종의 총애도 두터웠다. 세조 때의 숭무崇武 분위기에 편승해 반짝 빛을 보았지만, 문치주의를 중시한 성종 대에 와서는 자기 자리를 못 찾고 이따금 시내에 나타난 호랑이 잡는 데나 동원되고 있던 유자광과는 반대로, 임사홍은 한껏 잘나가고 있었다. 성종 8년이 되기까지는.

사건은 엉뚱하게 일어났다. 도승지 현석규가 동부승지 홍귀달이 상관인 자신과 의논도 하지 않고 상소를 올렸다고 말다툼하던 끝에, 홍귀달을 "너爾"라고 부르며 소매를 걷어붙이고 주먹다짐을 하려 했다는 물의를 일으킨 것이다. 성종은 관계자들을 모두 불러 사건의 진상을 힐문했는데, 당시 좌승지였던 임사홍은 처음에는 현석규를 두둔하는 증언을 했다. 그런데 논의 끝에 자신의 친구인 노공필까지 연루될 것 같자, 다시 현석규가 다른 승지들을 대하는 데 무리가 없지 않다는 취지의 말을 보탠 것이다. 이를 들은 현석규는 "왜 앞서와 말이 틀려지느냐"고 화를 내어 임사홍과 말다툼이 끊이지 않았다. 홍귀달과의 다툼이 어느새 임사홍과의 다툼이 되어버렸는데, 어전에서 물러난 뒤에도 계속되어 조정은 온통 시끄러워졌다.

현석규는 임사홍 못지않게 성종이 총애하는 신하였다. 그런데 임사홍을 뜻밖에 대사간으로 제수하는 조치를 취했다. 현석규와 임사홍이 함께 분란을 일으켰는데 어찌 임사홍만 승진시키냐는 논의가 일자, 이번에는 현석규를 대사헌에 제수한다. 두 총신이 서로 떨어져 있으면서 동시에 언론의 장으로 협력하기를 바라는 성종의 배려였다. 뒷공론이 없지 않았지만, 이 일은 그대로 무마되는가 싶었다.

별안간 대사간에 임명된 임사홍은 사간원을 제대로 장악하지 못했다. 그래서 이내 예조참의로 옮기고, 다시 이조참의를 거쳐 도승지로서 임금을 보좌하게 했다. 그런데 성종 9년 4월 21일, 임사홍은 별 생각 없이 한마디 했다가 마침내 나락으로 떨어지고 만다. 당시 흙비가 내리는 천변天變이 있었다 하여, 대간의 요청으로 술을 일절 금하기로 했었다. 임사홍은 이에 대하여 연이어 제사가 있는데 술을 전부 금할 수 있겠느냐며 "약간의 흙비가 내렸다고 그것을 곧 천변이라 하여 무턱대고 삼가는 것은 지나칩니다"라고 말한 것이다. 그리고 "대간들이 강력하게 주청하니 어쩔 수 없지 않은가"라는 성종의 대답에 "대간의 말이라고 무조건 들어주어서야 되겠습니까"라고 대답했다.

지금 시각에서 보자면 별 문제 될 말이 아니었지만, 조정이 발칵 뒤집혔다. 금주령에 대한 임사홍의 말은 하늘의 꾸지람을 겸허히 받아들이는 임금의 자세를 부정하고 임금이 '사치 향락'에 빠져들도록 부추긴 것이며, 대간에 대한 말은 바로 언론을 탄압하고 폭군을 양성하려는 음모라는 것이었다. 언론3사가 일제히 임사홍을 간신으로 지목하고 처벌할 것을 주장했다. 대간의 언론권을 늘 존중해 왔던 성종은 임사홍의 말을 다소 마땅치 않게는 여겼지만, 죄줄 일이라고 보지도 않고 있었다. 하지만 언론은 임사홍의 아버지 임원준까지 끌어들이면서 반드시 처벌해야 한다는 뜻을 굽히지 않았다. "임사홍은 소인小人이며 임원준은 탐욕스럽고 부패하였다"는 이유였다. 성종은 마침내 대간들을 소집하여 임사홍 부자를 그토록 탄핵하는 이유를 물었는데, 별로 뾰족한 근거가 나오지 않았다. 성종은 대간들을 파직시키고, 어쨌든 임사홍이 말실수를 했다 하여 그의 직첩도 거두었다. 이렇게 되면 대략 일이 진정되겠지 싶었을 것이다. 하지만 아니었다.

주계부정朱溪副正으로 있던 이심원이 "국가의 존망에 관련된 일"이라며 성종과의 면담을 끈질기게 요청했다. 결국 면담을 허락하자 그는 어찌하여 바른말을 하는 대간들을 파직시키고, 소인인 임원준 부자는 벌주지 않으셨냐고 따지듯 물었다.

"임사홍이 정말 소인이면 그가 참의와 승지 벼슬을 할 때 소인이라고 탄핵해야 마땅했다. 그런데 왜 이제 와서야 일제히 소인이라 하는 것인가. 임원준은 탐욕스럽고 부패했다는데 증거는 하나도 대지 못한다. 그러므로 파직하였다. 다만 임사홍은 바람직하지 못한 말을 내게 했으니 고신을 거두었다. 여기에 무슨 문제가 있는가?"

"지당하십니다. 그러나 임사홍은 신의 고모부가 되므로 평소에 그 사람됨을 지켜보았습니다. 틀림없는 소인입니다."

소인이라면 구체적으로 뭘 어쨌기에 소인이냐는 왕의 질문에 이심원은 제대로 대답하지 못했다. "소인은 본래 겉으로 보아 분별하기 어려운 법입니다" 하며 우물거리던 끝에 임사홍의 아버지 임원준이 '소인다운' 언행을 했다는 말을 했다. 효령대군의 후사를 보성군에 잇게 하면 그의 사위인 임사홍에게도 상속분이 돌아갈 것이라고 말했다는 것이다. 효령대군이 반대할 것이라고는 하니 "80 넘은 효령대군이 살면 얼마나 살겠는가"라고 말하기까지 했다고 덧붙였다.

왕실의 어른을 모시는 일을 각별히 중시하던 성종은 이 증언에는 마음이 조금 움직였다. 이심원은 자신이 임사홍의 친인척이면서 이렇게 고발하는 것은 오직 종묘사직을 위한 일편단심일 따름이라며 소리 내어 울기까지 했다. 그래도 성종이 확실히 결단을 내리지 못하는 것을 보자, 이미 진정되었던 현석규 사건까지 들춰

냈다. 현석규가 대사헌으로 승진한 뒤 소인이라는 탄핵에 한동안 시달렸는데, 그게 모두 현석규와 감정이 있었던 임사홍이 뒤에서 사주하여 빚어진 일이라는 것이다.

보통 일이 아니라고 생각한 성종은 임사홍과 임원준은 물론 대간들, 대신들을 돌아가며 일일이 심문했다. 대간들은 이심원의 고발을 듣고 당시 현석규를 탄핵하던 사람 중에 유자광도 있었음을 기억해냈다. 유자광은 '언론과의 전쟁'을 벌일 정도로 대간의 오랜 숙적이 아니던가. 이제 임사홍의 극력 부인에도 불구하고, 임사홍과 유지광이 작당을 해서 현석규를 음해했다는 설을 기정사실처럼 만들며 연일 임사홍·유자광 성토가 이어졌다.

당시 임사홍을 탄핵하던 관원들과 성종의 대화를 실록에서 읽어보면 어떻게 한 사람을 이렇게까지 집요하게 몰아세울 수 있을까 싶을 정도다. 그러나 끝내 아무도 임사홍의 악행 근거를 제시하지 못했다. 그가 소인인 이유는 "거만하다"는 정도가 전부였다. 거만하면 전부 소인이고, 죄인인가? 조정에는 황희 정승 같은 사람만이 서야 하는가? 거의 이구동성으로 거만하다는 말을 하는 걸 보면 실제로 임사홍이 거만했을지도 모른다. 그러나 나중에 가면 그 증언조차 과연 사실인지 의심스러워진다. 훗날 중종반정이 일어난 뒤 조정에서 간신과 충신의 차이를 거론하다가, "간신은 겉으로 봐서는 모르는 법입니다. 임사홍 같은 경우 항상 점잖고 관대하여 인격자처럼 보였습니다"라고 말한 기사가 있는 것이다.

결국 성종은 임사홍을 귀양 보낸다. 임사홍의 집에서 자라 그를 아버지처럼 여겼던 며느리 정숙공주가 눈물로 탄원했으나 어쩔 수 없었다. 나중에 아버지 임원준이 아들을 보려고 유배지에 찾아가려는 것조차, 대간들은 "간신들이 내통한다" 하며 금지시켰다.

인고忍苦의 세월, 그리고 반전

임사홍은 대간들의 말대로라면 목숨까지 잃을 뻔했다. 그러나 성종은 이를 끝까지 거부했고, 그를 귀양에서 풀어주려 애쓰다가 둘째 아들 임숭재와 자신의 딸 휘숙옹주를 혼인시키기까지 했다. 이것은 임사홍이 워낙 총애하던 신하이기도 했지만, 나중에 보니 스스로도 임사홍의 혐의라는 것이 의심스러워져서이기도 했다. 현석규와 임사홍의 다툼에서 억울한 쪽은 현석규이며 임사홍이 그를 공연히 매도했다는 게 임사홍을 처벌한 이유 중 하나였다. 그러나 현석규가 죽은 다음인 성종 16년에 "그는 정말 소인이었다", "현석규가 도승지로 있을 때 다른 승자들을 함부로 대했다"는 증언이 나온 것이었다. 일관성이 없는 대간의 말에 성종은 분통이 터졌으나, 현석규 문제 하나만으로 일을 뒤집을 수도 없어서 그대로 두었다.

　성종이 죽고 연산군이 즉위했다. 하지만 임사홍의 처지는 여전히 한참이나 딱했다. 연산군은 그가 아무튼 외척이라 하여 귀양에서는 풀지 않으며 자급을 하나 높여주었는데, 그나마 얼마 후 다시 박탈했다. 이유는 궁중에 벼락이 떨어졌는데, 이 '천변'은 바로 간신 임사홍을 우대했기 때문이라는 신료들의 주청이 빗발쳤던 것이다. 이 기사에 사론을 단 사관은 "임사홍이 원래 천변을 무시하다가 화를 당하더니 이제 또 천변 때문에 망했으니, 하늘의 뜻이 오묘하다"라며 자못 고소하다는 태도로 적고 있다. 과연 임사홍을 버린 것은 하늘이었을까, 아니면 사람이었을까?

임사홍이 귀양에서 풀려나 돌아오게 된 것은 연산군 6년, 그 아들 임숭재의 애원 섞인 상소에 의해서였다.

"원래 유자광과 같이 죄를 얻어 유배되었는데, 유자광은 진작 유배가 풀렸거늘 왜 신의 아비는 그대로 버려두십니까?"

"천도天道는 10년이면 변하고, 악인도 10년이면 착해진다 하였습니다. 그런데 신의 아비가 죄를 받은 지 이미 22년이옵니다…. 부디 개과천선할 기회를 주십시오."

마침내 복귀한 임사홍. 그러나 주변의 눈길은 여전히 따가웠다. 언론은 그가 조금만 움직여도 꼬투리를 잡아서 고발했다. 이런 상황이니 임사홍에게 높은 벼슬을 내리는 것은 생각할 수도 없었다. 다만 아무도 부정하지 못했던 그의 학식과 서예 솜씨 때문에, 산소 자리를 따지거나 중국 사신에게 선물할 글씨를 쓰게 하는 데 가끔 차출되었을 뿐이었다. 애초에 그가 귀양에서 풀려난 것도 아들 임숭재의 힘이었다. 임숭재는 노는 쪽으로만 재주가 많은, 이른바 한량이었다. 나이가 비슷한 연산군과 친해져서 함께 사냥을 다니고, 여자를 희롱하고 하다보니 연산군의 총애를 받게 되었다. 임사홍은 '친구'의 아버지를 대우하는 뜻에서 복귀할 수 있었으며, 그는 여전히 정치적으로는 죽은 것과 같았다.

그러나 임사홍에게는 반전의 묘책이 있었다. 바로 연산군의 생모인 윤씨가 성종 때 투기 등의 명목으로 폐비되고 사약까지 받았다는 사실을 환기시키는 것이었다. 연산군 10년 4월의 어느 날 밤, 임사홍은 여느 때처럼 임숭재를 찾아와 술을 마시던 연산군과 대화하다가 폐비 윤씨를 거론했다. 그리고 나지막한 목소리로 말했다.

"사람이 어떻게 아무 죄도 없이 철저히 파멸당할 수 있는지 아십니까?"

갑자사화

소설이나 영화 등에서 널리 알려진 대로라면 이때까지 연산군은 자신에게 생모가 따로 있으며 그 생모는 폐비된 다음 사사賜死되었다는 사실을 까맣게 모르고 있었다. 세자가 사실을 알게 될 경우 일어날 평지풍파를 우려한 성종이 "이 사실을 100년 동안 묻어두라"고 지시했기 때문이라는 것이다. 그러나 윤씨가 죽으면서 "이 억울함을 언젠가는 풀어달라"며 피를 토한 금삼錦衫을 윤씨의 어머니 신씨가 간직하고 있다가 임사홍에게 넘겼고, 임사홍이

이 자리에서 비로소 그 사실을 일깨우며 피 묻은 금삼을 건넸다고 한다.

그러나 이는 야사의 기록이며, 실록(『연산군일기』)에는 임사홍이 단지 윤씨가 폐비된 까닭이 당시 엄숙의와 정숙의의 모해 때문이라고 아뢰었다고만 적혀 있다. 사실 왕이 언제 누구를 왕비로 맞고, 언제 폐출하고 어떻게 사사했다는 등의 내용은 실록 등에서 빼놓을 수 없는 사안이었다. 그런데 어떻게 100년 동안 비밀로 할 수 있었겠는가? 엄중한 감시 속에서 사약을 받는 상황에, 피를 토한 금삼을 전하며 유언을 남겼다는 것도 믿을 수 없는 이야기이다. 실제로 연산군은 즉위 초부터 폐비의 일을 알고 있었다. 어쩌면 두 숙의에 대한 이야기까지 이미 알고 있었을지 모른다. 재위 10년이면 자신의 생모가 어떻게 죽었는지 사실관계를 파악하기에는 충분한 시간이었을 테니까.

다만 연산군은 생모 윤씨가 충분히 죽을 만한 잘못을 저질렀다고 믿고 있었던 것 같다. 즉위 초에 연산군이 특별히 조신한 모습을 보여준 데는 자신이 죄인의 자식이라는 콤플렉스도 작용했을지 모른다. 그런데 임사홍은 그 점에서 발상의 전환을 하도록 계기를 마련해 준 것이다. 그날 밤 술자리에서, 임사홍은 자신이 별 잘못도 없는데 대간들의 집중 공격을 받아 죄인이 되고 만 전말을 들려주었을 것이다. 그리고 윤씨 또한 그처럼 억울하게 폐출되고 죽어갔음을 지적하지 않았을까?

그러한 추측을 할 수 있는 까닭은 진작부터 폐비에 대한 사실을 알고 있었던 연산군이 10년 동안이나 특별한 행동을 취하지 않다가, 그날 밤 이후로 돌변하여 무시무시한 복수극을 연출했다는 사실에 있다. 연산군은 후궁으로 뛰어들어 엄숙의와 정숙의를 자기 손으로 때려죽였으며, 할머니 인수대비까지 모욕하여 결국 죽게 만들었다. 그리고 폐비 논의에 연루된 대소신료는 남김없이 처단해 나가기 시작했다. 이른바 갑자사화甲子士禍의 시작이었다.

100여 명 이상이 희생된 갑자사화는 임사홍이 사림에 대한 개인적인 복수를 위해 연산군을 부추겨 일으킨 것이라는 게 중종 이후의 해석이었다. 하지만 잘 살펴보면 그렇게 보기에는 무리가 있다. 희생자들 중에서 임사홍이 원한을 품었을 법한 사람은 자신의 처조카이면서 자신을 나락으로 밀어넣었던 이심원과 그 아들 이유녕뿐이었다. 이극균이나 어세겸, 홍귀달 등은 오히려 임사홍을 두둔해 온 편이었던 것이다. 연산군은 자신의 복수를 했을지 몰라도 임사홍의 복수를 해주지는 않았던 셈이다. 또한 희생자들은 훈구대신에서 사림까지 다양했으며 반드시 사림이 표적이 되지는 않았다. 그리하여 이를 "궁중파宮中派와 부중파府中派의 권력투쟁 결과"로 보는 시각이 생겼다. 임사홍이나 연산군의 왕비 신씨의 오빠인 신수근 등 척족으로 이루어진 궁중파가 정통 관료로서 의정부와 육조를 장악한 부중파를 밀어내기 위한 사건이었다는 것이다. 하지만 신수근은 몰라도 임사홍은 어떤 당파에 소속되어 있었다고 보기 어려웠다. '선왕의 공주의 시아버지' 정도는 별로 중요한 척족이라고 볼 수도 없고, 앞서 말했듯 임사홍은 귀양에서 풀린 이후에도 계속 견제를 받으며 정치적으로 고립되어 있었기 때문이다.

가장 최근의 해석은 '왕권과 신권의 대립' 차원에서 갑자사화를 보고 있다. 임사홍의 고발이 있기 전에도 연산군은 성종 대에 비대해진 언관의 권한 때문에 골머리를 앓았으며, "나의 행동을 사사건건 간섭하고 트집 잡으니 잠도 편하게 잘 수 없다"고 푸념하고 있었다. 바로 직전에는 좌의정 이극균이 실수로 연산군의 옷에 술을 엎었는데, 다른 사람이었으면 벌 떼처럼 일어났을 언론 3사에서 의외로 잠잠하자 "권신에 영합하여 임금을 우습게 여긴다"고 분노하여 관련자를 처벌하였다. 임사홍은 이런 기미를 파악하여 연산군에게 신권을 탄압할 명분을 주었던 것이다. 명목상 절대적인 왕의 권한에다 '효孝'를 앞세운다면 어떤 신하가 버텨낼 수 있겠는가?

그렇다면 결국 이것은 임사홍의 복수였다. 다만 특정 개인을 향한 복수라기보다, 모순투성이의 제도와 문화 자체에 대한 복수였다. 깨끗함, 바름을 강조한 나머지 말 한 마디, 글자 한 자의 실수도 무섭게 배척하는 언론 문화, 가장 선善을 지향하는 듯하며 실제로는 최고의 악惡에 봉사하는 제도, 그것은 유자광의 재주를 썩게 만들었고, 윤씨가 한을 품고 죽게 했으며, 자신을 22년 동안이나 귀양살이하게 만들지 않았던가? 임사홍은 그러한 위선의 시스템 자체를 부숴버리고 싶었던 것이다.

왕의 광대

갑자사화 이후 연산군 말기 2년은 조선 역사상 최악의 엽기와 패륜이 횡행했던 시대였다. 도성 사방 100리의 주택을 철거시켜 비운 뒤 사냥터로 삼고, 그 안에 들어오는 백성은 베어버렸다. 민간의 밭을 마구 몰수해서는 목초지로 만들어 사슴 따위를 기르는 농장으로 삼았다. 연인원 50만 명을 동원해 궁실을 넓혔다. 창덕궁 후원에는 높이가 100여 척에 1천여 명이 앉을 수 있는 누대를 세우기도 했다. 성균관 유생들더러 "글보다 먼저 배워야 할 것은 임금에 대한 충성"이라며 왕이 지나가면 미리 길에 나가 납죽 엎드려서 맞이하라고 명령하더니, 나중에는 아예 성균관을 기생들이 노는 유흥장으로 만들었다. 사간원과 홍문관을 폐지하고 사헌부도 대폭 축소해서 언론을 봉쇄했고, 사관들에게도 임금의 거동을 일일이 적지 말고 대강의 일정만 기록하게 했다.

신하들의 부인들 중 맘에 드는 사람이 있으면 애희愛姬 장녹수를 시켜 궁궐에 들이고는 간통을 일삼았다. 심지어 큰아버지 월산대군의 미망인인 박씨마저 불러올려 강제로 범했다. 그러고도 모자라 온 나라의 미색을 독점하고 싶었던지 전국에 채홍사(미녀를 궁중에 모아들이기 위해 지방에 파견했던 벼슬아치)를 보내 2천 명이 넘는 미인을 모았는데 1만 명을 채우는 게 목표였다. 행차할 때마다 1천 명에 달하는 궁녀, 기생들을 뒤따르게 하고는, 문득 생각나면 길가에 가마를 멈추고 여자를 끌어들여 백주 대낮에 정사를

　　　　역사의 승자가 그들을 간신으로 몰았다

벙였다.

　이 과정에서 임사홍은 최고의 권력을 누리며 연산군의 악행을 부추겼다고 알려져 있다. 하지만 실제로는 그렇지 않았던 것 같다. 임사홍은 사화 이후 정식으로 등용되어 병조판서에까지 이르렀지만, 결코 조정의 원로대신 취급은 받지 못했다. 그의 주 임무는 여전히 글씨 쓰기와 묏자리 알아보기, 그리고 채홍사로서 지방을 다니며 미인들 모아오기였다.

　그가 채홍사 노릇까지 했다는 사실은 후대에 간신으로 손가락질받게 되는 근거의 하나인데, 사실 그가 적극적으로 그 일에 임했던 것 같지는 않다. 미인이 많다고 소문난 평안도에서 미인을 뽑아오라고 보냈더니, 뽑기는 뽑았지만 기준에 두루 맞는 미인이 하나도 없어 안 되겠다는 보고를 올린 내용이 실록에 기록되어 있다. 그러자 연산군은 벌컥 성을 내며 신하들 앞에서 그를 매도하였다.

　"이미 뽑았으면 거느리고 와서 복명復命함이 옳거늘, 달랑 보고만 올리는 것이 무엇이냐? 전에 사홍이 여러 사류士類에게 배척을 받기 거의 수십 년에, 내가 특별히 임용하여 마치 물에서 건지고 불에서 구해준 것과 같으니, 나라를 위하여 신명을 다 바쳐야 하거늘! 사홍은 약간의 재주는 있다고 하나 덜 떨어진 자이다."

　미인 선발이 "나라를 위해 신명을 다 바치는 일"이 되었으니, 최고의 지성이었던 임사홍으로서는 어쩌면 사화 이전보다 더 구차한 인생이 된 셈이었다.

그는 가장 사랑하던 셋째 아들까지 잃어야 했다. 임희재는 어려서부터 학문을 좋아해 김종직의 제자가 되었다. 연산군 4년에는 아버지와 관련된 추문을 극복하고 장원급제를 하기도 하였다. 야사에 따르면 임희재는 집 병풍에다 연산군을 진시황에 비기며 그의 폭정을 비판하는 시를 썼다. 연산군이 어느 날 임사홍의 집에 찾아갔다가 이 병풍을 보고 격노했다. 그리고 임희재를 죽이겠다고 하자 임사홍이 "그렇지 않아도 이놈이 불초하여 제가 먼저 처치하시라고 아뢰려 하였습니다"라고 대답했다. 그러고는 아들이 죽는 날, 평소와 다름없는 태도로 잔치를 열고 흥청거리며 놀았다.

다른 야사에서는 임희재가 아버지의 잘못을 간하자 연산군에게 참소하여 죽이게 했다고 한다. 사실이라면 참으로 비정한 아버지, 인간성이 결여된 사람으로 보인다. 그러나 실록에는 임희재가 무오사화에 희생된 이목의 도당으로서 이목의 집을 수색했을 때 시국을 비판하는 임희재의 편지가 나왔기 때문에 희생된 것으로 적혀 있다.

어쨌든 사랑하는 아들이 연산군에 의해 능지처참되고, 임사홍은 그것을 결사적으로 말리지 못한 것은 사실이다. 임사홍 자신도 유자광과 함께 이극균의 친구였다 하여 처형당할 뻔하기도 했다.

임사홍보다 연산군에 더 가까웠던 또 다른 아들, 임숭재 역시 연산군에게 농락당했다. 임숭재는 개인적으로 미인을 알선해서 연산군에게 공급하고 있었는데 그 중에는 자신의 누이동생인 문성정文城正 이상의 부인도 포함되어 있었다.

그런데 연산군은 임숭재의 집을 드나들며 임숭재의 부인까지 건드렸다고 한다. 그 부인이란 곧 자신의 이복누이인 휘숙옹주이니, 사실이라면 연산군은 근친상간까지 저지른 셈이다. 임숭재는 죽을 때까지 이 사실을 몰랐다는데, 지나친 상상일지 모르지만 애초에 임숭재가 총애를 얻은 것도 그가 휘숙옹주의 부마라는 사실과 무관하지 않을 수 있다.

총명한 사람이었던 임사홍은 이런 파행의 세월이 언제까지나 계속될 수 없음을 잘 알고 있었을 것이다. 그리고 그날이 오면 자신이 먼저 희생될 것도 알았으리라. 그런데 그는 연산군의 폭주를 말리지 않았다. 자신에게 가해진 모욕도 담담히 받아들였다. 그는 자신도 타죽을 것을 알면서 집에 불을 지르는 사람과 같았다. 그는 사회가 뒤집어쓰고 있던 위선의 껍질을 벗기는 것으로 만족하고, 그래서 풀려난 야만성에 희생되기를 피하지 않았다.

그래서 그는 폭군이 벌인 한마당에서 계속 광대놀음을 했다. 다시 태어나도 광대가 되고 싶었을 것 같지는 않지만.

결국 최후는 왔다. 중종반정의 주역들은 거사를 시작하면서 제일 먼저 임사홍의 집으로 달려가 그를 쳐 죽였다. 그래서 우리는 그가 마지막에 무슨 말을 했는지 모른다. 일찍이 자신을 버렸고, 그래서 자신도 버려버린 시대와 사회에 대해 그가 뭐라고 했는지, 우리는 모른다. 그리고 원래부터 간신의 오명이 있었던 그가 연산군 시대의 모든 악행의 주모자로 매도되었다. 역사는 오늘날까지 그를 간신으로만 기록했다. 시대와 사회에 버림받고, 다시 역사에게도 버림받은 것이다.

도덕주의의 끝

유자광은 좀 더 일찍 태어났어야 했다. 세조 시대야말로 그가 마음 놓고 활약할 수 있는 시대였다. 반면 임사홍은 제때 태어났다. 그러나 운이 없었다. 그는 문치주의가 화려하게 꽃핀 성종의 시대를 장식할 명신名臣이 될 수 있었고, 또 그래야 했지만 기회를 잡지 못했다. 그의 남은 인생은 결국 어떻게 되든 무의미한 것이었다.

연산군도 임사홍도 시대의 모순이 낳은 사생아들이었다. 그들은 파격과 폭력으로 채워지지 않는 허무를 채웠다. 물론 그 허무를 극복하여 더 높은 차원으로 승화시킬 수도 있었을 것이다. 그러나 그것은 성인聖人에게나 가능했다. 그리고 어느 시대, 어느 사회이든지 보통의 인간에게 성인이 될 것을 기대해서는 안 되는 것이다.

그러나 도덕주의는 생명이 강하다. 결국 연산군과 임사홍이 벌여놓은 난리굿은 한 때에 불과했다. 수십 년이 지나지 않아 오직 도덕만을 앞세우는 시대가 올 것이었다. 그리고 또한 많은 희생자를 낳고, 나아가 거대한 변란의 씨를 뿌릴 것이었다.

우리도 자문해 보아야 할 것이다. 합리화될 만큼 합리화된 지금의 우리 사회, 그러나 과연 얼마나 도덕주의에서 자유로운지? 공허한 이념의 앞세움, 유치한 흑백논리, 반대를 위한 반대, 실적이 아닌 언행과 태도를 문제 삼는 마녀사냥, 그런 행태가 오늘날 우리 주변에도 벌어지고 있지는 않은지?

'수구 꼴통'이 되고 만 '온건 개혁'

남곤

1471 ~ 1527

조선 전기의 정치가. 1494년 과거에 급제했고 문장이 뛰어나 당대의 일류로 평가받았다. 김종직의 문하로 본래 사림의 일파였으나, 신진 사류와 충돌하던 끝에 1519년 심정, 홍경주 등과 함께 기묘사화를 일으켜 조광조 등 사림을 숙청했다. 벼슬은 영의정에 이르렀다. 1558년 기묘사화의 주동자로서 삭탈관직되었다.

妍

화르륵, 불길이 솟아올랐다.

어느 대갓집의 너른 마당 한복판, 종이로 이루어진 산에 불이 붙었다. 책이, 두루마리가, 족자가 차례로 뻘건 불에 삼켜지고, 타닥거리며 꺼먼 연기와 재로 변해 날아갔다.

주변을 빙 두른 사람들은 입을 헤 벌리고, 혹은 고개 숙여 흐느끼며, 그 집의 어른이 한평생 쓴 수많은 글이 한꺼번에 사라지는 모습을 지켜보고 있었다.

일필휘지로 휘갈긴 글씨, 또는 밤을 새워 퇴고에 퇴고를 거듭하던 문장들, 우두커니 대청마루에 앉아 자신의 평생 노력이 무無로 돌아가는 것을 바라보던 노인, 병들고 지쳐 보이는 그의 입가에는 어느새 알 수 없는 미소가 어렸다.

"조광조를 죽인 자."

남곤이라고 하면 보통 이렇게 알려져 있다. 좀 더 자세히 보면, 교과서를 포함한 일반적인 역사서에는 대략 이렇게 씌어 있다.

"조선 중종 대에 도학道學을 높이고 지치至治를 추구하던 조광조와 젊은 선비들은 잘못된 제도를 혁신하고 국가의 기생충과 같던 훈구 세력을 견제하려고 했다. 그러나 이에 불만을 품은 남곤, 심정, 홍경주 등 수구 기득권들은 음모를 꾸며 조광조 등에 누명을 씌운다. 그리하여 그들을 제거하고 권력을 독점했으니 이것이 기묘사화己卯士禍이다…."

남곤은 개혁파였다?

그러나 '기묘 삼흉三凶'의 한 사람으로 두고두고 오명을 남긴 남곤은 사실 훈구파라고 불리기 어려운 사람이었다. 개국공신 남재의 후속이라지만 직계는 아니었고, 조부는 형조 좌랑, 부친은 곡산군수로 그다지 대단한 집안에서 태어났다고 볼 수 없다. 그 자신 공신도 아니고, 외척도 아니었다. 막대한 토지와 노비를 소유하고 있지도 않았다. 조선 사림의 기원이라고 할 수 있는 점필재 김종직의 제자로서, 역시 김종직의 제자인 김굉필에게서 배운 조광조의 사숙師叔뻘이라 할 수 있었다.

그는 성종 시절 대간으로서 공신이자 당시 정승을 지내던 윤필상을 탄핵하여 투옥되었으며, 연산군 시절에도 바른말을 하다가 귀양을 갔다. 중종반정 후에도 대간 쪽에서 활동하며, 반정공신의 우두머리인 유순정, 성희안 등의 비리를 탄핵했다가 투옥되고 있다. 이후 중종의 신임을 얻어 고위직에 임용된 이후에도 '개혁적'인 면모를 꾸준히 보여준다. 우선 '소릉昭陵 복위론'이다. 소릉은 단종의 모후인 현덕왕후를 가리키는 말인데, 세조가 집권한 후 현덕왕후를 폐서인으로 격하, 능도 파괴하고는 버려두고 있었다. 중종도 세조의 직계이므로 소릉을 복위하자는 주장은 쉽게 가납嘉納되지 않았으나, 연산군 때 김일손이 처음 제기한 이래 사림의 대표적인 실천 과제로 이어지고 있었다. 남곤도 여기에 동참했던 것이다. 정몽주의 문묘 종사도 주장했다. 정몽주는 고려에 충성하다가 태종 이방원에게 암살당했으니 왕실 입장에서는 그를 높이는 일이 그리 달가울 리 없었는데, 왕실의 입장을 살피기보다 대의명분을 중시하는 사림은 전부터 정몽주를 존숭하고 있었다. 또한 공천公薦제로 과거제를 보완할 것, 소격서를 혁파할 것, 『소학小學』을 중시할 것 등을 주장했는데 이는 모두 나중에 조광조 등 기묘사림의 핵심 개혁정책으로 여겨지는 것들이다.

분명하지 않은 입장

하지만 남곤은 좋게 말해 온건하지만 나쁘게 말하면 우유부단한 성격의 소유자였던 것 같다. 다시 말해 맺고 끊는 것이 분명하지 못했다. 소릉 복위를 끈질기게 주청했던 그이지만, 보다 더 과격한 주장, 즉 신씨 복위에는 반대했다. 단경왕후 신씨는 중종의 첫 부인이었으나 연산군의 인척이라는 점 때문에 중종반정 이후 반정공신들의 주장에 따라 폐위되었다. 따라서 이제 그녀를 복위하자는 주장은 반정공신들을 정면으로 비판하는 의미가 있었다. 남곤은 여기서 보수적 입장을 취한 것이다. 또 훈구파로 분류되는 이행을 대사헌에 임명하자 조광조 등이 "인품이 떨어진다"며 반대했을 때 남곤은 확실한 의사 표시를 하지 않으면서 은근히 이행을 두둔했다. 조광조 등이 새 중전(문정왕후 윤씨)에 대해 친영례(신랑이 신부의 집에 가서 신부를 직접 맞이하는 의식)와 묘현례(궁중에서, 왕비나 세자빈이 종묘에 제사 지내는 예식)를 실시하자고 하여 이를 "조종의 법(국조오례의)을 어기고 중국 고대의 낡은 예법을 따르는 일"이라며 반대한 훈구파와 대립했을 때는 친영례는 찬성하면서 묘현례는 반대했다.

남곤이 가장 '수구적' 면모를 보여준 일은 박경 사건이었다. 사림파였던 박경은 김공저 등과 함께 박원종, 성희안, 유자광 등 반정공신들을 간신으로 낙인찍고는 이들을 제거하자는 모의를 했다. 이때 남곤에게도 동참을 권했는데(당시 남곤이 개혁세력으로 간주되고 있었음을 알 수 있다), 남곤은 심정 등과 함께 이 음모를 고발했던 것이다. 남곤은 비록 사림파에 가까운 입장이었으나 왕명 없이 사적으로 대신들을 척살하는 일은 너무 과격하다고 여겼던 것 같다.

아무튼 이 일로 남곤은 심정과 함께 포상을 받았고, 사림파로부터는 질시를 받게 된다. 박경 등의 행동이 워낙 과격한 점이 있었으므로 그렇게 심한 질시는 아니었으나, 결과적으로 유자광 같은 위인을 위해 사림을 팔아넘겼다는 손가락질을 피할 수 없었다. 그런데 조광조도 박경 등과 공모하지는 않았더라도 상당히 동조하고 있었던 모양이다. 따라서 남곤을 소인小人으로 무시하게 된 계기가 이 사건이었을 가능성이 높다. 기묘사화는 그 밑그림을 준비하고 있었다.

조광조와 남곤

앞서 말했듯 남곤과 조광조는 사숙과 사질 사이였다. 그리고 한동안은 두 사람의 사이가 원만했던 것 같다. 사실 조광조가 젊은 나이에도 불구하고 고속 승진을 할 수 있었던 데는 남곤의 힘이 컸다. 남곤은 이조판서에 있으면서 "조광조는 이학理學에 뛰어나고 실천이 독실하기 때문에, 두루 존경받고 있습니다. 그 기량이 넘치는데도 관례상 아직 기량을 펼칠 만한 직위를 얻지 못하고 있으니, 이 사람은 자급을 헤아릴 것 없이 4품에 올리는 것이 어떻겠습니까?"라고 중종에게 주청했다. 그 주청 덕에 조광조는 2품을 특진하여 정4품의 전한이 될 수 있었다. 남곤은 그 다음에도 조광조가 춘추관과 승문원 등에서 돋보이는 자리를 독차지하여 두각을 나타낼 수 있도록 배려하였다. 조광조 역시 남곤의 배려를 모른 체할 수 없었는지, 남곤을 자신이 직접 비판하는 일은 매우 드물었다. 기묘사화가 있기 두 달 전인 중종 14년 8월에는 심정의 아우 심의가 남곤을 헐뜯는 상소를 올리는데, 조광조는 중종에게 "남곤은 비록 사직지신社稷之臣(나라의 안위와 존망을 맡은 중신)은 아니지만 또한 별로 사특한 마음이 있는 것은 보지 못했습니다"라며 남곤을 두둔한다. 남곤 본인에게는 "사직지신은 아니다"라는 말이 야속하게 들렸을지는 몰라도, 당시까지도 조광조가 남곤을 '수구 기득권의 괴수'로 보고 있지는 않았음을 알 수 있다.

그런데 왜 이 두 사람의 관계가 돌이킬 수 없는 파국에 이르고, 한 사람은 때 이른 죽음을, 다른 한 사람은 대대로 오명을 얻을 수밖에 없었을까?

일부에서는 조광조 일파가 위훈삭제를 밀어붙여 결국 반정공신 중 제4급을 공신록에서 삭제했기 때문이라고 한다. 하지만 앞서 본 대로 남곤은 공신의 일원이 아니었다. 또 위훈 삭제는 너무 급진적이라며 대체로 반대하긴 했으되, 공신이 너무 많아서 국가에 부담이 된다는 의견은 종종 제시되고 있었다. 또 다른 의견은 중종 13년에 남곤이 종계변무宗系辨誣의 사명을 띠고 명나라에 갔던 결과를 놓고 조광조가 남곤을 탄핵한 데서 틈이 생겼다는 것이다. 종계변무란 명나라의 『대명회전』에 조선 태조 이성계가 이인임의 아들이며 고려 국왕 4대를 내리 시해하여 왕위에 올랐다고 적힌 내용을 시정해 달라고 명나라에 요구하는 일이었다. 이때 남곤이 주청사가 되어 명나라에 가서 일단 긍정적인 답변을 얻고 돌아왔으나, 명나라 측의 답변서 내용이 모호하였고, 이성계의 계통 조목은 시정해도 네 왕을 시해했다는 조목은 시정하지 않겠다는 식으로 해석될 소지가 있었다. 따라서 이는 주청사가 일을 제대로 못한 탓이라고 대간의 비판이 있었던 것이다.

그러나 이때 남곤을 앞장서 비판한 사람은 조광조가 아니라 그의 동료인 김정이었으며, 답변서 내용이 모호하다고 꼭 일이 잘못되었다고 속단할 수도 없고, 남곤이든 누구든 명나라에 당장 고쳐달라고 생떼를 쓸 수도 없는 일이었다. 더구나 주청사의 정사는 남곤이었으나 부사와 종사관에는 각각 사림파인 이자, 한충이 임명되었다. 결국 이 문제는 곧바로 유야무야되었으니, 이 사건만으로 남곤이 조광조를 결정적으로 증오하게 되었다고는 보기 어렵다.

그렇다면 무엇이 문제였을까? 우선 두 사람은 선비가 가져야 할 필수적 자질 중에서 강조하는 바가 달랐다. 남곤은 당대의 으뜸가는 문장가로서 사장詞章(시가와 문장을 아울러 이르는 말) 공부의 중요성을 항상 역설했다. 하지만 조광조는 사장은 선비의 말업末業이라 천시하며 성리학 공부와 수신修身을 강조했다. 그렇다고 남곤이 도학보다 사장이 중요하다고 했던 것은 아니며, 단지 두 가지 공부가 모두 중요하다는 쪽이었다. 그러나 조광조는 그렇게 타협적인 태도를 근본적으로 싫어하는 사람이었다. 옳은 것은 옳은 것, 그른 것은 그른 것, 그것이 그의 신조였다.

이러한 조광조와 그 일파의 자세는 관리의 선발 방식에서도 남곤 등과 대립하도록 했다. 남곤은 일찍이 공천제를 통해 지방에 묻혀 있는 인재를 선발하는 방식을 옹호하고 있었다. 그러나 그것은 어디까지나 과거를 보완하는 것이어야 했다. 반면 조광조는 아예 과거를 폐지하고 공천으로만 사람을 뽑기를 주장했다. 과거는 하찮은 글재주만 뛰어난 사람에게 유리하며, 진정 도학이 높은 선비를 얻을 수 없다는 이유였다. 그의 주장이 일단 받아들여져 시행된 현량과를 통해 다수의 젊은 선비들이 발탁되었는데, 이들은 문장 공부가 뒤떨어졌을 뿐 아니라 아예 천시하기까지 했다.

문제는 사장이라는 것이 단지 글을 아름답게 쓰는 것만이 아니라 역사, 지리, 행정 등 인문학적 지식과 실무 지식을 포함하고 있었다는 점이다. 이런 지식을 외면한 신진 사류는『소학』외에는 거의 책을 읽지 않았으며, 실무 습득도 소홀히 했다. 이런 사람들이 국가의 행정을 맡을 인재라고 할 수 있을까? 더구나 이들은 곧바로 조광조의 추종자가 되어 삼사(사간원, 사헌부, 홍문관)를 장악하고는, 자신들의 기준에 맞지 않는 대신들을 거침없이 비판하였다. 가령 남곤은 삼사는 물론 이조, 병조, 호조, 예조를 두루 거친 보기 드문 경륜의 소유자였는데도 성리학을 잘 모른다, 인품이 떨어진다는 등의 이유로 이들의 조소 대상이 되었던 것이다.

조광조가 대사헌이 되어 남곤과 어깨를 나란히 하게 되었을 즈음부터는 두 사람의 발언이 마치 다른 시대 사람들의 말처럼 서로 생경하다. 어떤 문제가 있으면 남곤은 과거의 사례를 들어가며 실무 위주로 접근하는데, 조광조는 매번 이理와 기氣를 논하며 추상적으로 접근했다. 이러한 조광조의 접근 방식은 진취적이고 문제의 핵심을 바로 짚는 면도 있었으나, 현실과 동떨어진 면도 있었다. 가령 명나라에 주청사를 보내는 문제에 남곤 등은 평안도 지방의 흉년을 들어 지금 사신을 행차시키기는 어렵다고 하는데, 조광조 등은 "명분보다 중요한 현실은 없다"며 강행을 고집한다. 또 국경 지역의 여진족을 대처함에 있어 그들을 계교로 속여서 유인하자는 주장이 나오자, 조광조는 "정치는 늘 공명정대해야 하며 속이는 것이 있어서는 안 된다. 상대가 오랑캐라 해도 계교를 쓰느니 차라리 우리 모두가 죽는 게 낫다"며 반대한다. 그러면 대안이 뭐냐는 말에 그는 "임금께서 군자를 높이고 소인을 버리시며, 널리 선정을 베풀면 자연히 굴복해 올 것이다"라는 대답을 한다.

그러나 남곤이 조광조의 적이 된 가장 큰 이유는 자신이 "소인"으로 몰리는 상황이었다. 삼사를 본거지로 삼은 조광조 일파는 대신들이 제시하는 정책 하나하나를 논박하고 자신들의 주장을 밀어붙여, "대신은 허수아비일 뿐이고 조정의 정책이 오로지 대간에서 나오는 상황"이 초래되었다. 그런데 이는 사실 조광조의 정치사상에는 맞지 않았다. 그도 정도전처럼 재상이 국정의 중심이 되어야 한다고 여겼기 때문이다. 조광조는 이에 대해 다음과 같은 논리를 내놓는다.

"원래대로라면 정책 수립은 재상이 맡고 대간은 그 비판과 감찰 기능에 국한해야 할 것이다. 그러나 지금의 재상들은 소인들이다. 따라서 그들에게 국정을 맡겨둘 수 없다."

종종 입장이 뚜렷하지 않았고 보수적인 면모도 보였으나, 그래도 평생 선비로서 개혁적인 입장에 서 왔다고 자부해 온 남곤으로서는 새파랗게 젊은, 그것도 자신이 키워준 무리에게 "소인"이라고 내몰리는 상황을 도저히 받아들일 수 없었다. 본래 온건했던 그의 마음이 울분과 증오로 가득 찼다. 우리는 이 시대에도 비슷한 경우를 보았다. 민주투사의 경력을 자랑스러워하던 정치인들이 후배에게 "구시대 정치인"이라는 매도를 당하며 한을 품는 모습을. 결국 그들은 그동안 대립해 온 세력과 손을 잡고 후배들에게 칼끝을 돌린다. 1519년 11월 15일, 이 땅에는 그것과 비슷한 일이 이미 일어났다.

운명의 밤, 그리고 아침

기묘사화가 정확히 누구에 의해, 어떻게 일어난 일인지는 분명하지 않다. 실록의 기록은 혼란스럽고 일부 앞뒤가 맞지 않는다. 당시 중요한 상황에서 사관의 참여가 차단된 때문이기도 하다. 확실한 것은 한밤중에 굳게 닫혀 있던 경복궁 영추문이 열리고 이를 통해 여러 대신들이 입궐하여 중종과 면담 끝에 조광조, 김정, 김구, 기준, 김식, 유인숙, 윤자임 등을 체포토록 했다는 것이다. 입궐과 배알 절차는 일체 승정원을 통하게 되어 있는데, 승정원이

윤자임 등 사람에게 장악되어 있었으므로 불법적인 방식으로 일이 진행된 것이다.

다음 날 부랴부랴 입궐한 신료들은 대체 어떻게 된 일이냐고 중종에게 따졌다.

"주상께서 조광조 등을 내치실 마음이시라면 밝은 대낮에 떳떳이 하시면 될 일을, 어째서 한밤중에 기습적으로 하셨단 말인가?"

지금 우리도 그 의문을 지울 수 없다. 중종의 변명은 의문이 더욱 커지게 한다. 조광조 등을 가둔 것은 대간이 월권을 하여 대신들을 압박하고 정사를 전횡하므로 부득이했다는 것이다. 그런데 그렇게 비상한 방법을 썼던 이유는, 사림들에게 불만을 품은 무사들이 정변을 일으켜 그들을 해치려 한다는 정보를 듣고 먼저 손을 써서 그들을 하옥했다는 것이다. 이상하지 않은가? 무사들이 그런 행동을 하려 했다면 일단 그들부터 잡아야지 왜 사림을 잡았단 말인가? 나중에 그 도당으로 지목된 무사들 몇몇이 처벌되었으나, 어쩌면 역모와도 관련되었을 수 있는 그 사안은 어물어물 넘어가버리는 인상이다.

훨씬 나중에 씌어진 기사에서는 남곤 등이 무사들을 모아서 대궐 마당에서 조광조 등을 쳐 죽이려다가 정광필의 만류로 그만두었다는데, 그렇다면 무사의 역할은 보다 분명해지는 것 같지만 도무지 왕의 눈앞에서 일체의 법적 절차 없이 중신들을 쳐 죽인다는 말은 신뢰가 가지 않는다. 또한 전날 밤 심정 등은 중종의 밀지를 받아 행동한다고 하였으나, 이제 중종은 밀지를 내리지 않았다고 한다. 밀지가 없이 대신들이 궁궐 문을 열게 하고 기습적으로 들어와 중종과 면담한 것이라면, 남곤, 심정 등과 행동을 같이 하지 않았다는 영의정 정광필은 뒤늦게야 현장에 나타났어야 한다. 그런데 입직 중이던 승지들이 낌새를 알아차리고 달려갔을 때 이미 정광필은 남곤, 홍경주와 함께 편전에서 중종과 만나고 있었다. 그렇다면 중종은 자신이 밀지를 내려놓고는 왜 거짓말을 하는 것일까? 그래야 할 이유가 있을까?

남곤의 구체적인 행동도 불확실하다. 정변 직후의 대화 내용을 보면 일단 모의는 홍경주가 주도하고, 심정과 남곤이 뒤따랐던 것 같다. 그런데 남곤이 정광필을 회유하는 역할을 맡았다가 '실패'했는데, 사관의 기록으로는(당시에 작성된 것 같지는 않다) 남곤이 거사 전날 밤 삿갓 차림으로 정광필의 집을 찾아가 동참을 권했으나 박대를 당했다고 한다. 하지만 정광필의 말로는 남곤의 이야기가 단지 조광조 등의 무례함을 헐뜯는 얘기로만 알고 가볍게 동의했고, 설마 이런 일을 벌일 줄은 몰랐다는 것이다. 사관의 기록이 옳다면 정광필의 모의를 알게 된 다음 날 아무런 조치도 취하지 않았음이 이상하며, 정광필의 말이 옳다면 남곤이 정광필을 끌어들이려 했으면서 어째서 분명하게 말하지 않았는지 이상하다.

아무튼 남곤은 조광조를 제거하는 거사에 동참했다. 그 사실은 결코 부정할 수 없다. 그리고 정변 다음 날에는 가장 인상적인 역할을 맡게 된다. 중종으로부터 조광조 일파의 죄목을 적는 죄안

罪案을 작성하라는 지시를 받은 것이다.

실록은 왕명을 들은 남곤이 "조금 앞으로 나아가 붓을 들고 엎드렸다"고 적고 있다. 남곤은 어떤 심정이었을까? 한때 자신이 아꼈던 사질을 파멸시키는 글의 붓을 어떤 마음으로 들었을까? 이후 문안이 완성되기까지 남곤의 말은 전혀 기록되어 있지 않다. 오직 중종과 정광필이 오가면서 "죄줄 사람을 더 적으라", "문장을 더 분명하게 고치라"는 등의 참견을 하는 광경뿐. 남곤은 그때 깨달았을지도 모른다, 지금 자기 손으로 쓴 죄안이야말로 스스로를 영영 죄인으로 낙인찍을 자기 자신의 죄안이라는 사실을.

주초위왕은 허구다

이렇게 볼 때 남곤이 조광조 제거에 동참한 것은 사실이나 알려진 것처럼 그렇게 적극적이지는 않았을지 모른다는 추측이 가능하다. 사실, 이후 남곤은 기회가 있을 때마다 조광조 일파를 변호하며 되도록 중형을 받지 않도록 애쓰는 모습을 보였다. 또한 소격서 폐지, 현량과 설치 등 조광조가 수립한 개혁을 뒤엎으려는 움직임에 대해 내내 부정적인 입장을 취한다. 실록에 따르면 조광조가 끝내 사약을 받았을 때 크게 슬퍼한 사람은 정광필, 그리고 남곤이었다고 한다.

그러나 우리는 남곤이 조광조를 적극적으로 모해했다는 뚜렷한 근거를 가지고 있지 않은가? 바로 유명한 '주초위왕走肖爲王' 이야기가 있으니 말이다. 남곤이 조광조가 역모를 꾸미고 있다는 인상을 주기 위해 대궐의 나뭇잎에 꿀로 주초위왕, 즉 '조趙씨가 왕이 된다'는 글귀를 쓰고, 벌레가 그 글씨를 파먹음으로써 중종이 조광조를 없애야 한다는 경각심을 불러일으켰다는 것이다.

그러나 아직도 당연한 상식처럼 통용되는 이 이야기는 허구일 가능성이 많다. 우선 기묘사화 당일을 전후해서 실록에 주초위왕에 대한 언급이 전혀 나오지 않으며, 조광조 일파의 죄목도 역모를 꾸몄다는 것이 아니라 "대간권을 남용하여 대신들을 능멸, 압박하고 붕당을 조직해서 정치를 농단하였다"는 것이었다. 사화 직후 중종과 훈구대신들이 이 일을 거론하며 "그래도 젊은이들이 잘해보자고 그랬던 것인데, 좀 지나치게 처벌한 것이 아닌가 싶다"는 말이 곧잘 오가고 있음도 조광조가 역모 혐의를 받고 있지 않았음을 보여준다. 실제로 중종은 원래 조광조에게 유배형만을 내렸고, 얼마 후 풀어줄 생각도 있었던 것 같다. 그러나 경향의 유생들이 광화문 앞을 메우고 "조광조를 석방하라", "대신들을 죽여라" 등의 과격한 상소와 시위를 거듭함에 따라, 도리어 강경하게 변하여 사약을 내리고 말았다.

주초위왕과 비슷한 내용이 실록에 처음 등장하는 때는 사화 이후 5개월이 지난 중종 15년 4월 16일이다. 당시 조광조의 일파로 귀양 간 김식이 유배지에서 도망하였다고 조정이 시끄러웠는데, 그때 "심정이 '주초대부필'이라는 참서讖書를 궐내에 떨어뜨려 조광조를 모함했다는 설이 있다"는 말이 나온 것이다. 이야기를 들은 중종은 "주초라니, 오늘 처음 들어본다"고 말했다고 한다. 주초대부필이란 『정감록』에 나오는 글귀로, "목자장군검木子將軍劍, 주초대부필走肖大夫筆, 비의군자지非衣君子智가 힘을 합쳐 삼한을 멸한다"는 내용이다. 여기서 목자장군검은 이성계이며 주초대부필, 비의군자지는 각각 그의 공신인 조준과 배극렴을 가리키는 것으로, 조씨가 이씨를 물리치고 왕이 된다는 내용과는 거리가 멀다. 『정감록』은 이씨 다음에는 정씨가 왕이 된다고 하였으니 조광조를 모해하려는 근거로는 더욱 빈약할 것이다. 그리하여 이는 원문의 의미도 모르는 무리가 지어낸 별 하잘것없는 뜬소문으로 여겨지고, 오랫동안 거론되지 않았다.

그러다가 중종 39년이 되었을 때 다시 '주초'가 실록에 등장하는데, 본문 기사가 아니라 사론史論에서 거론된다. 남곤이 '주초대부필'의 참언을 응용하여 "목자는 이미 쇠퇴하고木子己衰 주초가 천명을 받는다走肖受命"는 글귀를 궁궐의 나뭇잎에 쓰고 마치 벌레가 갉아먹은 듯 만들어 중종에게 올렸다는 것이다. 앞서의 이야기에서 구체적 문구만이 아니라 심정이 남곤으로, 책이 나뭇잎으로 바뀌었다. 그리고 50년의 세월을 뛰어넘어, 선조 1년(1568) 기사에 비로소 '주초위왕'의 문구가 온전히 나타난다. 남곤이 주초위왕의 글귀를 나뭇잎에 써서 벌레가 갉아먹게 한 다음, 궁궐로 통하는 냇물에 띄워 보내 왕의 눈에 띄게 했다는 것이다.

이처럼 주초위왕에 대한 기사는 신뢰하기가 힘들다. 그리고 과학적인 반증도 있다. 1997년 KBS의 역사 프로그램 팀에서 대학에 용역을 주어 실험한 결과, 꿀이나 과일즙을 바른 나뭇잎을 벌레가 글자대로 갉아먹지 않았다. 벌레는 나뭇잎 속에 흐르는 수액을 먹으러 잎을 갉는 것이며, 나뭇잎 위에 칠한 단물은 무시한다는 것이다. 결국 '주초위왕'이란 『정감록』의 '주초대부필' 문구에서 비롯된 상상력이 조광조의 죽음을 안타까워하는 민심과 반응하여 생겨난 허구라고 보아도 좋을 것이다.

차라리 잊혀지고 싶었던 사람

조광조 일파가 제거된 뒤에는 남곤의 세상이 되었을까? 별로 그렇지는 않았던 것 같다. 그는 중종의 신임 속에 영의정의 자리까지 오르지만, 주기적으로 대간의 탄핵에 시달린다. 말실수 같은 별로 대단치 않은 사안 등을 놓고 이루어진 탄핵은 그의 정치적 위상을 짐작하게 한다. 일찍이 한명회 등이 세도를 부릴 때는 감히 대간에서 넘볼 수 없었던 것이다. 게다가 새로운 정치적 라이벌이 등장했다. 공신의 아들이자 외척인 김안로는 여러 가지로 남곤보다 훨씬 훈구파다웠다. 김안로의 집요한 공세에 남곤이 반격함으로써 일단 김안로를 귀양 보내는 데 성공하지만, 남곤이 죽은 뒤 복귀한 김안로는 남곤이 중종의 둘째 왕후인 장경왕후의 능묘 조성을 감독할 때 현장에서 큰 돌이 나온 것을 알고도 그냥 공사하게 했다고 고발한다. 이는 대역죄에 해당한다고 하여, 남곤은 자칫 부관참시를 당할 뻔한 것을 "이미 죽었으며, 생전의 공로가 크다"는 여론에 따라 간신히 화를 면하게 된다.

과연 남곤처럼 예의를 중시하고 우유부단한 사람이 대역죄가 될 수도 있는 사안을 그냥 덮고 넘어갔을지, 김안로의 모함이 아닐지는 모를 일이다. 여하튼 그가 걱정한 일은 그보다는 자신의 이름이 후세에 어떻게 기억될지였다. 곧 사림의 시대가 오리라는 것은 그의 말년에 분명해 보였다. 그렇다면 자신은 간신 중의 간신으로 영영 악명을 떨치지 않겠는가? 남곤의 생각은 맞았다. 사림의 세상이 된 선조 1년, 거유巨儒 이황의 건의에 따라 조광조는 영의정에 추증되고 문묘에 종사되는 한편, 남곤은 삭탈관직되었다. 그리고 이후 북인이 득세하든, 노론이 집권하든 상관없이 남곤은 최악의 간신, 마치 예수에 대한 가룟 유다와 같은 존재로만 거론된다. 선조 2년에 김개라는 사람이 "남곤을 반드시 나쁘게만 볼 게 아니며, 기묘사림이 지나쳤던 점도 있었다"고 발언했다가 그런 말을 하는 자도 간신이라고 몰려 곤욕을 치르기도 했으며, 그 후에는 아무도 남곤을 위해 변명하지 않았다.

남곤은 생을 마감하기 얼마 전, 자기 무덤에 비석을 세우지 말라고 했다. 그리고 자신이 평생 써온 글을 모아 앞마당에 쌓아 놓고 불을 질렀다고 한다. 그것은 자신의 잘못을 뉘우치며 스스로를 간신이라 벌하는 행동이었을까? 평생 중시해 온 문학, 조광조에 맞서 지키려 했던 사장이 결국 허무했음을 깨달은 결과였을까? 그는 유자광을 천하의 간신으로 매도한 『유자광전』 하나만을 태우지 않고 놔두었다고도 한다. 그것은 자신도 유자광처럼 간신이었노라는 고백일까? 반대로 자신은 결코 간신이 아니라는 항변일까? 그의 마지막 행적은 평생 그랬듯 한편 모호했으며, 한편 미학적이었다.

종이와 비단의 산을 태우고 하늘로 치솟아 오르는 불길 속에서, 남곤은 그 자신의 '금시조'를 보았을까?

관용을 잃은 정치의 비극

실록에서 남곤을 평한 사관의 사론은 대부분 신랄하다. 기록 당시의 사론도 젊은 사관의 손에서 나왔고, 나중에 실록을 편집할 때는 사림 천하였기에 그랬으리라. 하지만 대부분 도량이 얕다느니, 사람이 간사하다느니, 줏대가 없다느니 하는 인신공격성 논평이고 남곤이 취한 정책을 가지고 비판하는 경우는 드물다. 요즘 정치적 색깔이 짙은 언론이 '반대편' 정치인을 놓고 쓰는 방식과 비슷하다고 할까. 그래도 남곤이 탐욕스러웠다거나 포악했다는 논평은 없다. 사론 중에는 이런 내용도 있다.

"조광조의 뜻은 정국공신을 개정하는 일을 발의하려는 것이었으므로 말이 매우 조심스럽고 간사한 자가 화禍를 일으킬 마음을 감추어두고 있는 것을 염려했다면 그 기미를 잘 살펴서 진정할 방법을 생각하고, 임금의 덕德이 더욱 밝아지고 인심이 점차 안정되기를 기다려서 여유 있게 선처하여 반드시 성취가 있게 해야 할 터인데 어찌하여 문득 뭇 사람의 분노를 돋우어 다스릴 기회를 잃었을까. 더구나 남곤은 한때의 재주와 명망이 있었고, 당초에 사림을 해칠 정도로 미워하지는 않았으니 우선 너그러이 용납하여 분노하는 마음을 갖지 않게 해서 그 화단禍端을 늦추게 했어야 할 것이다."

조광조 스스로 대신과 대간이 화합하여 협력하면 가장 바람직한 정치를 이룰 수 있다고 말한 적이 있다. 그는 그런 이상도 실현하려고 좀 더 노력해야 하지 않았을까. 재상들의 경륜을 인정하고, 자신들의 이념에 다소 어긋나는 주장이라도 포용하면서, 대화와 타협 속에 보수·진보 상생 정치를 추구해 나가면 어떠했을까. 자신이 추구하는 가치가 옳으면 그만, 그것이 정치의 전부일까. 내가 옳으니까 누구든 나를 비판하는 자는 사악하다, 이것은 정치가 아니며 극단밖에 낳을 수 없다.

물론 최후에 극단을 실현한 쪽은 훈구파였다. 따라서 사화의 비극, 정치의 실종은 훈구파에게 우선적인 책임이 있다. 하지만 조광조의 지나친 이상주의가 그런 극단적 상황을 초래했다고도 볼 수 있다.

그 중심에 남곤이 있었다. 개혁파의 중심이 될 수도 있었을 인물, 보수와 진보 사이에서 가교 역할을 맡을 수도 있었을 인물이 '수구 꼴통'으로 전락하고 말았다. 가장 간신을 혐오하던 사람이 최악의 간신이라는 멍에를 쓰고 말았다. 그것은 우선 그 자신의 잘못에서 이유를 찾아야 한다. 그의 행보는 중도적이라기보다 줏대 없는 것으로 비쳤으며, 결정적인 순간에 분명한 결단을 내리는 모습을 보여주지 못했다. 따라서 젊은 선비들에 대해 리더십을 발휘할 수 없었고, 그 공백을 조광조가 메움으로써 기묘사화의 싹이 텄다. 그리고 줄곧 절제하며 온건한 행보를 해오다가 마지막 순간 극단적인 방식을 선택하고 말았다. 한번 극단주의의 진영에 선 이상, 다시는 중도와 온건의 길로 돌아갈 수 없었다.

그러니 결국 관용을 모르는 정쟁이 그의 입지를 좁힌 셈이다. 그것은 한편으로 명분을 중시하는 성리학을 장려하면서 다른 한편으로 비정통적인 정권 탈취를 반복해 온 왕조의 모순이 낳은 비극이기도 했다.

오늘날 우리는 오랜 보수의 세월 끝에 진보의 담론이 만발하는 시대를 살고 있다. 그러나 오랜 억압의 후유증이랄까, 간혹 과격한 근본주의, 비현실적인 주장들도 보인다. 그 한편으로 진보에 염증을 내며 권위주의 시절에 대한 향수에 젖는 모습도 보인다.

관용과 현실 감각, 상호 존중을 잊은 정치가 무엇을 초래하는지, 우리는 남곤과 조광조에게서 배워야 하지 않을까.

역사의 승자가 그들을 간신으로 몰았다

원균

1540 ~ 1597

조선 중기의 무신. 무과 급제 후 북방에서 근무하다가 경상우수사에 제수된 직후 임진왜란을 맞았다. 이순신과 합세하여 7차의 해전에서 공을 세웠으나, 이후 논공행상에 불만을 품고 이순신과 대립했다. 1597년 이순신이 통제사 직위에서 해임되고 투옥되자, 대신 통제사가 되었다. 같은 해 7월 칠천량 해전에서 패전, 전사했다. 이후 선무공신 1등에 책록되고, 숭록대부에 추증되었다.

奸

원균은 이 책에 실린 다른 인물들에 비해 이질적이다. 우선 고려의 송유인을 제외하면 유일한 무인武人이며(유자광은 원래 무신으로 임관했으나 문과에 급제하여 문신이 되었다), 무신정권의 2인자였던 송유인을 포함한 다른 인물들처럼 한 시대를 풍미하여 권력자로서 국정을 농단한 일이 없다. 무엇보다 이 책은 지금의 기준으로 부정적인 인물보다 과거 전통사회의 기준으로 간신이라 인식되었던 사람들을 우선 대상으로 했다. 그런데 원균은 원래 비판은 받았을지언정 간신으로 불리지는 않았다. 그가 간신으로 주목받은 것은 현대에 들어와, 이순신이 재조명된 이후부터다.

원균을 간신이라 하는 이유는 남곤이 '조광조를 죽인 자'이듯 그가 '이순신을 모함한 자'이기 때문이다. 덧붙여 원균이 권모술수에만 능할 뿐 장수로서 무능하고 비겁했으며 따라서 전쟁에서 패배, 국가에 큰 손실을 끼쳤다는 해석이 따른다.

하지만 최근에는 이에 반대하여 원균이 지나치게 비판을 받아왔다는 반론이 만만치 않다. 사료를 꼼꼼히 뒤져보면 원균은 이순신에 버금가는 명장이었고, 그가 뒤집어쓴 오명은 이순신을 신격화하는 과정에서 빚어진 '원균 죽이기'의 결과라는 것이다. 여기에 다시 이순신 옹호론자들이 반격하면서 논란이 끊이지 않는다.

여기서는 그 상세한 전말을 캐기보다, 원균과 이순신이 전우이자 동료로 화합하지 못하고 한쪽이 살면 한쪽이 죽을 수밖에 없는 지경에 이르게 된 배경을 중심으로 살펴보기로 한다.

원균 일대기 — 한 조선 무인의 삶

원균은 무과에 급제하여 조산 만호로 재직 중 북방 여진족 토벌에 공을 세워 부령부사가 되었다. 이후 전라좌수사에 특진되었으나 그의 근무 평가가 좋지 않은데도 부당한 특진이 이루어졌다는 사간원의 탄핵으로 실제로 부임할 수 없었다. 그 후 다시 여진족과의 싸움에서 군공을 세운 결과 경상우수사에 임명되었는데, 임진왜란이 발발하기 불과 2개월 전이었다.

임진왜란이 발발하자 경상좌수사 박홍은 먼저 달아나고, 원균도 버티지 못하고 군선과 무기, 군량 등을 태운 뒤 달아났다. 이때 전라좌수사 이순신에게 구원을 요청했는데, 이순신은 요청을 받은 지 20일 만에 출병했다. 이후 이순신과 원균이 힘을 합쳐 옥포와 합포, 적진포에서 일본군을 격파했다. 이후에도 한산대첩을 포함해 7차례의 해전에서 이순신과 합세하여 일본군과 교전했으나, 이순신의 병력이 훨씬 많은 상황에서 이순신이 지휘를 주도했다. 더욱이 임진년 다음해(1593)에는 이순신이 삼도수군통제사가 되어 원균이 공식적으로 그의 휘하에 들어가게 되었고, 나이와 군경력에서 위였던 원균은 반발한다. 여기에 군공軍功 관련 갈등이 겹쳐, 두 장수 사이의 불화가 조정에서도 심각한 문제로 논의되기에 이른다.

그 다음 해에는 수륙연합으로 진행된 경상도 공략전이 실패한 후 이순신-원균 갈등 문제가 재론되면서 원균을 충청절도사로 옮겨 육군으로 복무케 하는 조취가 취해졌다. 이때 원균은 청주의 상당산성을 개축했는데 무리하게 백성을 동원하다가 원성을 사기도 했다. 이후 전라좌병사로 옮겼는데, 역시 육군이었다.

정유재란이 발발하자 일본군의 가토 기요마사가 상륙하기 전에 수군이 나가 격파해야 한다는 의견이 조정에서 일었고, 원균도 장계를 올려 그러한 작전을 제안했다. 그러나 이순신이 응하지 않아 기회를 놓쳤다고 하여 조정에서는 이순신 대신 원균을 쓰자는 논의가 높아졌다. 여기에 이순신의 한두 가지 문제점까지 꼬투리를 잡혀, 급기야 이순신이 통제사직을 잃고 백의종군하며 그 자리를 원균이 대신 맡게 된다.

원균은 통제사 부임 후 기문포 해전에서 전공을 올렸다. 그러나 경상도의 일본군 본거지를 공격하는 작전에 대해서는 먼저 육군이 안골포와 가덕도를 공격한 다음 수군이 공격해야 한다면서 소극적이었다. 이에 대해 도원수 권율은 출정을 독려하던 끝에 원균을 소환하여 곤장을 치며 출정을 지시한다. 결국 원균은 1597년 7월 4일, 140여 척의 판옥선을 위시한 연합함대를 이끌고 부산을 향해 출정한다.

그러나 두 차례에 걸친 부산포 공략은 실패하며, 마침내 칠천량 해전에서 해군이 전멸하다시피 하고 전라우수사 이억기, 충청수사 최호가 전사했다. 이 해전의 결과 우리 군은 제해권을 잃었으며, 임진년 이래 지켜오던 전라도 해역까지 빼앗기고 만다.

이때 원균은 육지로 달아났는데 이후 행적이 묘연하나. 당시 전사했다는 게 정설이지만 실록에 "탈주하여 진주로 가던 원균을 권율의 부하가 만났다"는 기사가 있으며, 다시 칠천량 해전 후 15일 정도 지난 시점에서 "원균에게 패전 책임을 물어야 하는데… 일단 원균이 나타나기를 기다렸다가 다시 처리하기로 하자"는 조정의 논의 기록이 보인다.

이것을 보면 원균이 당시에 죽지 않은 듯도 한데, 이후에는 아무 기록이 보이지 않으므로 착오에 지나지 않았을 수도 있다. 아무튼 그의 무덤은 평택시 도일동에 남아 있다.

패전 직후 조정에서 원균의 평가는 최악이었으나 이후 점점 회복되고, 선조 36년 이순신, 권율과 함께 선무공신 1등에 책록, '의정부 좌찬성 겸 판의금부사 원릉군'에 추증되었다.

원균 간신론

이상이 원균의 생애를 최대한 객관적이고 간략하게 서술한 것이다. 그러나 여기에는 많은 논란을 빚는 쟁점들이 곳곳에 있으며, 원균을 졸장 내지 간신으로 매도하는 사람들은 다음과 같은 주장을 펼친다.

○ 원균은 큰소리만 칠 줄 알았지 장수로써 무능했을 뿐 아니라 겁쟁이였다. 그가 왜적이 쳐들어왔다는 소식만 듣고는 오랫동안 비축한 군비를 태우고 달아나는 바람에 임진왜란 초기 전황이 매우 힘들어졌다. 최후의 칠천량 해전에서도 엄연히 섬인 가덕도를 육군이 공격해 달라는 등 말도 안 되는 핑계를 대며 싸우기를 두려워했고, 곤장을 맞고 겨우 출전해서는 부하들을 내버려두고 육지로 달아나는 꼴사나움을 보였다.

○ 원균은 군공에 대해 탐욕스러웠으며 이순신 군대가 승리하고 난 뒤를 따라다니며 적의 수급을 거두기에 바빴다. 그것으로도 만족하지 않고, 옥포해전 등에서 자신이 이순신보다 공로가 컸다고 생떼를 쓰기도 했다. 말인즉슨 전투 해역이 자신의 관할인 경상우도였으니 자신의 공로가 으뜸이라는 것인데, 어이없는 자멸을 통해 병력이라곤 거의 없는 상태에서 이순신이 구원하여 승전한 것인데 말이 되는가?

○ 원균은 싸움에는 젬병이면서 권모술수에만 능했다. 친척이 되는 윤두수, 윤근수를 비롯해 조정의 서인 대신들과 교류하면서 임금에게 원균은 명장이라는 환상을 심었다. 거기에 그치지 않고 이순신을 시기한 나머지 모함하고 음해했다. 그 결과 이순신이 억울하게 통제사 직에서 해임되었으니, 원균은 전형적인 소인배이자 간신이라고 할 수 있다.

○ 이런 원균인데도 전후에 이순신과 나란히 선무1등공신이 된 것은 선조의 오해와 편견 때문이었다. 윤두수 등의 '원균 띄우기, 이순신 죽이기'에 빠진 데다 백성들이 이순신을 성웅으로 추앙하는 사실에 대한 질투심까지 겹쳐 선조는 원래 2등으로 책정된 원균을 억지로 1등으로 끌어올려 결과적으로 이순신을 폄하했다.

원균을 위한 변명

여기에 대해 원균 옹호론 내지 원균 명장론자는 대략 이렇게 반박하고 있다.

● 임진왜란 발발 당시 원균이 겁을 먹고 달아났다는 것은 사실이 아니다. 원균은 당시 경상우수사 부임 직후인 데다 박홍이 먼저 달아나는 바람에 싸우기가 극히 힘든 상황이었다. 그런데도 적과 교전하

여 10척의 선박을 격침하는 성과를 올렸다. 결과적으로 이순신의 지원이 늦었기 때문에 원균은 퇴각할 수밖에 없었다. 더욱이 이순신은 아직 일본군의 진격이 먼 상황에서 원균 관할의 남해 관고를 멋대로 불태워 버리기도 했다. 전쟁 초기에 겁을 집어먹은 쪽은 도리어 이순신이 아닌가?

● 기록을 보면 원균은 겁쟁이가 아니라 반대로 싸움에 앞장서는 용장으로 묘사되어 있다. 칠천량 해전 이전에 공격에 소극적이었던 것은 당시 조선 수군이 규모만 그럴듯했지 병력의 질이 낮았던 데다(전염병 때문에 병력이 급감하여, 싸움 경험이 전혀 없는 농민들을 억지로 병력에 편입해 두고 있었다), 이순신 휘하였던 장수들이 원균의 명령에 불복하여 협조하지 않는 상황에서 도저히 전투를 할 처지가 아니었기 때문이다. 그런데도 수군통제사에게 곤장까지 쳐가며 사지로 내몰았으니, 칠천량 패전의 책임은 원균이 아니라 조정에 있다.

● 원균이 이순신을 모함했다고 하는데, 실록 어디에도 원균이 이순신을 모함한 내용은 없다. 도리어 이순신이 원균을 모함하였다. 그는 옥포해전 후 원균과의 합의를 깨고 몰래 장계를 올려 자신의 전공을 과장했을 뿐 아니라, 한산대첩 후에도 원균을 헐뜯는 내용을 보고했다.

● 더욱이 "원균이 10여 세에 불과한 아들을 외람되게 공로자 명단에

올렸다"고 보고했는데, 조사해 보니 원균의 아들 원사웅은 어엿한 청년으로 충분히 전공을 세울 만했다. 이순신이 수군통제사에서 해임된 것은 원균의 모함 때문이 아니라, 이 '원균에 대한 모함'과, 부산의 왜군 진영을 이원익의 휘하에서 태워버린 작전을 자기 작전인 양 거짓 보고를 올린 사건 등이 겹쳐 이루어진 일이다.

● 원균은 역사에서 제대로 된 대접을 받지 못했다. 먼저 인조반정 후 씌어진 『선조수정실록』이 이순신을 띄우고 원균을 깎아내리는 편향된 입장에서 씌어졌고(당시 실록 편찬 책임자였던 이식이 이순신의 먼 친척이었다), 결정적으로 박정희 시대에 들어 이순신을 성웅으로 신격화했는데 그 과정에서 원균이 악역을 맡게 된 것이다.

새로운 해석의 가능성

이런 원균 옹호론자들의 반박을 다시 원균 비판론자(이순신 옹호론자)들이 재반박하는 등 논란은 끊임없이 이어지는 추세다. 여기서는 그동안 별로 논의되지 않았던 몇 가지 사실과, 그에 따른 새로운 해석의 가능성을 짚어보기로 한다.

원균이 한편에서는 "겁쟁이"로, 한편에서는 "선봉에 나서는 용장"으로 인식되는 이유는 무엇일까? 원균이 전쟁에 참여한 처음과 끝이 모두 '퇴각'이었다는 사실은 그가 겁쟁이라는 평가의 근거다. 하지만 그 중간, 즉 이순신과 합세해서 싸우던 때에는 주로 선봉에 나섰던 것 같다. 그것이 꼭 그가 용장이기 때문인지는 분명치 않지만.

전쟁 초기에 원균이 군비를 불태워 버리고 퇴각했던 일은 일단 불가피했던 것으로 보인다. 한편 이순신이 늦게서야 출동한 일도 불가피했다. 당시 군사편제상 전라좌수영이 멋대로 경상우수영에 진입할 수 없었으며, 따라서 보고를 올리고 출동 지시를 받고 하는 데 시일이 필요했기 때문이다.

그런데 원균과 합류하여 옥포를 시작으로 일본 수군을 격파했던 이순신은 경상도 지리와 적에 대한 정보가 없는 상태다. 따라서 선봉에 원균을 세울 수밖에 없었을 것이다. 실록은 이 점을 중시하지 않고 있으나, 군데군데 실제로 원균 군대가 선봉에서 진격했음을 드러내는 기록이 있다. 따라서 원균 입장에서는 자신이 정보 제공과 길 안내를 하고 선봉에서 돌격하지 않았다면 옥포, 합포, 적진포 등의 승리는 불가능했을 것이며, 따라서 자신이 첫째는 못될지언정 이순신과 대등한 공로를 인정받아야 한다고 여길 만했다. 그런데 옥포해전 후 논공에서는 이순신만이 포상되었고, 나중에 가서야 이순신보다 한 등급 낮은 포상이 주어졌다. 따라서 원균은 반발했을 것이다. 한편 이순신의 입장에서 보면 그러한 논공은 당연한 처사였다. 길 안내는 어떻게 됐든 원균 스스로는 아무것도 할 수 없는 것을 달려와 구원했고, 병력의 대부분이 자신의 것이었으니 말이다. 『아라비안 나이트』의 「세 개의 화

살」이야기와 비슷하다. 병에 걸린 공주를 삼 형제가 살려냈는데
맏이는 "나의 망원경으로 공주가 아픈 사실을 알았다" 하고, 둘째
는 "나의 마법의 양탄자 덕분에 늦지 않게 도착했다"고 하고, 막
내는 "나의 마법 사과가 아니었으면 살려낼 수 있었겠느냐"며 각
자 자신이 공주를 살려낸 공로를 인정받아야 한다고 다퉜다는 이
야기다. 그 이야기에서는 결국 활쏘기를 통해 공주와 결혼할 사람
을 정하지만, 임진년에는 그런 기회가 없었다.

　　이보다 근본적으로, 당시 조정이 남해에서 벌어지는 해전에
대해 전략적인 가치를 인정하지 않고 있었기 때문에 원균은 용
장이며 이순신에 뒤지지 않는다는 평가가 생기고, 결국 두 사람
이 나란히 1등 공신에 봉해진 이유가 되었다고 할 수 있다. 우리
는 임진왜란에 대해 배울 때 "이순신이 일본 수군을 격파하고 전
라도 해역을 사수했다. 그 때문에 북진하던 일본군은 보급을 제대
로 받지 못했으며, 결국 후퇴할 수밖에 없었다. 따라서 임진왜란
을 승리로 이끈 것은 이순신의 수군이었다"는 식으로 배웠다. 그
러나 당시 조정에서는 그런 시각으로 전황을 이해하고 있지 않았
다. "바다에서 몇 차례 이겼다니 기특한 일이다. 하지만 지금 일본
군이 한양과 평양을 삼키고 북진을 계속하는 상황에서 그게 무슨
소용인가?"였다. 그래서 조정은 이순신과 원균에게 전라도를 지
키고 있기보다 경상도의 일본군 본거지로 쳐들어가 적을 몰아내
주기를 거듭 요구했는데, 이순신도 원균도 끝내 이를 해내지 못했
다. 그러므로 전후 논공행상을 할 때 선조는 이렇게 말하고 있는

것이다.

"임진년과 정유년의 전쟁에서 나라가 망하지 않은 것은 오로지 명나라의 구원 덕분이며, 우리 군대는 별로 한 일이 없다. 이순신과 원균이 남해에서, 권율이 행주산성에서 약간의 공로를 세운 데 지나지 않는다."

이는 선조뿐 아니라 당시 신료들과 사관史官들도 공유하고 있는 인식이었다. 헐버트가 "조선의 살라미스 해전"이라고 평가한 한산대첩조차 그냥 소소한 승리의 하나로 치부했으니, 작전의 주역이었던 이순신이 선봉장 원균보다 특별히 뛰어나다고 평가될 이유가 없었다(사실 이순신이 전라도 해역을 지킨 덕분에 전쟁에서 이겼다는 해석은 다소 과장되어 있다. 이로써 일본군의 보급이 다소 곤란해지기는 했으나 전쟁 수행이 불가능할 정도는 아니었기 때문이다. 그래도 해전의 전략적 가치를 일절 무시했던 당시 조정의 군사력 인식 능력은 문제가 있다고 할 것이다).

남해의 해전들이 전략적 가치가 없는 것이라면 그 공로는 오직 적의 수급首級을 얼마나 베었나를 기준으로 평가해야 한다. 그런데 해전의 특성상 수급을 취하리란 쉽지 않다. 따라서 장수 스스로 올리는 장계에 따라 주로 판단하게 되는데, 너 나 할 것 없이 자신의 공적을 부풀려서 보고하는 것이 문제였다. 선조는 이에 넌덜머리가 났던지 전후 이순신의 공로를 평가할 때 "대체 이순신이 적군 얼마를 죽이고 적의 군비 얼마를 빼앗았다는 내용을 어떻게 확인할 수 있는가? 장수들이 보고한 내용을 곧이곧대로 믿는다면 일본군이 자취도 없이 몰살되었어야 한다"며 이순신이 으뜸가는 공로를 세웠다는 주장을 의심하고 있다. 이렇게 되니 더더욱 원균이 이순신보다 못할 이유가 없다는 인식이 전쟁 중이나 후에나 사라지지 않았으며, 원균은 용장勇將이며 이순신은 지장智將이라는 인식이 굳어졌던 것이다.

원균은 이순신을 모함했나?

원균이 이순신을 모함했는지 여부는 판단이 쉽지 않은 문제다. 일단 남아 있는 사료가 부족하며, 그나마 모순되는 경우가 많다. 원균이 보냈다는 장계 내용이 소실된 경우도 있어서 더욱 판단을 어렵게 한다. 아무튼 남아 있는 사료로만 볼 때, 원균 옹호론자들의 "원균이 이순신을 모함한 기록은 없다"는 주장은 얼마간 거리를 두고 봐야 한다. 남아 있는 원균의 장계 내용 중에 이순신이 탐욕스럽다느니, 무례하다느니 하는 인신공격성 '모함'의 내용은 없다. 그러나 이순신의 판단 착오로 전투가 곤란했다는 내용은 군데군데 보이는데, 이것이 사실의 보고인지 날조인지는 확인할 길이 없다. 보고란 실제 상황을 있는 그대로 보고해야 하는 것이므로, 실제로 이순신이 판단 착오를 했다면 그것을 보고했다 하여 모함이라고 할 수는 없다. 그러나 날조, 왜곡일 가능성도 배제할 수 없는 것이다.

또한 원균이 이순신에게 강한 적개심을 품고 있었던 것, 그래서 그 때문에 여러 사람에게 이순신을 폄하하고 다녔다는 것은 사실인 듯하다. 실록은 물론 여러 기록을 종합해 볼 때 의심의 여지가 없다. 문제는 그 '폄하'가 단순한 불평불만의 토로에 그쳤느냐, 아니면 선이 닿는 조정 대신에게 "이순신의 죄상을 날조하고 과장하여 이순신이 징계를 받도록 힘써 달라"는 내용까지 포함했느냐인데, 역시 남아 있는 자료만 가지고 확인할 수는 없지만 상당 수준까지 원균이 조정에 '이순신 죽이기' 로비를 했을 가능성은 높아 보인다.

실록은 "이순신과 공로 다툼을 하면서 백방으로 상대를 모함하여 결국 이순신을 몰아내고 자신이 그 자리에 앉았다"(『선조실록』), "원균은 서울과 가까운 진鎭에 부임하여 총애받는 권신權臣과 결탁해 날마다 허황된 말로 순신을 헐뜯었다"(『수정실록』)고 기록하고 있으며, 명량해전이 끝난 시점에서 이덕형은 이렇게 밝히고 있다.

"전일에 원균이 그의 처사가 옳지 못하다고 한 말만 듣고, 그는 재간은 있어도 진실성과 용감성은 남보다 못할 것이라고 여겼습니다. 그런데 신이 본도에 들어가 해변 주민들의 말을 들어보니, 모두가 그를 칭찬하며 한없이 아끼고 추대하였습니다. 또 듣건대 그가 금년 4월에 고금도로 들어갔는데, 모든 조치를 매우 잘하였으므로 겨우 3~4개월이 지나자 민가와 군량의 수효가 지난해 한산도에 있을 때보다 더 많았다고 합니다. 그제야 그의 재능이 남보다 뛰어난 줄을 알았습니다."

그러나 "가는 말이 고와야 오는 말이 곱다"지만, 이순신이 마냥 순교자처럼 원균의 비방을 견디고만 있었던 것은 아니다. 원균 옹호론자들의 지적대로, 이순신은 원균이 어린 아들에게 부당히 군공을 돌렸다고 보고한 일이 있다. 당시 원균의 아들로 지목된 사람은 일단 원사웅으로 보이는데, 그는 원균의 특명을 띠고 한양을 오가고 있을 정도여서 도저히 코흘리개 어린아이였다고는 여겨지지 않는다. 하지만 여기에 이순신 옹호론자들은 "처음 실록의 기록에는 10여 세의 어린아이라고 했을 뿐 원사웅이라고 거명하지는 않았다. 따라서 원사웅이 아닌 다른 어린 아들을 공적에 올렸을 것이다"라고 반박한다. 이점 역시 오늘날 깨끗이 시비를 가리기 어려운 문제다. 하지만 확실한 것은 이순신이 전쟁 수행과 직접적 관련이 없는 문제를 놓고 원균을 비판하는 보고를 올렸다는 사실이다. 그것이 결국 "근거 없는 모함"으로 해석되어, 이순신이 통제사에서 해임되는 한 가지 이유가 되었음도 사실이다.

전쟁은 중요하나, 무인은 중요하지 않다

한편 원균이 중대한 패전을 했음에도 나중에 이순신과 동등한 1등 공신에 봉해진 것은, 앞서 본 대로 조정의 전쟁 인식이 이순신과 원균의 우열을 구분하지 않고 있었던 점이 크다. 여기에 당쟁이 개입되었다는 시각은 원균 옹호론자와 폄하론자 모두가 공유하는데, 그렇게만 볼 것은 아닐 듯하다. 원균이 서인이면서 친척관계였던 윤두수 형제의 지지를 받고 있었음은 사실이다. 북인인 이산해도 대체로 그를 지지했고, 남인인 유성룡(이순신의 죽마고우), 이원익은 대체로 이순신의 편이었다.

그러나 조정에서 오간 논의를 자세히 보면 반드시 그 지지라는 것이 그렇게 견실하지도 않았고, 당파에 따라 이순신과 원균에 대한 입장이 뚜렷이 갈리고 있지도 않다. 이순신이 가토를 공격하라는 명령을 위반했다는 논의가 비등할 때는 유성룡이 나서서 "외람되게 높은 벼슬을 받고서 자세가 해이해졌다"며 이순신을 공격하고 있으며, 다시 원균을 치켜세운다. 그러자 이번에는 이산해가 원균을 폄하하고 나선다. 남인인 이원익과 이덕형의 보고가 이순신이 통제사에서 해임되는 데 중요한 역할을 하기도 했으며, 역시 남인인 정탁은 이순신에게나 원균에게나 후한 평을 하고 있다. 무엇보다 원균 옹호론자들의 말대로 『선조수정실록』이 『선조실록』보다 원균을 박하게 평가하고 있는데, 『선조수정실록』은 서인 중심의 정권에서 편찬되었음을 생각하면 그 반대가 되었어야 하지 않겠는가?

선조가 "우리 군대는 별로 한 일이 없다"고 말한 배경에는 당시 조정의 전쟁 인식도 작용했지만, 한편으로 되도록 무인 출신 공신을 늘리고 싶지 않았던 선조의 의도도 반영되어 있었다. 선조는 자신의 피난길에 따라온 문관들은 호종공신으로, 적과 싸운 무관들은 선무공신으로 책훈했는데, 너도나도 살길을 찾아 달아나던 전쟁 초기에 왕의 곁에 남아 있었다는 점은 평가할 만하겠지만 그래도 목숨을 걸고 적과 싸운 공로에 비할 바는 아닐 것이다. 그런데 호종공신은 요리사에 심부름꾼까지 후하게 책훈하면서 선무공신은 짜기가 소금보다 더했다. 이순신, 원균, 권율만 1등에 봉하고, 처음 논공에서 중시되던 우치적은 슬그머니 빠져 3등에도 들지 못했다. 곽재우, 유정, 정인홍 등 의병장들은 아예 깡그리 잊혀졌다.

이처럼 무인을 푸대접한 이유는 무엇일까? 선조는 정치적 감각이 뛰어난 군주였다. 그가 보기에 호종공신들은 자신의 근신近臣으로 힘이 되어줄만 했으나 무인 출신 공신은 역모 세력화할 가능성이 있었다. 의병장들이 지방에서 유력자로 부상하는 것 역시 바람직하지 못했다. 전쟁이 끝난 다음 공훈을 앞세운 무인과 지방 세력들이 발호하여 정권을 위협한 예는 중국의 역사에서, 그리고 바로 고려 말의 역사에서 뚜렷이 볼 수 있다. 그래서 상식을 넘는 책훈을 진행했던 것이다.

이러한 정치적 필요 외에도 무인은 문화적으로나 제도적으로 사성이 딱했다. 실록에 보면 이순신의 '항명'을 논하는 어전회의에서 선조는 "대체 이 사람이 어떤 사람인가?"라고 묻는다. 유성룡이 자신의 옛 친구라고 하자 "서울 사람인가?", "글을 아는 자인가?"라고 묻는다. 군 통수권자인 임금이 장수들 가운데 가장 뛰어난 성적을 거두었고, 통제사의 직위까지 가진 이순신의 단순한 신상조차 파악하지 않고 있었다는 사실도 어이가 없지만, "용맹한 사람인가?", "병법에 밝은가?" 등이 아니라 "글을 아는 자인가?" 부터 물어보았다는 사실도 기가 막힌다.

그처럼 무신을 기본적으로 무시하는 태도는 선조에게만 국한되지 않았고, 당시로서는 당연시되고 있었다. 실록은 무신이 죽으면 졸기卒記도 써주지 않았으며, 『명신록名臣錄』에도 무신은 종종 제외되었다. 무신이 자주 등장하는 책은 『해학담諧謔談』인데, 보통 무신이 글을 잘 몰라서 엉뚱한 소리를 한다거나 용맹스러워 보이는 장군이 사실은 부인에게 얻어맞는 못난이라거나 하는 식이다.

그리고 보면 이순신, 원균에 대해 대신들의 당파적 입장이 한결같지 않았던 이유도 짐작된다. "무식한 무인 따위" 때문에 당파를 갈라 다툴 필요가 없다고 생각했음이 아닐까?

이처럼 평화 시에 천대받는 무인들은 전쟁 시라고 자신들의 세상인 양 할 수 없었다. 애초에 왜 이순신과 원균이 힘을 합쳐 싸움에 임하기보다 서로 헐뜯고 공을 다투는 모습을 보여주었나? 공을 세우지 못하면 상을 못 받는 정도가 아니라 탄핵을 면하기 어려웠기 때문이다. 전쟁터에서 멀리 떨어진 데다 전쟁에 대한 이해도 낮은 문신들이 모여 있는 사간원, 사헌부는 어떤 무장의 성과가 신통찮게 보이면 사정없이 탄핵했다. 수군통제사쯤 되는 사람이 하루아침에 백의종군하는 신세가 되고, 끌려가서 곤장을 맞는 상황이 아니었나? 더구나 대장들은 휘하 장군들의 군공까지 책임져 주어야 했다. 이순신과 원균의 합동작전 후 장계를

원균

보면 서로 자기 휘하의 장수들만 으뜸가는 공을 세웠다고 적고 있다. 그리고 그것은 어떤 장수든지 마찬가지였다. 무인들에게는 작전권도 충분히 보장되지 않았다. 조정이 수시로 지시를 내려 보내고, 문관인 체찰사가 작전을 간섭했다.

동상은 필요 없다

모든 자료를 종합해 볼 때, 원균은 성격이 급하고 과격했던 것 같다. 그는 처음 북방에서 근무할 때나, 경상우수사로서 이순신과 작전할 때나, 충청절도사로 전출되었을 때나, 통제사 자리를 이어받았을 때나 부하나 양민들에게 폭언을 일삼고 매를 때리기를 자주 하여 인심을 잃었다는 기록을 남긴다.

그 자체만으로는 무인으로서 자격 미달이라고는 할 수 없다. 독장毒將이 병사들을 다그쳐 싸움에서 좋은 성과를 올리는 경우도 있으니까. 하지만 여러 방면에서 모인 장교들을 규합해 지휘하는 지위에 있는 사람은 그 이상의 리더십이 필요했을 것이다. 칠천량 해전의 패배는 조선 수군의 질적 저하와 조정의 무리한 독전도 원인이지만, 원균이 이순신 휘하였던 장수들의 지지와 신뢰를 받지 못했기 때문이기도 했다. 그리고 그것은 다분히 원균의 과격한 성격과 행동이 낳은 결과였다.

또한 이순신에게 억울하게 밀렸다는 울분에 아무리 일리가 있더라도, 내륙에서 활동하는 동안 대신과 연락하며 이순신의 험담('모함'은 아닐지 몰라도)을 일삼을 게 아니라 전쟁의 추이를 냉철히 관망하고 향후 계획을 치밀히 준비하는 시간을 가져야 했을 것이다. 그랬다면 칠천량의 무참한 패배는 예방할 수 있었을지 모른다.

하지만 그의 '간신'다운 행동은 어느 정도 이순신도 행하던 것이었고, 나아가 당시 대다수 무인들의 관행이라고도 할 수 있었다. 그렇게 부정적인 관행을 낳은 것은 무신을 무시하고 옥죄던 당시 조선 사회의 모순이었다.

과거 정권의 지나친 이순신 띄우기와 원균 죽이기, 그리고 요즘의 원균 명장론과 원균 간신론, 이러한 것들이 그들에게 무슨 의미가 있을까? 죽어서 동상이 서든 말든, 영의정에 추증되든 말든 더욱 중요한 것은 살아서 올바로 이해되고 올바로 대접받는 것이 아니었을까? 단지 무武의 분야를 떠나, 국가와 사회의 실무적인 분야에서 애쓰는 사람들에게 격에 맞는 대접을 하는 것, 부족한 자원을 놓고 서로 다투며 본업보다 줄대기에 치중하지 않을 수 없는 환경에 처하지 않도록 배려하는 것, 그것이 진정 강한 나라와 정의로운 사회를 만드는 핵심 중 하나일 것이다.

그리고 그렇게 큰 차원에서만 논할 문제가 아니다. 지금 자신이 속한 조직을 돌이켜보자. 어느새 또 다른 원균을 만들어내고 있지는 않은지!

간신이 권력을 잡는 방법

간신이 군주로부터 신임과 총애를 받고 있는 유리한 상태를 이용하여, 신하들 가운데서 자기 뜻에 맞는 사람은 칭찬하고, 그렇지 않은 자는 꾞아내려 제 마음대로 할 수 있는 것은, 군주가 통어술統御術로써 간신의 행위를 제어하지 않고, 언론과 실체가 합치하는지 여부를 조사하지 않고, 간신의 말이 자기의 생각과 일치한다고 믿기 때문이다. 그것이 바로 간신이 군주를 기만하여 사리사욕을 취하는 방법이 된다.

『한비자韓非子』

오직 나만이 '왕의 남자'다

이이첨

1560 ~ 1623

조선 중기의 정치가. 1594년 별시문과를 거쳐 임용되고 임진왜란 동
안 선조를 호종하였다. 광해군 즉위 후 왕의 총애를 받으며 요직을 맡
는 한편 대북파의 영수로서 다른 당파를 억압, 여러 차례 옥사와 폐모
론을 일으키며 폭정의 중심인물로 지목되었다. 인조반정이 일어나자
처형되었다.

奸

그 역사적 평가를 놓고 아직까지도 논란이 거듭되는 시대, 광해군 시대를 대표하는 인물이라면? 물론 광해군이 먼저다. 하지만 그 다음은 누가 뭐래도 이이첨이다. 광해군 즉위에서 인조반정에 이르기까지의 행로에는 그 어디에나 이이첨의 발자국이 나란히 찍혀 있다.

이이첨이라는 사람에 대하여, 『선조실록』은 이렇게 묘사하고 있다.

"이이첨은 바른 사람이다. 위인이 단정하고 명민하여 조행과 언어가 분명하였다."

그러나 『선조수정실록』에서는 이렇게 표현된다.

"사특하고 독살스러움이 천하의 명검 막아莫耶도 못 따른다."

광해군 집권기의 평가와 실각 후의 평가가 이처럼 상반된다. 게다가 더 상세히 보면 그를 긍정하는 기록에서는 "청렴결백하였다"고 하고, 부정하는 쪽에서는 "탐욕스러웠다"고 하며, 글솜씨에 대해서도 "당대의 문장가로 특히 변려문(중국의 육조와 당나라 때 성행한 한문 문체)에 뛰어났다"는 말과 "무식하여 남의 글을 베끼거나 아예 대필시키는 경우가 많았다"는 말이 함께 남아 있어서 더욱 혼란스럽게 한다. 그가 대역죄인이자 간식으로 몰려 처형된 후 그가 남긴 글도 사라져버렸기에, 오늘날 이이첨이라는 인간에 대해 공정하게 평가하기란 어려움이 많다. 다만, 위에 인용한 두 문장을 함께 미루어 짐작할 수 있는 점이 있다. 그는 누구에게나 원만히 대하고 화합하는 호인好人 스타일은 아니었으며, 머리 회전이 빨랐다.

문제는 그런 날카로운 성격과 뛰어난 머리로 무슨 일을 했는가이다.

어려웠던 성장기

이이첨은 몰락한 집안에서 태어났다. 이 책에 소개한 인물들 중 본래 가난하게 자라났던 사람은 신돈과 이이첨뿐일 것이나(한명회가 그런 이미지를 갖고는 있으나, 앞서 본 것처럼 그는 명문가 출신이었다). 그는 연산군 대에 사화를 일으켰다가 역적으로 처형당한 이극돈의 후손인데, 그것 때문에 과거 응시가 금지되어 있지는 않았으나 몇 대 동안 과거 급제자를 배출하지 못해 엄밀히 따지면 양반의 자격도 상실한 상태였다. 야담에 따르면 집이 찢어지게 가난하다 못해, 집 벽의 흙을 갉아 먹으며 주린 배를 달래는 경우도 있었다고 한다.

그런데 그가 출세의 기회를 얻은 것은 바로 당시 최고의 미덕이었던 충忠과 효孝에서 남들의 이목을 집중시킬 수 있었기 때문이었다. 먼저 충에서, 그는 광릉 참봉이라는 미관말직을 하고 있다가 임진왜란을 맞았다. 광릉은 세조의 능인데, 그는 난리통에 모두들 도망가는 가운데 죽음을 무릅쓰고 세조의 위패를 지켜, 피난길에 올랐던 선조에게 가져다 바쳤다.

이로써 선조에게 좋은 인상을 남기고 충신이라는 이름을 얻은 그는 이듬해 과거에 급제한다. 그리고 아버지가 돌아가시자 통상의 3년상의 배나 되는 6년상을 지키며, 고기는 물론 과일과 채소까지 끊는 독실함을 보여준다. 이로써 효자의 명성까지 얻었으니, 충효로 으뜸이라는 평가를 받은 이상 당시의 유교문화 사회에서 벼슬길이 트일 수밖에 없었다.

그는 실력으로도 인정받았다. 임진왜란이 계속되는 동안 그는 선조를 가까이에서 모시며 사헌부와 승정원 등에서 활약했다. 그가 올린 상주문을 보면 다른 사람들의 말에 비해 내용이 똑 떨어지고, 요점을 정확히 짚고 있다. 선조는 아마 이 똑똑하고 품행 방정한 젊은이를 귀엽게 여겼을 것이다.

하지만 그는 명문 출신이 아니라는 데 콤플렉스가 있었다. 실제로 시기와 견제의 대상이 되기도 했을 것이다. 사간원 정언正言

으로 있을 때 약간의 물의가 생기자 그는 선조에게 올린 상소에서 이렇게 말한다.

"신은 쇠미한 가문 출신으로 집에서는 친척들의 도움이 없고 조정에서는 이끌어주는 세력이 없습니다. 신이 어떻게 감히 군현 群賢들의 곁에 끼어 명기名器를 더럽힐 수 있겠습니까."

나중에 권세를 잡은 후에도 그는 자신처럼 역적 가문 출신이라는 핸디캡을 가진 사람들을 주위에 두고 중용한다. 오랫동안 조정에서 서용敍用되지 않던 의주 출신을 뽑기도 했다. 그것은 동병상련의 결과이기도 했을 것이고, 똑같은 울분을 품고 있는 사람들을 모아 강력한 도당을 결성하자는 속셈도 작용했으리라.

친척을 잡는 부드러운 방식

"쇠미한 가문 출신으로 이끌어주는 세력이 없던" 그는 반은 행운, 반은 노력으로 자신을 권력자로 만들어줄 '귀인'들과 인연을 맺게 되었다. 그 중 가장 중요한 사람은 광해군이었다. 그는 시강원 사서로서 당시 세자였던 광해군의 교사 역할을 맡으며 친분을 쌓았다. 광해군 또한 가슴에 응어리를 감춘 사람이었다. 후궁의 소생으로 전쟁의 급박한 상황에서 얼떨결에 세자가 되었으나, 전쟁 중 보여준 뛰어난 활약 때문에 도리어 선조의 미움을 샀으며, 이제는 새어머니 인목왕후와 배다른 동생 영창대군의 눈치를 봐야 하는 상황이었으니까.

두 젊은이는 비슷한 처지를 함께 한탄하며 교분을 깊게 나누었을 것이다. 그 교분은 선조의 승하 직전 영창대군으로 세자를 바꾸려는 움직임에 맞서 광해군을 보호하다가 귀양을 가게 된 일로 더 깊어지고, 이후 그의 사위인 박자홍의 딸이 광해군의 세자빈으로 간택되면서 더 한층 깊어졌을 것이다.

두 번째 귀인은 정인홍이었다. 남명 조식의 수제자이며 임진왜란 때는 의병장으로 명성을 떨친 그는 대북大北의 정신적 지주였다. 이이첨이 언제 그에게 배웠는지는 분명하지 않다. 그를 비판하는 논조의 기록에 따르면 "정인홍은 평생 아무도 가르치지 않았는데, 「제자록」을 만들어두고 뜻을 같이하는 사람이 있으면 이름을 적었다. 이이첨이 그 첫머리에 적혀 있었다"고 한다. 그렇다고 해도 정인홍이 이이첨을 '수제자'로 대우했던 것은 사실이다.

아무튼 정인홍은 광해군의 마음을 사로잡은 사람이었다. 광해군은 그의 사상과 인품에 완전히 매료되어, 서울에 잠깐 왔다가 번번이 병을 칭탁하며 시골로 돌아가는 정인홍을 최고의 정중함으로 대접하였다. 정인홍은 경남 합천에서 가끔씩 상소를 올리며 광해군과 교류하는 동안, 더 상세한 사항을 연락하고 실무를 처리하는 역할은 이이첨에게 맡겨졌다. 나중에는 이것이 정인홍은 지방/사림에서, 이이첨은 중앙/관계에서 역할분담을 통해 권력을 행사하는 형태가 되었다.

그리고 허균이 있었다. 이이첨보다 아홉 살 아래인 그는 성균관 유생 시절부터 이이첨과 친해져서, "형으로 섬기면서 30년을 하루처럼 지내왔다"고 나중에 허균 스스로가 회상하고 있다. 허균은 소위 천재 성향이 다분한 사람이어서, 글재주와 지모는 따라갈 사람이 없었으나 잦은 기행奇行으로 벼슬길에 올랐다가도 구설수에 올라 파직되는 일이 잦았다. 이이첨은 이런 허균의 문제를 잘 무마시켜 주었다. 허균은 이이첨을 위해 계책을 마련하고 글의 대필도 해주었다. 두 사람은 오랫동안 동지로서 의기투합하며 정국을 주도했다. 그 마지막은 환멸을 일으킬 만한 것이었으나……

이런 든든한 인연에 힘입은 이이첨은 높은 자리에 오른 뒤 스스로 인맥 구축에 힘썼다. 앞서 말한 '소외된 사람들' 외에도 그의 네 아들과 친인척, 친구 등이 잇달아 관계에 진출했다. 그가 대제학을 맡아 과거시험을 관장하며, 답안지에 표시를 하도록 하는 등 부정한 수단까지 써서 그들이 합격되도록 손을 썼기 때문이다. 그리 떳떳치 못한 이이첨의 인맥에는 개시 김상궁도 포함되었다. 선조의 후궁이다가 광해군 대에 들어 갑자기 권력의 실세로 부상한 그녀에게 이이첨은 뇌물 등을 바치며 정성을 쏟았다. 그리하여 그는 총신寵臣으로서, 외척으로서, 그리고 실세의 후원자로서 왕과 이중·삼중의 관계를 맺으며 영향력을 극대화할 수 있었다.

여기까지는 그가 권력을 잡고 유지하는 데 사용한 '부드러운 방식'이었다. 뇌물과 아첨, 부정행위까지 포함하는 인맥 구축, 이것만으로도 소위 간신으로 부를 만한 건덕지는 될 수 있다. 그러나 "천하의 명검 막야도 못 따른다"는 평가를 받게 된 것은 그가 사용한 '거친 방식' 때문이었다.

거친 방식–폐모살제廢母殺弟

그것은 광해군 즉위부터였다. 광해군 즉위란 선조의 승하를 의미한다. 선조가 독살되었다는 소문은 당시부터 널리 떠돌았다. 그리고 거기서 결정적인 역할을 했던 사람이 다름 아닌 이이첨이라는 것이다.

선조가 새로 맞은 중전에게서 본 '적장자' 영창대군을 귀여워하여 세자를 바꾸기까지 하려 한다는 소문이 돌자 광해군을 지지하던 대북 세력은 다급해졌다. 이이첨이 조정에서 운동을 하고, 정인홍은 합천에서 상소를 올렸다. 그런데 직설적 성격의 정인홍이 "왜 세자에게 보위를 물려주지 않느냐? 양심이 있으면 당장 양위해라"는 투의 상소를 올리는 바람에 늙은 선조는 화가 복받쳐 몸져눕고 말았다. 병석의 선조는 정인홍과 이이첨을 귀양 보내라고 지시한다. 인목왕후는 이 일만으로도 이이첨 등이 선조를 해쳤다고 보기에 충분하다고 한다.

그러나 전하는 이야기는 더 있었다. 광해군이 올린 약밥을 먹은 선조가 중독되어 쓰러졌고, 그의 시신이 검푸르게 변색되었다는 것이다. 이때 독이 든 약밥을 전한 장본인이 개시 김상궁이었고, 따라서 무서운 비밀을 아는 그녀의 정치적 위상이 급상승했다는 말도 있다. 실록에는 선조의 죽음에 대해 자세한 전말이 기록되어 있지 않으나(광해군이 즉위 후 관련 사초를 대부분 없애버렸다고도 한다), 병석에서 일어나 아침까지 멀쩡하게 집무를 보던 선조가 갑자기 쓰러져 곧바로 숨을 거둔 것은 사실이다. 당시 이이첨이 귀양의 명을 받고 있었으나 웬일인지 이틀을 머뭇거리며 유배지로 출발하지 않아, 광해군이 즉위한 후 곧바로 풀려날 수 있었음도 사실이다. 이는 소문이 돌기에 충분한 근거가 되었다.

광해군 즉위 후 곧바로 벌어진 일은 당시 영의정으로서 영창대군을 옹립하려 했다고 지목받은 유영경을 처단하는 일이었다. 유영경은 결백을 주장했으나 소용이 없었고, 그는 유배형에 처해졌다가 반년 만에 자결을 명받았다. 유영경과 그의 측근들이 타도됨으로써 소북小北세력이 크게 위축되었고, 이이첨은 이 일로 정운공신에 녹훈되었다.

그 다음 타깃은 임해군, 임해군은 광해군과 같이 공빈 김씨 소생인 광해군의 동복형이었다. 그러나 성품이 무도하다 하여 후계자 결정 과정에서 소외되었는데, 그가 무기와 무사들을 은밀히 모으며 역모를 꾸미고 있다는 소문이 돌았다. 그를 역모로 다스리는 일은 허균의 형 허성과 광해군의 처남 유희분이 앞장섰으며, 이이첨은 언론3사에서 탄핵을 주도했다. 끝내 강화도에 위리안치된 임해군은 1년여 만에 죽었다. 전하는 말로는 그를 감시하던 이정표가 그의 목을 졸랐으며, 그것은 이이첨의 밀명에 따른 것이었다고 한다. 그에게 임해군의 옥사는 익사공신의 자리를 안겨주었다.

그 뒤 4년이 지나(1612), 이번에는 김직재의 옥사가 벌어졌다. 발단은 김제세라는 사람이 공문을 위조했다는 사소한 사건이 있었는데, 이것이 김백함과 그의 아버지 김직재가 팔도에서 사람을 모아 대대적인 반란을 준비 중이라는 역모 사건으로 비화되었다. 광해군의 친국 과정에서 김백함은 광해군의 조카가 되는 진릉군을 왕으로 추대하려 했다고 자백한다. 김직재 부자는 거열형車裂刑에 처해졌고, 진릉군은 유배지에서 죽었다. 이 일에 연루되어 처벌된 100여 명이 대부분 소북파여서, 소북은 거의 재기 불능에 가까운 타격을 받았다. 또한 임해군 옥사 이후 줄곧 관대하게 다스려야 한다는 '전은론全恩論'을 펼쳐온 이항복, 이덕형 등 서인과 남인들의 입지도 크게 좁아졌다. 역시 삼사에서 강경 노선을 고집한 이이첨이 이끄는 대북이 바야흐로 최강의 당파가 된다. 이이첨 역시 형난공신이 되었다.

피비린내 나는 옥사는 그것으로 끝이 아니었다. 끝은 아직 멀었다. 1년 만에 '칠서七庶의 옥獄'이 일어난다. 박응서, 서양갑, 심우영 등 7명은 고관들의 서자로서 벼슬길이 막힌 것에 울분을 품고 함께 술 마시며 주유하여 '강변칠우'로 알려졌다. 그들이 시비 끝에 어느 은銀상인을 살해함으로써 검거되었는데, 이이첨은 이 일을 부풀려 역모 사건으로 만들어냈다.

고문을 못 이긴 서양갑 등이 "인목대비의 아버지 김제남이 역모를 일으켜 영창대군을 왕으로 추대하려 했다"고 자백하자, 다시금 피바람이 몰아친다. 국구國舅로서 연흥부원군의 직함을 가졌던 김제남은 사지를 찢는 참형에 처해졌다. 영창대군은 귀양을 갔고, 유배지에서 의문사했다. 역시 이이첨의 지시를 받은 감시인이 그를 방에 가둔 채 불을 계속 때이, 쪄 죽게 만들었다고 한다. 인목대비 역시 그대로 두면 안 된다는 주장이 나왔다. '폐모론'의 시작이었다.

역모 혐의를 받은 왕의 형제가 처단된 일은 이전에도 있었지만, 계모라고는 해도 엄연한 모후를 내쫓는 일은 없었다. 더군다나 상하의 명분을 강조하는 유교 사회에서 폐모론은 결코 쉬운 이야기가 아니었다. 심지어 대북파 내에서도 반대가 나왔다. 그러자 이이첨은 일종의 여론 조작까지 감행했다. 일반 서민이나 무인, 하급 관리 등이 인목대비를 폐하라는 상소를 3개월간 연이어 올리도록 한 것이다. 다른 사안은 아니고 폐모론인데, 이들이 순수하게 자신의 뜻으로 모후를 처단하라는 상소를 올렸을 것 같지는 않다. 뒤이어 조정의 논의에서 이이첨은 이렇게 호통을 쳤다.

"이는 국가의 대사다. 여기에 반대하는 자는 신하가 아니다!"

결국 인목대비를 서궁에 유폐하고 대비의 직첩을 빼앗아 선왕의 후궁으로 강등시키는 선에서 마무리된 이 폐모론의 여파는 컸다. 그동안 관용론을 견지하다가 적극적인 반대에 나선 이항복 등이 귀양을 가고, 소북에 이어 서인과 남인 세력까지 뿌리 뽑힘으로써 대북 독재가 실현되었다. 조정에 대북 이외에는 외척인 유희분과 박승종에게 기댄 소북의 잔당이 남아 있을 뿐이었다. 그것은 단지 수적인 우위 이상이었다. '폐모살제'를 단행하고, 신뢰했

역사의 승자가 그들을 간신으로 몰았다

던 원로대신들을 차례로 떠나보낸 광해군은 달리 의지할 세력이 없었다. 이이첨은 이제 유일하게 남은 '왕의 남자'였고, 대북파만이 왕을 지키는 충신들이라 자처할 수 있었다.

이 모든 과정에서 이이첨은 중심인물로 지목되었다. 임해군이나 영창대군의 죽음은 그와 무관했을지도 모른다. 그러나 역모에 휘말린 왕자들이 귀양만 갔다 하면 목숨을 잃는 일이 자연스럽다고 할 수는 없으며, 그것이 인위적이었다면 대북파의 사실상 영수였던 그의 손에서 나왔을 가능성이 높다. 그리고 이이첨이 대사헌의 자리에 앉아 시종일관 강경책을 주도했음은 의문의 여지가 없다.

폐모 논의 후 대사헌에서 대제학으로 자리를 옮긴 이이첨은 역사마저 '숙청'했다. 본래 삼정승 이하 수십 인이 각 부서 대신들이 합의해서 뽑게 되어 있었던 사관을 그 자신의 독단으로 뽑아, 자신의 구미에 맞게 사초를 편집하게 했던 것이다. 이것은 인조반정 이후 선조 이래의 실록을 믿을 수 없다며 『선조수정실록』을 편찬하는 명분을 주게 된다.

이이첨은 개혁파였나?

이이첨은 이렇게 변명할지도 모른다.

"모든 것은 임금과 국가를 위해서였다. 역모의 가능성은 분명히 잠재해 있었다. 나는 그것을 드러내고 뿌리 뽑았을 따름이다. 임해군이나 영창대군에게 왕위가 돌아갔다면, 개혁은 중단되고 임진왜란의 상처에서 간신히 회복 중이던 이 나라는 수렁에 빠지고 말았을 것이다."

일리는 있다. 하지만 이이첨의 행동이 오로지 광해군과 국가를 위한, 또는 '개혁을 위한' 충정에서 나왔다고만 볼 수 있을까?

이이첨이 광해군의 대표적인 개혁정책에 반기를 든 것은 먼저 호패법이다. 인구를 정확히 파악하고 조세와 징병의 기준으로 삼기 위한 호패법은 임진왜란 후 호적대장이 다수 불타 버린 당시 상황에서는 국가에 꼭 필요한 조치였다. 그러나 이이첨은 여러 가지 부작용을 들어 호패법에 완강히 반대했으며, 결국 얼마 후 중단되도록 했다.

그가 호패법에 반대한 데에는 자신과 정인홍의 세력기반을 유지하려는 속셈이 있었다. 당시 정인홍은 임진왜란 때의 의병을 그대로 유지하며 사병私兵처럼 거느려 합천 일대에 큰 세력을 형성하고 있었다. 이이첨 역시 평안도 쪽에 세력을 갖고 있었다. 그러나 호패법을 실시하면 그 기반이 무너질 수 있었던 것이다. 또한 지방 호족들이 거느리던 민병들이 국가의 병졸로 흡수되면 당시 병권을 쥐고 있던 이항복의 힘이 커질 수 있다는 계산 역시 작용했다.

이이첨이 더욱 '반개혁적'인 행동을 보인 것은 광해군의 '중립외교'에 반대하고 친명배금 노선을 강력히 주장한 것이었다. 그는 명나라를 "부모의 나라"라고 부르면서, "임진왜란에서 구원해 준 은혜를 생각할 때, 요청이 없어도 먼저 달려갔어야 했다"며 후금에 대한 명나라의 출병 요구에 적극 호응하고 나섰다.

이이첨을 긍정적으로 재조명하려는 사람들은 이것이 단지 표면적인 제스처에 불과했으리라고 본다. 그러나 명나라는 부모의 나라이며 우리는 "자식된 도리"를 다해야 한다는 그의 발언은 이미 선조 시절 하급 관리로 복무할 때부터 나왔다. 선조를 따라다니며 보고 들은 경험에서 "우리나라 군대는 한 일이 없고 오직 명나라의 도움으로 멸망을 모면했다"는 선조의 인식을 공유한 결과였을지도 모른다.

그는 마침 명나라 황후가 승하했을 때 광해군이 정전에서 음악을 연주하도록 한 것을 "자식 된 도리에 어긋난다"며 반대하기도 했다. 이이첨이 인목대비를 폐위해야 한다며 내세운 대비의 10가지 죄목 중에는 "후금과 몰래 통하여 명나라를 배반하려 했다"는 것도 있었으며, 폐모 여부에 대해서도 당장 폐위해야 한다는 허균에 반대하며 명나라에 가부를 문의해야 한다고 했다. 원정군 사령관 강홍립이 후금에 항복하자 그의 가족들을 처단할 것을 주장했고, 후금에서 온 강화 사절의 목을 베고 가져온 서한을 불태워 버려야 한다고도 했다.

또한 호패법, 중립외교와 함께 광해군의 3대 개혁정책으로 꼽히는 대동법에 대해서도 이이첨은 반대는 안 했으나 그것을 입안하지도, 지지하지도 않았다. 대동법 실시는 한백겸, 이원익, 이

항복 등 비非 대북 중신들에게서 나온 정책이었다.

사실 광해군의 개혁정책이라는 것들은 대부분 그의 재위 초기, 조정이 서인, 남인, 소인, 대북에 의해 균형을 이루고 있었을 때 나왔다. 이이첨이 잇단 옥사를 통해 다른 당파를 내몰고 대북독재를 실시한 이후 광해군의 행동이란 폐모살제 못지않게 비난을 받은 무리한 궁궐 공사밖에 없다.

결별, 그리고 몰락

이이첨이 강력히 주장해서 강행한 출병이 실패로 돌아감에 따라, 광해군은 이이첨을 전처럼 신뢰하지 않게 된다. 이이첨이 신뢰를 잃은 이유에는 다른 것도 있었다. "유일하게 순수한 왕의 친위세력"이라 자부하던 대북 내부에서도 역모 사건이 발생했던 것이다.

우선 광해군 5년에 있었던 신경희의 옥사는 이이첨으로서도 당황스러운 해프닝이었다. 정인홍의 제자이며 이이첨과 너나들이하는 사이였던 신경희가 능창군을 추대하는 역모를 꾀했다는 것인데, 사건의 앞뒤가 모호하여 조작된 냄새가 났다.

어쩌면 대북의 집요한 공세에 맞선 반대파의 함정이었을 수도 있는 이 옥사는 결국 이이첨의 노력으로 신경희만 사사되고 대북은 거의 피해를 입지 않으며 끝났다.

그러나 3년 뒤, 이번에는 허균이 역모 혐의를 받는다. 조카사위가 되는 의창군을 왕으로 추대하려 했다는 것이었는데, 이번에도 근거가 빈약했다. 허균의 딸이 세자의 후궁으로 간택되었는데, 세자빈이 후사를 생산하지 못했기 때문에 차기 세자빈이 될 가능성이 꽤 높았다. 그런 마당에 이제껏 내내 폐모론의 선두에 서서 광해군을 지지해 온 허균이 새삼 반역하려 했을까?

허균의 옥사에 이이첨이 깊이 개입했는지는 분명하지 않다. 한 가지 근거는 있다. 허균의 딸에게 밀릴 가능성이 있었던 세자빈이 바로 이이첨의 연줄이었다는 것. 하지만 그것만으로 '평생 동지'인 허균을 나락으로 떨어트리려 했을까?

그러나 이이첨이 허균을 직접 모해하지는 않았더라도, 최소한 그는 허균에게 의리를 다하지 않았다. 이전에 칠서의 옥에서는 허균의 연루설을 막아주었던 그가 이번에는 처음부터 발을 뺐다. 광해군에게는 "소신은 허균과 아무런 상관이 없습니다. 그를 잘 알지도 못합니다"며 뻔한 변명을 늘어놓았다. 그리고 추국推鞫도 제대로 거치지 않고 부랴부랴 옥사를 마무리하여, 허균을 형장의 이슬로 사라지게 했다. 공초 과정에서 허균이 이이첨의 비리를 털어놓는 것을 막으려 했다는 추측이 제기된다.

광해군은 이제 이이첨을 믿지 않고 있었다. 그 사실은 이이첨이 명나라에 가는 사절로 잠시 자리를 비웠을 때 확인되었다. 김시추라는 경상도의 생원이 다른 유생들과 함께 이이첨을 탄핵하는 상소를 올렸다. 당연하다는 듯 언론3사는 이이첨을 변호하며 김시추를 처벌하라고 했다. 그런데 광해군이 미온적인 반응을 보였던 것이다. 낌새를 알아차린 언론3사는 재빨리 입장을 바꿔 이이첨을 처벌하라는 주청을 올렸다.

이 일은 결국 유야무야되었지만 이이첨은 불안하기만 했다. 그는 그래서 이제까지의 방침을 바꾸어 타 당파에 포용책을 쓴다. 소북의 잔존세력인 유희분, 박승종에게 합작을 제의하고, 퇴출시켰던 서인과 남인 세력까지 일부 재등용하기로 한 것이다. 이는 불만세력을 달래는 동시에 광해군의 반대파가 아직 건재함을 보여줌으로써 역으로 자신과 대북의 가치를 왕에게 재인식시키는 고도의 정치 술수였다.

하지만 결국 그 결정은 정계에 재등장한 서인과 남인이 힘을 키워 3년 만에 정권을 뒤엎도록 하는 결과를 초래했다. 광해군의 신뢰를 되찾는 데도 실패했던지, 인조반정이 일어나자 광해군의 첫마디는 "이이첨의 짓인가?"였다고 한다. 이이첨의 세력과 폐모살제 등의 과정에서 이이첨이 갖게 된 여러 비밀 정보가 마음에 걸려 그를 제거하지는 못했지만, 이미 이이첨은 광해군에게 동지보다 적에 가까웠던 것이다. 수십 년 전, 젊은 세자와 신하로서 서로의 상처를 달래주며 우정을 다지던 세월과는 니무 차이가 나는 마지막이었다.

이이첨은 달아나 이천 시골집에 숨어 있다가 붙잡혔다. 그는 처형장에서 "하늘이 나의 무죄를 내려다보고 계실 것이다. 살아서는 효자이고 죽어서는 충신이다"라고 외쳤다고 한다.

그러나 하늘은 그냥 내려다보기만 했다. 백성들은 목을 잘린 그의 시신에 달려들어 갈가리 찢었다.

파괴의 리더십

간신으로 지목된 다른 사람들에 비해 이이첨은 "탐욕스러웠다"는 평가가 별로 없다. 일부 개간지를 사유지로 전용하고 목릉의 나무를 도벌해 사택을 짓는 데 썼다지만 확실한 근거가 없고, 그나마도 윤원형이나 한명회에 비하면 시빗거리도 되기 힘들다. 단지 그의 위세를 믿은 종자들이 "나는 이이첨 대감의 사람이다"라며 지방에서 행패를 부린 일은 종종 있었던 것 같다. 이이첨 자신은 늘 베옷을 입고 지냈으며, 집에는 사방을 책으로 둘렀을 뿐 전혀 화려함이 없었다고 한다. 여기에 여색女色 문제는 소문조차 남아 있지 않다. 어쩌면 광해군과 꼬장꼬장한 선비 정인홍의 신임에 기대야 했던 그의 입장 때문에 거짓으로라도 청렴하게 보이지 않을 수 없었을지 모른다.

그런데도 그가 희대의 간신이 되고, 인간 이하라고 매도당하게 된 까닭은 그가 폐모살제를 비롯한 온갖 패륜과 살육의 장본인이었기 때문이다. 폐모론에 반대하다가 그에게 밀려났던 신익성은 이이첨을 "명분을 범하기에 거리낌이 없는 자"라고 불렀다. 실록은 "간사하고 악독한 성품으로 오직 공격하고 해치는 것을 능사로 삼았다"고 평했다.

이이첨은 분열과 파괴의 리더십을 추구했다. 자신과 뜻을 달리하는 세력을 포용하고 타협하려 하지 않고, 중도세력까지 '적'으로 지목하고 배척함으로써 반격당할 가능성을 최소화하고 자파의 결속력을 극대화한다.

많은 혁명 정부는 집권 후 정세가 불안해질 때마다 "구 기득권 잔당의 음모"라며 새로운 적을 찾아내고 무참히 숙청한다. 그렇게 하여 반대파들은 숨을 죽이도록 하고, 집권세력은 경각심과 함께 손에 피를 묻힌 동지라는 생각에 더욱 유대를 강화한다. 그러나 억누르면 억누를수록 반발하는 힘도 커진다. 당초 광해군에게 우호적이었던 일반의 여론은 이이첨이 주도한 폐모살제를 보며 고개를 돌렸고, 서인과 남인의 한도 뼈에 새겨졌다. 임금의 신임도 지나치게 거듭되는 옥사 속에 부식되어 갔으며, 마침내 그의 행동에 일부 모순이 발견되자 급격하게 총애가 식어갔다. 최후에 상황을 반전시키려 행한 온건책은 때가 늦었고, 도리어 그의 파멸을 재촉했다.

이처럼 그가 극단의 길을 선택한 이유는 무엇일까? 이이첨은 광해군, 정인홍, 허균의 인연만으로도 충분히 출세할 수 있었다. 그러나 그는 끊임없이 불안해했다. 그것은 자신의 보잘것없는 배경에 대한 콤플렉스 때문일 수 있다. 그는 이런 말을 자주 입에 올렸다.

"신은 홀로 어떤 사람인지 매번 어렵고 험한 일을 당할 때마다 앞사람과 부딪치고 뒷사람과 거슬려 모든 증오가 밀어닥치는 바람에 멍이 들어 있습니다."

"신은 평생 동안 뭇사람들이 참소를 자초하여 누차 위태한 함정에 빠졌습니다."

언제 누가 자신을 밀어낼지 모른다, 벽의 흙을 갉아먹는 비참한 처지로 돌아가게 될지 모른다는 불안은 남에 대한 끝없는 의심을 일으켰고, 내가 당하기 전에 남을 먼저 쳐야 한다는 행동을 불러왔다. 그 방침은 그 자신뿐 아니라 그의 지지기반인 대북파, 그리고 광해군 정권의 안위에 대해서도 적용되었다.

이이첨이 이른바 '서민 출신'이며 당시 '기득권에 저항'했다고 하여, 그리고 광해군의 '개혁'을 지지하는 친위세력이었다고 하여 그를 명예회복시켜야 한다는 사람들이 있다. 그러나 그는 최소한 충실한 개혁의 지지자는 아니었다. 그의 행동이 사적인 이익을 위한 것이 아니라고 볼 근거가 희박하며, 아무튼 그가 취한 행동은 지나치게 극단적이었다.

우리는 어떠한 경우에도 분열과 파괴의 리더십을 피해야 한다. 그것이 설령 순수한 의도에서 비롯되었다 해도, 결국 강력한 반발을 불러와 조직과 대의를 모두 상하는 결과를 초래하기 때문이다. 그리고 진짜 개혁파와 단지 개혁을 명분으로 자신의 이익을 추구하는 '가짜'를 구분해야 한다.

간신의 수법이 통하는 이유

간신은 자기 생각은 일체 숨기고 군주의 뜻과 영합하는 것에만 힘쓰는 자이므로 군주와 간신이 서로 거슬린다는 점은 아직 듣지 못하는 바입니다. 이것이 바로 신하 된 자가 군주에게 총애받고 점점 출세할 수 있는 까닭입니다.

군주는 간신과 필시 의견이 꼭 같으니 언제까지나 자기 마음과 일치되고 있으리라 생각하게 돼 아무 말이나 믿어버리고 맙니다. 이것이 곧 그 간신이 군주를 속이고 사익을 이루게 되는 까닭입니다. 이러하기에 위로는 군주를 반드시 속이는 결과를 가져오고 또 반드시 아래로부터 중요한 인물로 여겨지게 되는 것입니다.

『한비자韓非子』

모든 기준은 '대세'
부귀영화만이 길이다

송유인
홍복원
유자광
김자점
이완용

나라가 망하는 과정에서 많은 사람이 변절을 하고, 대세에
순응했다. 그러나 막상 총대를 메게 될 때는 머뭇거렸다. 언제나
냉정함을 잃지 않고, 대대로 악명을 떨치게 되리라는 예측
속에서도 앞장서서 악역을 떠맡은 장본인은 이완용이었다.

송유인

? ~ 1179

고려시대의 무신. 태자부지유, 위장군, 대장군, 형부상서, 수사공, 상서복야, 문하시랑평장사, 동중서시랑평장사, 병부판사 등을 지냈다. 처음에는 문관과의 교재로 대장군에 올랐다. 무신의 난 이후에는 정중부의 사위가 돼 권세를 휘둘렀다. 경대승의 거사 때 정중부와 함께 살해되었다.

好

정치든 기업 경영이든 결국은 어떤 사람을 어떻게 쓰느냐에 성패가 달려 있다. 시스템이 어떻고, 기술력이 어떻고 간에 그것을 운영하는 것은 결국 사람이기 때문이다. 지난 시절, 고 이병철 삼성그룹 회장은 인재경영을 경영의 핵심으로 간주했기에 직원 채용 시 관상쟁이까지 대동했다던 유명한 일화를 남겼다.

그런데 사람을 안다는 것, 그것은 간단치 않다. 사람은 누구나 남에게 잘 보이고자 한다. 그래서였을까. 전국시대 진나라의 실력자 여불위가 천하의 지식을 끌어모아 편찬했다는 『여씨춘추』에는 '사람을 관찰하는 8가지 방법'이라 하여 '팔관법八觀法'이 실려 있다. 그 중 3가지는 지금도 유효한 내용인 것 같다.

- 친해진 다음 그가 말하는 중에 드러내는 뜻에 주의한다.
- 실의에 빠졌거나 좌절에 빠졌을 때 그의 지조를 본다.

257

- 가난할 때 그가 무엇을 하고 무엇을 하지 않는지, 가난 때문에 이리 저리 휩쓸리지 않는지를 살핀다.

핵심은 변화의 와중에 그가 어떤 모습을 보이는가를 알면 사람을 알 수 있다는 것이다. 그래서 "집안이 가난하면 현처가 생각나고, 나라가 위기에 닥쳤을 때는 충신이 생각난다"고 했던 것일까. 세월이 흐르고, 세상이 변할 때 사람의 진면목이 나오기 마련이다. 처세란 것도 세상과 사람의 변화에 맞춰 어떻게 대처할 것인가 하는 문제다.

처세와 변신의 달인

그런 점에서 송유인이란 인물은 일반인들에게는 잘 알려져 있지 않지만, 시세 변화에 발빠르게 대처해 평생을 양지의 한가운데서 살다 간 대표적인 인물로 꼽을 수 있다. 한마디로 변화관리와 위기관리의 달인이라고 할까?

송유인은 고려 무인정권기의 권세가로 정중부 정권의 2인자였다. 그런데 정작 송유인은 무신의 난에 참여하지 않은 무신이었다. 한마디로 5·16쿠데타 때의 '혁명세력'도, 12·12쿠데타 당시의 '신군부'도 아니면서 군사정권의 2인자가 된 셈이다. 그의 놀라운 변신 능력 덕이었다.

송유인은 인종 때 그의 아버지가 이자겸의 난을 진압하는 과정에서 목숨을 바친 공으로 정8품 무관직인 산원散員 벼슬을 받아 관직 생활을 시작했다. 산원은 200명 정도의 병사를 지휘하는 위관급 장교에 해당한다. 이어 그는 태자부 지유指諭(호위직)로 임명되었다가 장군으로 임명되었다. 당시 태자는 뒤에 무신의 난을 당한 의종이었다. 권부의 요직에 들어간 셈인데 여기서 그는 태자의 편애를 받았다. 출셋길이 열린 셈이다.

그런데 태자의 편애에만 맘을 놓을 수 없었는지 송유인은 목적이 뚜렷한 혼사로 출세기반을 더욱 탄탄하게 닦았다. 그의 결혼 상대는 송나라 상인 서덕언의 처였다. 근본이 천인이었던 그녀에게는 거만巨萬의 재산이 있었다고 한다. 서덕언과 이혼한 뒤 받은 위자료인지 사별한 뒤 받은 상속재산인지 뚜렷하지 않지만 어쨌든 상당한 재산가였고, 송유인은 그것을 보고 결혼한 것이다. 신분 차이에 상관하지 않고 말이다. 송유인은 아내의 재산을 밑천으로 환관에게 뇌물 공작을 펴 3품직을 얻었다. 뇌물 액수는 백금 40근.

이런 송유인은 얼마 뒤 출세의 발판으로 활용했던 아내를 헌신짝처럼 버렸다. 무신의 난이 있기 전 송유인은 대장군으로서 당시의 주류세력이었던 문신들과 친하게 지냈다. 알다시피 무신란 이전에 무인세력은 마이너리거들에 불과했다. 당연히 무신들은 문신에 빌붙는 송유인을 미워했다. 그런데 무신란으로 세상이 하루아침에 바뀌자 송유인은 불안할 수밖에 없었다. 송유인은 재빨리 그의 아내를 섬으로 내쫓고는 실력자 정중부의 딸과 결혼했다.

정중부로서도 하위직 무신들이 중심을 이룬 무인정권에서 무관 최고위직에 있던 송유인과 결속한다는 것은 권력 기반을 크게 강화하는 효과를 얻을 수 있었다. 당시 송유인의 나이는 예순 전후로 추정된다. 당시 정중부는 64세. 정략결혼의 냄새가 물씬 풍기는 정황이다.

여담이지만 무인정권기에는 출세를 위해서든, 돈 때문이든 아내를 미련 없이 버리는 못난 사내가 많았다고 한다. 최씨 정권의 사조직인 도방의 마별초는 당시의 명품인 몽골풍 말안장이나 옷을 사주지 못하는 아내는 소박해 버렸다. 요컨대 명품 스포츠카를 사줄 형편이 안 된다고 아내를 버린 것이다.

"나는 변칙, 당신은 반칙?"

어쨌든 정중부의 사위가 됨으로써 송유인은 출세가도를 달리며 권력의 달콤함을 맛보게 된다. 명종 초인 1170년대 초에는 서북면 병마사가 되었다. 지금도 평안도 지역을 관할하는 직책이다. 그런데 당시 서북 지역은 묘청의 난 이후 지역 차별이 더욱 깊어져 지역민의 불만이 내연하던 상황이었다. 송유인이 부임한 이후에는 서북면 관내인 창주(지금의 평북 창성), 성주(지금의 평남 성천), 철주(지금의 평북 철산)에서 소요 사태가 일어났다. 송유인은 이를 진정시킬 자신이 없자 병을 핑계로 교체를 청해 개경으로 복귀했다. 관직의 달콤함만 맛볼 줄 알았지, 직무에 대한 책임감은 희박했던 것이다. 통상 지방관으로 파견돼 문제를 해결하지 못하고 병을 핑계로 올라오게 되면 처벌받거나 최소한 좌천되기 마련이었다. 그러나 송유인은 장인 정중부의 힘으로 오히려 추밀원 부사 겸 병부상서(국방부 장관)로 승진해 인사를 좌우했다.

간신배의 한 특징은 사익을 위해 규정을 무시한다는 것이다. 벼슬 욕심에 끝이 없었던 송유인은 재상의 반열에 서고 싶었다. 정3품 병부상서에도 만족하지 못했던 것이다. 그의 직위는 수년 동안 상서직에 머물러 있었다. 당시 그의 장인 정중부가 정서문하성 총재인 문하시중으로 있었기 때문에 장인과 사위가 같은 재상 지위에 오르는 못하게 하는 '친혐親嫌' 규정에 걸렸던 것이다. 이 규정은 친인척이 같은 지위에 오르지 못하게 함으로써 관직의 사유화를 막기 위한 장치였다. 그러나 고분고분 규정이나 지키고 있을 송유인이 아니었다. 그는 은밀하게 환관에게 손을 써 정2품 상서복야尚書僕射의 자리를 손에 넣었다. 정2품이면 재상의 반열이다. 송유인은 로비를 통한 편법승진의 길을 거리낌 없이 택한 것이다.

웃긴 것은 그런 송유인이 정적을 공격할 때는 예외 없이 규정 위반을 내세웠다는 점이다. 그는 정적의 사소한 규정 위반에도 원칙을 내세워 중벌을 청했다. 당대의 인망 높은 선비로 추밀원 고위직에 있던 한문준이 그 자신도 아닌 한 병사의 자리를 마련해

주기 위해 직접 송유인을 찾아온 일이 있었다. 그러자 송유인은 한문준에게 화를 내며, "그대는 추밀원의 대신인데 사사로이 집정 대관의 집을 찾아다니니 왕을 보좌하는 신하로서 기대했던 바와 다르다"며 사뭇 엄격한 말로 한문준을 규탄했다. 기개 높은 선비나 된 듯 말이다. 로비와 뇌물 수수의 달인인 그가 이런 말을 하니 웃지 않을 수 없는 일이었다. 그의 정적이자, 명성이 높았던 한문준을 시기하던 차에 '제대로 걸려들었다' 싶어 마음껏 모욕했던 것이다. 모욕에 그친 것이 아니라 왕에게 처벌을 집요하게 요구해 좌천되게끔 했다.

송유인은 이에 그치지 않고 인망 높은 학자였던 추밀사 문극겸 역시 명종이 행차할 때 호종扈從(수행)하지 않았다 하여 죄줄 것을 강력히 청했다. 당시 문극겸은 상중이라 호종하지 못했다. 고려의 예법에 의하면 상중에는 국왕 행차에 호종하지 않아도 됐던 것이다. 그러나 송유인은 이를 무시하고 집요하게 처벌을 요구해 결국 문극겸을 좌천시켜 버렸다.

변화경영의 대가?

본래 간신이란 국왕에게 간사한 짓으로써 총애를 얻어 국정을 농단하는 자를 일컫는다. 그러나 국왕의 권위가 땅에 떨어진 시기에는 서슴없이 왕권을 무시하고 권력을 농단하는 자를 일컬어도 될 것이다. 송유인이 바로 그랬다. 이런 일이 있었다.

팔관회 때 고려 국왕은 각 성省(부처) 재상들에게 화주花酒를 내려주는 게 관행이었다. 의종의 뒤를 이어 왕위에 오른 명종 때도 왕은 내시 태부소경大府少卿 정국겸을 시켜 각 성의 재상들에게 화주를 내려주었다. 그런데 송유인은 이 화주를 조금 늦게 보냈다 하여 불같이 화를 내며 받지 않았다. 이에 명종은 승선(국왕 비서)을 보내서 간곡히 송유인을 달래야 했고, 그제야 송유인은 마지못한 듯 화주를 받아주었다. 정국겸은 화주를 늦게 전달한 죄로 탄핵을 받아 내시적內侍籍에서 삭제되었다. 정국겸은 송유인의 힘을 알았고, 그에게 온갖 아부를 한 뒤에야 간신히 복직되었다. 정상적으로 국가가 운영되는 시기였다면 상상하기 힘든 일이었다.

무신란 이후 송유인은 정중부 다음가는 권력의 2인자로서 아예 왕의 별궁인 수덕궁을 빌려서 살았는데 부귀와 사치가 왕실 못지않았다. 이쯤 되면 앞서 말한 팔관법을 떠올릴 것도 없이 송유인의 인간됨을 알 수 있었을 것이다. 역사에 가정이 없다지만 만약 정중부가 최충헌만큼의 정치력이 있었다면 송유인과 파트너십을 맺지 않았을 것이다.

앞서 소개한 팔관법 중

1. 순조로울 때 그가 어떤 사람을 존중하는가를 살핀다.
2. 높은 자리에 있을 때 그가 어떤 사람을 추천해 기용하는지를 살핀다.

3. 부유할 때 어떤 사람을 접촉하는지, 즉 어진 사람을 기르는지 간사한 자를 기르는지를 살핀다.

4. 가난할 때 그가 무엇을 하고 무엇을 하지 않는지, 가난 때문에 이리저리 휩쓸리지 않는지를 살핀다.

등 4가지 항목에서 그는

1. 힘있는 자를 존중하고,

2. 뇌물을 바치고 아첨하는 자를 추천하고,

3. 부유할 때는 권세 있는 자에게 뇌물을 바치고,

4. 가난할 때는 출신을 가리지 않고 오로지 돈 있는 여자를 택해 결혼을 했다. 그리고 버렸다.

아마도 정중부가 파트너십을 맺었던 무신란 직후라 하더라도 그의 인간적 품격은 충분히 알려져 있었을 것이다. 물론 정중부나 송유인이나 뇌물을 좋아하고, 권세 부리는 것을 좋아했다는 점에서는 똑같은 인물이니 가정할 필요도 없겠다. 어쨌든 송유인을 파트너로 택했던 것은 정중부 정권 단명의 주요 원인이었다.

권력의 향배와 시세 변화에 민감하게 반응했던 그도 권력의 정점에 다다랐을 때는 그 끝을 몰랐던 것 같다. 송유인의 권력을 지탱해 주었던 정중부 부자는 명종의 딸 수안공주에게 장가들 것을 고집했다. 초혼도 아닌 세 번째 결혼을 공주와 하고자 했던 것이다. 자연 명종은 전전긍긍했고, 조정의 대신들도 반발했다. 소장파 무인에 대한 통제력이 눈에 띄게 떨어졌다. 무관의 권한을 무신란 이전으로 되돌려 무관이 진출할 수 있는 관직을 제한하는 조치로 하급 무신의 반발이 노골적으로 터져 나오는 사건도 있었다.

또 앞서 밝힌 대로 문극겸과 한문준을 터무니없는 이유로 탄핵해 문신들의 반발도 더욱 거세지고 있었다. 하급 무신, 문신, 왕실, 일반 백성 등이 모두 등을 돌리는 위기상황이 조성되었던 것이다. 그러나 "재상 이하가 숨을 크게 못 쉬고 고양이 앞에서 쥐걸음을 하면서 눈을 흘겨볼 뿐이었다"는『고려사』의 표현대로 권력의 실세 앞에서 감히 반발감을 표시하는 사람들은 없었다. 정중부와 송유인 등은 권력이 뿜어내는 광채에 눈이 멀어 위기상황을 감지하지 못했다. 세세만년 권력이 영원할 것으로 착각했던 것이다.

그러나 몰락은 순간이었다. 정중부 부자와 송유인의 전횡에 분노하며 때를 기다리던 경대승은 치밀하게 전략을 짜고 결사대원을 규합했다. 그리고 거사 당일 불과 30명의 결사대로 정균을 처치한 뒤 궁궐의 금군(왕실 경호대)을 얻어 정중부 일파를 잡아 죽였다. 송유인과 그의 아들 역시 도망가다 경대승이 이끄는 금군에 잡혀 죽었다. 그리고 그의 목은 잘려 효수되고 말았다. 비참한 말로였다.

변화경영과 위기관리는 기업과 비즈니스맨의 생존 철칙이다. 송유인은 어떤 점에서는 변화에 훌륭히 대처했고, 위기를 기회로

포착해 내는 위기관리의 달인이라 할 수 있다. 그러나 그는 전략적 목표, 즉 궁극의 목적이 무엇인가를 간과했다. 벼슬과 권력이란 것은 자신에게 확보된 영향력을 통해 세상을 바꾸는 것, 곧 일을 하기 위한 수단에 불과한 것이다. 누리라고만 있는 것은 아니다. 생존과 출세에 모든 것을 걸어 거기에 성공을 거둔 뒤에는 운용의 원칙과 방법을 몰랐던 것이다. 그것이 그가 몰락한 원인이었다.

모든 기준은 '대세' 부귀영화만이 길이다

홍복원 3대

고려시대에 원나라에 귀화한 무장. 조부인 홍대순, 부친인 홍복원 모두 일찌감치 원에 귀화한 뒤 고려 침략의 선봉에 선 부원파였다. 고려에 들어와 봉주에 둔전총관부를 설치했고 삼별초의 난을 토벌했다. 원나라가 일본 정벌을 계획하자 조선공사를 가혹하게 독촉했고 제2차 일본 정벌 때 태풍으로 군사를 잃고 돌아갔다.

奸

고려시대 원 간섭기는 뒤틀린 시대였다. 간접지배란 형태였지만 원의 간섭을 받아야 했던 시기였던 만큼 정치는 한껏 왜곡되었다. 물론 대몽항쟁기에는 어려운 상황 속에서도 유·무명의 많은 장수와 병사들이 격렬한 전투를 벌였다. 그리고 몽골군의 말발굽 아래 숱한 민초들은 짓밟히고 수탈당했다. 그러나 이런 민족의 수난기에 나라 안팎에서는 민족을 배반하고 적의 품에 안겨 고려 침공의 앞잡이가 되었던 인물들이 적지 않았다. 이런 자들을 가리켜 부원배라 하였다. 일제강점기 친일부역자로 활동했던 다수의 친일파의 행각과 이들의 행위는 동일 선상에 있었다.

이들 중 가장 먼저, 그리고 뿌리 깊게 부원활동을 한 자는 홍복원 3대였다. 그의 아버지 홍대순은 고종 5년(1218) 몽골군이 강동성으로 쫓겨왔던 거란 잔당을 칠 때 마중 나가 몽골군을 받아들였다. 그의 아들 홍복원 역시 18년(1231) 몽골의 1차 친입 때 강동성에서 문을 열고 몽골군에 가장 먼저 항복한 선진적인 부원배였다. 그는 항복한 데 그치지 않고 몽골군의 길잡이가 되어 침략의 향도 역할을 자임했다.

홍복원은 고종 20년(1233) 서경의 낭장郎將으로 있을 때는 아예 반란을 일으켜 서경 땅을 몽골에 바치고자 하였다. 필현보와 함께 선유사 대장군인 정의와 박록전을 죽이는 반란이었다. 그러나 이 시도는 최이가 가병家兵 3천을 보내 필현보를 잡아 요참형腰斬刑에 처하면서 실패로 끝났다. 홍복원이 원으로 도망가자 최이는 그의 아비 홍대순과 처자 및 동생 홍백수를 포로로 잡았다.

원으로 간 홍복원은 가만히 있지 않았다. 고려를 치라며 끊임없이 원을 부추겼고, 원의 고려 침공 때는 앞잡이가 되어 따라 들어왔다. 최이는 홍복원을 회유하기 위해 홍대순에게 대장군 벼슬을 주고, 홍백수는 낭장으로 임명했다. 그러자 홍복원의 고려 괴롭히기는 잠시 줄어들었다. 그러나 홍복원 일가가 고려에 대해 '이를 가는' 일이 발생했다.

인질로 원에 있던 영녕군 순은 홍복원의 집에서 묵으며 후하게 대접받았다. 그러나 영녕군 순은 고려의 왕족이었다. 그의 눈에 홍복원 일가의 부원 반역 활동이 좋게 보일 리 없었다. 게다가 왕족인 자신에 대해 홍복원은 불손한 행동을 서슴지 않았다. 그러자 고종 45년(1258) 영녕군은 원의 황족인 처의 힘을 빌려 홍복원을 관에 고발해 맞아 죽게 하였다. 홍씨 일가의 재산도 몰수되고, 아들인 홍다구도 족쇄와 수갑에 묶여 관에 끌려가야 했다.

홍다구만은 파견하지 말아줬으면

홍다구는 2년 만에 복권돼 고려 군민총관이란 벼슬을 받아 투항한 고려 관민을 통할統轄하게 되었다. 권세를 쥔 홍다구 형제는 아버지를 죽인 개인적 원한을 잊지 않고 고려를 괴롭히는 일이라면 물불을 가리지 않았다. 원종 15년(1274), 원이 일본을 징벌할 때 홍다구는 감독조선관 군민총관으로 고려에 와서는 갖은 횡포를 부렸다. 기일을 엄하게 한정하고는 심하게 독촉을 해 남의 전쟁에 동원된 고려 백성의 고통은 심대했다. 사람을 각 도로 보내 공인工人을 징집해 전국이 소란스러워질 지경이었다.

그가 얼마나 동족을 학대했는지 2차 일본 원정 때는 원의 세조 쿠빌라이에게 홍다구를 감독관으로 파견하지 말아달라는 탄원을 할 정도였다. 충렬왕은 홍다구뿐만 아니라 몽골군의 일원이 된 홍다구의 지휘 하에 있는 고려 군사들도 파견하지 말라는 탄원을 받기까지 했다. 이들은 고향에 들어와서는 몽고족이나 한족 출신의 군인들보다 더한 억압과 수탈을 일삼았기 때문이었다. 오랜 전쟁이 남긴 동족에 대한 학대였다.

홍다구는 2차 일본 원정 때는 감독관이 아닌 정동도원수征東都元帥로 임명되었다. 이때 김방경이 위득유 등의 모함으로 옥에 갇혀 있었다. 홍다구는 김방경을 심문하는 역할을 자임했다. 홍다구는 김방경이 인망이 높은 것을 시기해 그를 제거하고자 했던 것이다. 김방경에게 참혹한 고문을 하여 허위자백을 받아 고려에 죄를 씌우고자 했지만 끝내 김방경은 허위자백을 거부했다. 일본의 역사소설가인 진순신은 홍다구를 "역사상 일종의 기형적 인물"이란 평을 내리기도 하였다.

홍다구 외에도 부원 활동을 적극적으로 한 자들 역시 적지 않았다. 고종 때의 이현은 추밀부사로서 몽골에 사신으로 갔다가 2년 동안 억류당했다. 그는 억류해 있는 동안 몽골군의 장군에게 고려를 침략할 방도를 가르쳐주었다.

"강화에 수도를 두었으므로 추수 전에 육지를 공략하면 세수미를 받지 못해 강화 사람들이 곤궁해질 것이다."

침략군에게는 적절한 조언이었다. 그는 몽골 장굴 야굴의 길잡이가 되어 항쟁하는 산성의 병사들에게 투항을 권유했다. 이현은 고려인 포로들에게서 빼앗은 재물을 모두 자기 것으로 챙겼는데 은비녀만 바구니 하나에 가득 채웠다. 그러나 이현은 회군하는 몽골병을 따라가지 못했다. 이현은 반역죄가 적용돼 기시형棄市刑에 처해져 사람들에게 맞아 죽었고, 그의 아들들은 모두 바다에 던져지는 참형에 처해졌다.

기황후, 고려 공녀 출신으로 음모술수 10단

홍다구 일파가 원 간섭기 전반기의 부원배였다면 기황후 일족은 원 간섭기 후반의 대표적 부원파였다. 기황후는 고려의 공녀 중 가장 크게 출세했던 여성이었다. 그녀 자신이 원순제의 제2황후였고, 그의 아들은 북원의 황제가 되었다. 이를 두고 기황후를 여걸로 보기까지 하는 시각도 있다. 그러나 결론을 미리부터 말하면 기황후는 복잡했던, 그러나 원을 멸망의 구렁텅이로 몰아넣었던 황실 내부 권력투쟁의 1인자였을 뿐이었다.

원나라 말기는 황족 간의 제위 계승을 둘러싼 싸움으로 국력을 소진했다. 이 시기의 원 황실은 환관과 황비, 그리고 유력 척족 간의 음모와 술수가 판치는 아수라장이었다. 기황후는 이 암투 속에서 비정한 술수를 써서 궁중에 권력자로 올라섰던 것이었다. 하지만 그녀가 황후의 자리에 오른 것을 개인의 영광으로 치부할 수는 있어도 고려의 입장에서는 원보다 더한 고통을 주는 불행이었다.

기황후는 행주 사람으로 총부산랑摠部散郎 기자오의 막내딸이었다. 충숙왕 때 원에 공녀로 보내진 뒤 궁녀가 되었다. 그녀가 공녀가 될 수 있었던 것은 원에서 먼저 자리 잡고 있던 고려인 환관 박불화와 휘정원사 독만질아의 도움 때문이었다. 기황후는 정치투쟁에 민감한 궁궐의 여인들, 곧 조선의 명성황후처럼 역사책을 열심히 보면서 권력투쟁을 준비했다. 그녀는 어린 순제를 사로잡아 아들 아유시리다라(뒤의 북원 소종)를 낳았고, 끝내 제2황후에 올랐다. 원의 황후는 몽골족의 2대 유력가문 출신만 오를 수 있는 자리였지만 고려 출신 환관들과 그녀의 술수로 꿈을 이뤄냈다. 이 과정에서 황후인 답날실리를 모역 사건에 연루시켜 죽이기도 했다. 그녀는 권력을 잡는 데 미인계를 쓰기도 했다. 고려 출신 미녀들을 다량 보유한 뒤 이를 원나라의 실력자에게 보냈던 것이다.

모친 생일 잔치 탓에 물가 오르기도

기황후는 권력을 잡자 자정원이란 황후의 부속관청을 설치했다. 이곳에는 고려인 환관만이 아니라 원나라의 고위 관리들도 포함돼 '자정원당'이란 세력을 형성했다. 기황후가 권력을 휘두르던 시기에 원 황실에는 고려 여자가 가득했고, 그녀들이 쓰던 의복, 그릇, 음식 등이 주류 사회의 '명품' 대접을 받았다. 고려 여자를 처첩으로 얻어야 출세할 수 있다는 의식도 퍼져 고려 여성의 주가가 높아지기도 했다.

그러나 기황후의 영광은 고려의 고통이었다. 그녀가 황후의 자리에 오르자 고려에 있던 그의 오빠 기철을 비롯 기씨 일족은 전횡을 일삼았다. 남의 토지와 노비를 맘대로 빼앗고, 국왕을 무시하기 일쑤였다. 기황후의 모친 생일을 위한 잔치에 5천 필이 넘는 베를 써 물가가 오를 시경이었다.

이들 기씨 일가의 벼락출세를 보고는 공민왕 때 권겸이나 노책 같은 자는 자신의 딸을 원순제와 황태자에게 바쳐 태부대감과 집현전 학사가 되기도 했다. 이들은 집단적으로 부역 활동을 일삼았다.

특히 기철은 충혜왕 때는 고려를 원의 한 성으로 만들자는 운동을 벌이는가 하면, 공민왕의 반원자주화운동을 저지하기 위한 갖은 책동을 부렸다. 그러나 기씨 일파는 공민왕 5년(1356)에 반원 정책을 본격적으로 펴기 시작한 공민왕에게 한순간에 제거되었다. 기황후는 아들인 황태자 아유시리다라에게 "네가 나를 위해 원수를 갚아야 한다"며 군사 1만 명을 주고 고려를 공격하게 했다. 그러나 쇠약해진 원의 군대는 고려에 들어오자마자 최영의 고려군에게 대패해 17명만 살아 돌아갈 수 있었을 뿐이었다. 과연 이런 기황후를 걸물이라 할 수 있을까? 작은 나라에서 산다고 대국의 고관이나 황족이 되면 무조건 좋아하는 우리의 풍조를 다시금 생각케 하는 인물과 사건이다.

한편 이들 부원배만큼 적극적인 반역행위를 하지 않았지만 왕의 주변에서 아첨 행위를 일삼으며 진정한 간신의 면모를 보인 자들도 적지 않았다. 원 간섭기에 고려의 왕이 원의 공주와 결혼하는 것이 제도화되었는데 이에 따라 고려의 왕자들은 성장기를 원에서 보냈다. 그러다 왕이 되면서 고려에 귀국하게 되었다. 자연 왕의 최측근은 원에서 보필했던 인사들이었다. 한마디로 측근 정치가 부식되기 좋은 조건이었던 것이다. 가장 개혁적이었던 공민왕도 초기에는 이들 측근에 의지했다.

측근들과 노는 데 바빴던 충렬왕

물론 측근이라고 해서 모두 듣기 좋은 말이나 하고 왕의 비위나 맞추는 자들만 있었던 것은 아니었다. 공민왕의 개혁노선을 충실히 보필하던 측근들도 상당수였다. 그러나 간신은 지도자가 제 기능을 발휘하지 못할 때 쉽게 부식된다. 왕도 사람이라 놀기 좋아하고, 듣기 좋은 말에 귀 기울이기 마련이다. 특히 혼군昏君은 간신에게 쉽게 넘어간다. 충렬왕의 대표 간신인 오잠의 행태는 2급 간신의 전형적인 모습을 보여준다.

충렬왕은 재위 전반기에는 문란해진 고려의 정치체제를 정비하기 위해 애썼다. 하지만 후기에 들어와서는 피곤한 정치개혁 대신 측근들과 노는 데 바빠졌다. 여기에 부채질을 한 것이 오잠이었다. 오잠은 과거에 합격해 벼슬길에 오른 정통 관료였음에도 왕의 비위 맞추기에 여념이 없었다. 비서 격인 승지로서 왕의 전속 악단을 조직했다. 전국을 돌며 미녀 기생을 선발하는가 하면 개경의 무당과 관비 중 가무에 능한 자를 뽑아 남장을 시킨 뒤 일종의 뮤지컬을 공연하기도 했다.

향각이란 왕실 전용 극장에서 이뤄진 공연 중 지금도 가사가 전하는 「쌍화점」을 오점이 만들어 보급하기도 했다.

쌍화점(만두가게)에 쌍화(만두) 사러 갔더니
회회(몽고인) 주인이 내 손목을 쥐더이다

이 소문이 만두가게 밖에 나며 들며 하면

다로러 거디러

조그만 새끼 광대 네가 퍼뜨린 말이라 하리라

(중략)

그 잠자리에 나도 자러 가리라

　2급 간신이 하는 전형적 행태를 보인 오잠은 여기서 그친 것이 아니었다. 충렬왕의 뒤를 이어 충선왕이 즉위한 뒤 실권을 잃자 유청신 등의 구세력과 함께 고려를 원의 한 성省으로 삼아달라는 청원을 하는 반역행위를 거리낌 없이 저질렀다. 달콤한 권력만 얻을 수 있다면 나라든, 의리든 상관할 바 없다는 행태를 보인 것이다.

　나라가 어려울 때면 충신이 생각난다고 했다. 그러나 거꾸로 보면 나라나 조직이 어려울 때면 그만큼 간신이 서식하기 좋은 때다. 간신의 출현 빈도에 주목해 봐야 한다.

유자광

1439 ~ 1512

조선 전기의 정치가. 1467년 이시애의 난에서 공을 세우고, 1468년 남이의 옥사를 일으켜 익대공신 1등에다 무령군武靈君에 봉해졌다. 연산군 대에 무오사화(1498)와 갑자사화(1504)에 관련되어 사림의 원한을 샀다. 다시 중종반정에 참여하여 정국공신에 봉해졌으나 이후 대간의 탄핵을 받고 유배되었다가 유배지에서 죽었다.

奸

만약 인터뷰를 위해 유자광을 저승에서 불러내, "살아생전에 가장 유감스러웠던 점은 무엇인가?"라고 묻는다고 하자. 그러면 아마 "10년, 아니 5년만 일찍 태어나지 못한 게 유감이다"라는 말부터 꺼낼 것이다.

그는 이른바 호걸형의 인물이었다. 힘이 세고 호탕하며, 어려운 일에 처해도 정면 돌파를 서슴지 않을 만큼 배짱이 두둑했다. 말하자면 세조가 딱 좋아할 인물형이었다.

계유정난 당시 그는 15세 소년이었으니, 몇 년만 일찍 태어났어도 정난에 참여할 수 있었을 것이고, 그랬다면 홍윤성이나 양정 등의 공로는 가볍게 제쳤을 것이다. 아니, 어쩌면 한명회 이상으로 두각을 드러냈을지도 몰랐다.

아쉬운 대로 늦게나마 세조의 눈에 들 기회를 얻어 비로소 유자광의 운이 트이는 듯했다. 그러나 여기서 유자광의 두 번째 유감이 나오지 않을 수 없었다.

"정실 자식으로 태어나지 못한 게 한이다."

부윤 유규의 서자 출신이었던 그는 그 부담을 평생 지고 가야 했다. 그래서 공신이면서도 정작 관직은 하잘것없는 기묘한 입장에 서야 했으며, 결국 그것이 그를 조선시대 최고의 트러블메이커로, 나아가 희대의 '간신'으로 만들었다.

난세는 영웅(?)을 낳는다.

젊은 시절, 서자로 태어난 설움을 삭이지 못한 그는 무뢰배가 되어 장기와 바둑, 활쏘기로 내기나 하고 새벽이나 밤길에 돌아다니다가 여자를 만나면 낚아채어 범하는 등 방탕한 생활을 했다. 가뜩이나 귀찮은 첩자식이 망나니짓까지 하니, 부친 규는 유자광을 사람 취급하지 않았다. 그러한 냉대가 설움을 더욱 부추기고, 분풀이로 못된 행동을 하면 다시 손가락질이 따라붙었다. 악순환이었다. 그러나 유자광에게는 이대로 인생을 끝낼 수는 없다는 오기와 포부가 있었다. 하늘 높이 비상하게 될 날만을 기다리고 있었던 것이다.

마침내 그가 세조의 눈에 들게 된 계기는 이시애의 난이었다. 함경도 전체가 무법천지가 될 만큼 반란의 규모가 큰 데다, 철석같이 믿고 있던 한명회도 의심하지 않을 수 없는 상황에 세조는

모든 기준은 '대세' 부귀영화만이 길이다

사육신 때보다도 곤혹스러워했다. 이때 갑사甲士, 즉 무명소졸로 복무 중이던 유자광이 글을 올려 진압의 계책을 밝히고 선봉에 서겠다고 기염을 토했던 것이다.

그는 그 글에서 "신이 감히 말씀드리거니와, 지금 장수가 된 자는 모두 부귀富貴가 극진한 사람들인데, 죽고 사는 것을 두려워하여 미적미적 진격하지 않으며, 하는 것 없이 관망만 하고, 서로 이르기를, '이제 여름이니 활이 느슨해지기 쉽고, 큰 비가 내려 길이 막힐 것이다. 또 적의 소굴은 산이 험하며 초목이 무성하다. 경솔하게 진격할 수 없으며, 경솔하게 싸울 수도 없다'고 합니다. 신은 비록 많이 알지 못합니다마는, 우리만 홀로 여름이고 적은 여름이 아니며, 우리만 홀로 활이 느슨해지고 적은 느슨해지지 않으며, 우리만 홀로 빗물에 막히고 적은 막히지 않으며, 우리만 홀로 산이 험하고 적은 험하지 않겠습니까?"라고 했다. 한마디 한마디가 세조의 구미에 정확하게 들어맞았다. 계유정난 때 한명회 등 부하들의 논의가 통일되지 않자 혼자 갑옷을 떨쳐입고 현장으로 달려갔던 세조가 아니던가.

세조는 그를 기특하게 여기며 벼슬을 겸사복兼司僕(궁중을 지키고 임금을 호위·경비하던 친위병)으로 높여주었다. 그 일로 주변에서 쑥덕공론이 일자, 모두가 보는 가운데 궁궐 뜰에서 그의 재주를 시험해 보았다. 유자광은 한 번 뛰어서 섬돌 몇 개를 건너고, 궁궐의 큰 기둥을 잡고서 오르기를 원숭이가 나무에 오르는 것 같았다고 한다. 결국 그는 진압군에 종군해 공을 세우게 되었다. 세조는 돌아온 유자광을 정5품 병조정랑이란 요직에 등용했다. 그리고 공식적인 출셋길을 열어주기 위해 문과 시험까지 보게 했다. 여기서 유자광은 장원급제하는데, 세조가 개입해서 억지로 장원을 만든 정황이 있다. 원래 그의 대책문이 낙제 판정을 받았던 것을 세조가 찾아내서 급제시켰던 것이다.

이처럼 고기가 물을 만난 듯한 유자광이었지만, 한편으로 예전의 설움을 다시금 곱씹을 때도 있었다. 그의 출신을 들먹이며 번번이 어깃장을 놓는 목소리가 있었기 때문이다. 겸사복이 되었을 때도 그랬지만, 누구도 부정할 수 없는 군공을 세운 다음에도 그를 병조정랑으로 등용하는 일에 사간원의 반대가 불거졌다. 미천한 서자에게 그런 요직을 맡길 수는 없다는 것이었다. 그러자 세조는 "너희들 가운데 유자광 같은 자가 몇 사람이냐? 나는 절세絶世의 재주를 얻었다고 생각하니, 다시 말하지 말라"고 일축해버렸다.

세조가 이처럼 그를 아끼는 한 유자광의 출세는 이제 확실해 보였지만, 바로 이듬해 세조가 승하하고 만다. 하지만 이로써 한때로 끝나는가 싶던 유자광의 성공시대는 세조의 뒤를 이어 왕위에 오른 예종 때도 이어진다. 예종이 즉위한 시 얼마 되지 않은 시기에 일어난 남이의 역모 사건 덕분이었다.

남이의 역모는 조작되었나?

남이는 본래 이시애의 난에서 유자광과 함께 싸운 전우이며, 호방하고 거침없는 기질도 닮은 데가 있었다. 그런데 어쩌다가 유자광이 남이를 죽음으로 몰아가게 되었을까?

남이는 태종의 넷째 딸 정선공주의 아들로서 무과를 통해 등용된 뒤 이시애의 난을 평정한 공로로 적개공신 1등에 책록되고 공조판서, 병조판서에 올랐다. 그의 나이 불과 27세였다. 왕가의 일원이란 후광도 있었지만 출중한 무예 실력에 명석했던 그를 세조가 총애했던 탓도 있었다. 그러나 예종이 즉위하자 사정은 달라졌다. 한명회, 신숙주 등 구 공신세력의 견제와 그를 탐탁지 않게 여기던 예종의 심사가 맞물려 남이는 병조판서에서 밀려나 겸사복장직이란 한직으로 임명되었다. 인사에서 '물먹은' 것이다.

그 누구보다 기상이 장대했던 남이로서는 서른도 안 된 나이에 한직에 떨어진 데 분을 참기 어려웠을 것이다. 이런 상황에서 남이가 역모를 일으킨다고 유자광이 고변한 것이었다. 예종 즉위년(1468) 10월 24일이었다. 남이가 공신세력인 김국광, 노사신 등 대신들을 제거하고, 왕이 되려 한다는 것이었다. 곧이어 남이가 예종이 즉위한 날 대궐에서 숙직을 하다 혜성이 나타나자, "혜성은 곧 묵은 것을 제거하고 새로운 것이 자리를 차지하는 형상이다"란 말을 했다는 증언도 나왔으며, 궁궐의 숙직 방식을 살폈다는 점, 북방의 침입에 대비한다는 명목으로 갑옷과 무기를 많이 장만하고 있었다는 점 등도 단서가 되었다. 그런데 여기서 유명한 "유자광이 남이의 시를 고쳐서 모반의 증거로 삼았다"는 설이 있다.

> "백두산 돌은 칼을 갈아 없애고, 두만강 물은 말을 먹여 없애리라. 남아 이십 세에 나라를 평안하게 못하면, 후세에 누가 대장부라 하리요. 白頭山石磨刀盡, 豆滿江水飮馬無, 男兒二十未平國, 後世惟稱大丈夫."

이 시에서 "미평국未平國"을 "미득국未得國"으로 고쳐 "남아 이십 세에 나라를 얻지 못하면…"의 의미로 바꿔놓았다는 내용인데, 이것은 정사가 아닌 야사의 기록이다. 야사라고 무조건 믿지 못할 이야기라고 할 수는 없지만, 글자 한 자도 의미를 중히 따지던 당시 이런 중요한 내용을 실록에서 누락시키거나 삭제했을 것 같지는 않다. 또 유자광이 실제로 그런 말을 했다고 해도, 고의로 조작한 것이 아니라 잘못 기억해서 말했거나, 남이 스스로 처음에는 미득국이라 했다가 나중에 미평국으로 고쳤을 가능성도 있다. 사실 실록에 남아 있는 유자광의 고변 내용은 좀 두서가 없다. 남이가 처음에는 "지금 김국광, 노사신 등이 전횡을 일삼고 있으니 이들을 처단하여 세조의 은혜에 부응해야 한다"고 했다가 마지막에는 "세조가 백성들을 군사로 많이 징발해서 민심을 잃었으니 이때를 놓치면 안 된다"고 하는 등 앞뒤가 맞지 않는다. 실상은 남이가 구체적인 역모를 계획했다기보다 평소에 쌓인 울분을 전우인 유자광과 마주앉아 풀면서 술김에 이런저런 소리를 한 게 전부이지 않을까?

아무튼 '이시애의 난' 이래 세력이 위축되어 있던 한명회, 신숙주 등 구 공신세력은 구성군 이준, 남이, 강순 등 신 공신세력이 영 껄끄러웠던 차에 절호의 기회를 잡은 셈이었다. 결국 추국 과정에서 남이만이 아니라 강순까지 역모에 가담한 것으로 처리되어, 거열형에 처해지고 만다.

어쨌든 적어도 당시에는 남이의 옥사에 의문을 품는 목소리가 없었다. 그리고 민중들 사이에서는 젊은 나이에 비참히 죽은 남이에 대한 동정이 여러 가지 전설로 피어났지만, 조정에서는 남이가 역모를 꾀했다는 이야기를 그 후로도 오랫동안 '정설'로 받아들이고 있었다. 뒤에 유자광이 공격을 당할 때도 남이의 역모를 고발한 공로가 방패막이가 되어주었고, 공격하는 측에서도 남이의 역모 자체를 부인하지는 않고 "그가 처음에는 역모에 가담했다가 뒤에 가서 배반했을 것"이라는 식으로 비판하고 있다. 남이가 유자광의 음모에 걸려 억울하게 죽었다는 설은 100년의 세월이 지난 선조 때 처음 거론되었으며, 다시 250년의 세월이 더 지난 순조 때에 가서야 정식으로 인정되어 남이의 신원伸寃이 이루어진다.

결국 남이가 억울하게 역적으로 몰려 죽었을 가능성은 남는다. 하지만 일반적으로 알려진 것처럼 유자광이 시문까지 조작해가며 교활한 간계로 남이를 얽어맨 것은 아니었다. 유자광은 성급하고 경솔한 데가 있었지만, 교활하고 간사하지는 않았다. 적어도 아직까지는.

'나 홀로 언론', 그리고 '언론과의 전쟁'

남이의 옥사로 유자광은 익대공신 1등에 책록되고, 무령군武靈君이라는 작위도 얻었다. 훈구파의 한 사람으로 당당히 어깨를 나란히 하게 된 것이다.

하지만 여전히 뭔가 부족했다. 1등 공신에 길맞은 높은 벼슬자리가 없었던 것이다. 그것은 무엇보다도 그가 천한 서자 출신이라는 지긋지긋한 멍에 때문이었다. 그가 뭔가 관직만 얻었다 하면 "서자에게 그런 벼슬을 내리시다니 천부당 만부당하옵니다"라는 언론3사의 간쟁이 잇달았다.

또한 유자광이 본래 병졸이었다가 세조에 의해 사실상 '특채'된 사람으로, 글공부를 하고 성균관 진사 생활을 하면서 스승과 농년배 등의 인맥을 형성할 기회가 없었던 이유도 있었다. 젊은 문관 중 돋보이는 사람은 먼저 언론3사부터 거치게 되는데, 유자광은 스스로 언론3사에 들어가지 못했을 뿐 아니라 자신을 두둔해 줄 친구도 갖지 못했다. 그래서 조금만 튀는 행동을 하면 곧바로 언론의 집중 공격을 받게 되었으니, 관직에 오르기 전 동네 불

모든 기준은 '대세' 부귀영화만이 길이다

량배로 따돌림받던 서러움을 공신이 되어서도 당하고 있는 셈이었다. 당연히 유자광의 실망과 울분은 깊어만 갔다.

출신이 천하다는 아픈 상처를 번번이 건드리면서, 사사건건 자신을 적대하고 나서는 언론3사를 유자광은 갈아 마시고 싶을 정도였을 것이다. 아니, 어쩌면 사림이라는 집단 자체에 원한이 생겼을 수도 있다.

'새파랗게 젊은 것들, 부모 잘 만나 잘 먹고 잘 입으면서 『공자』, 『맹자』나 달달 왼 것들이 세상일, 나랏일을 알면 얼마나 아나? 천한 백성들 덕에 먹고 살면서, 백성을 하늘처럼 생각해야 한다고 말은 잘만 하면서, 정작 사람을 재능이 아니라 출신을 가지고 업신여기고 아예 매장시켜 버리다니!'

이런 생각이 하루에도 몇 번씩 부글부글 끓었을 것이다.

유자광은 이처럼 '언론에 대한 피해의식'이 골수에 사무친 나머지 '나 홀로 언론'에 의지하기로 했다. 간쟁은 본래 언론3사의 고유 권한으로 여겨졌지만, 개인이 상소를 올리는 일이 배제되어 있지는 않았다. 앞서 세조에게 상소하여 처음으로 관운이 트였고, 다시 남이의 역모를 고변하여 공신이 된 그는 이 '상소'라는 것의 효용을 누구보다 실감할 수 있었다.

그것은 스스로 말하듯 "조금이라도 마음속에 품은 것이 있으면 감추어두지 못하는" 그의 직선적 성격과도 잘 맞았다. 그래서 유자광은 공직에 있는 내내 툭하면 파문을 일으킬 상소를 올려 조정을 뒤집어 놓게 된다. 그것은 주로 누군가의 비리를 폭로하는 고발 상소였다.

그가 올린 상소 중에 실록에 기록된 것은 35건인데, 그 중에서 누군가를 탄핵하는 상소가 12건, 자신이 부당하게 언론의 공격을 받는다며 자기변명을 위해 낸 상소가 10건이었다. 그것은 '언론과의 전쟁'으로까지 비화되었다. 때로는 유자광이 언론3사를 직접 겨냥하기도 했던 것이다.

"누구 누구는 비리가 있는데 대간과의 친분 때문에 묵인되고 있다", 또는 반대로 "이번 대간의 간쟁은 근거가 없는 참소이며, 형평성을 잃고 있다" 등의 상소는 그동안 왕에 의해서도 신성불가침이라 여겨져 온 언론권에 정면으로 도전하는 것이었다.

당연히 유자광은 언론3사의 블랙리스트 첫머리에 올랐다. 유자광의 외로운 투쟁은 아슬아슬했다. 실제로 성종 7년 한명회의 발언을 꼬집었다가 거꾸로 자신이 귀양을 가게 된 경우, 그 후 1년 만에 다시 현석규를 탄핵하다 또 귀양을 간 경우를 비롯해서, 상소를 냈다가 도리어 자신이 당하는 경우가 많았다. 그래도 오랫동안 그가 살아남을 수 있었던 것은 남이의 옥사에서의 공로, 그리고 임금 스스로 보기에도 탐탁지 않을 때가 많은 언론의 행동을 그가 앞상서서 비난하는 데 대한 임금의 은근한 응원 때문이었다.

무오사화로 사림의 원수가 되다

여기까지는 괜찮았다. 그러나 정작 유자광이 조선의 대표 간신으로 떠오른 것은 무오사화戊午士禍를 주도했기 때문이었다.

무오사화란 무오년에 사초 때문에 일어난 대규모의 숙청 사건을 말한다. 통상 사화士禍란 선비들이 화를 입은 사건을 말하는데, 무오년(연산군 4년)의 사화는 사초史草 때문에 일어났다 해서 사화史禍라고도 부른다.

사건은 단순했다. 사림의 영수領袖인 김종직의 제자 김일손이 사관으로 있으면서 김종직이 예전에 지은 「조의제문弔義帝文」을 사초에 올린 것을 당상관 이극돈이 발견하고, 이를 유자광에게 보인 뒤 크게 문제 삼아 김일손, 이목 등을 처형했다. 또 이미 죽은 김종직을 관에서 꺼내 목을 베는 부관참시형에 처하고, 김종직의 수제자 김굉필을 비롯한 숱한 사림들은 귀양을 보냈다. 한낱 제문의 수록이 이토록 엄청난 피바람을 불러일으킬 수 있을까? 하지만 사실 이 사건은 국기를 흔드는 예민한 문제를 내포하고 있었다.

「조의제문」은 항우에게 죽음을 당한 의제義帝를 추모하는 글이었지만, 사실 내포된 뜻은 의제를 단종에, 항우를 세조에 비겨 세조의 찬탈을 비난하는 글이었다. 따라서 세조의 자손으로서 왕위에 오른 연산군의 재위를 부정하는 엄청난 내용이었다. 당상관으로서 사초를 발견한 이극돈이 이를 문제 삼는 것은 당연한 것이었다. 또한 이 사실을 전해 들은 유자광이 대대적으로 문제시한 것 역시 국기國紀를 지킨다는 입장에서 보면 정당성이 없는 것이 아니었다.

더욱이 세조를 간접적으로 비판했던 김종직은 세조에 충성했던 인물로, 세조 5년에 과거에 급제해 벼슬길에 올라 세조를 받들었다. 세조의 아들인 성종조에는 형조판서에 오르기까지 했다. 두 임금을 섬기지 않는다는 불사이군不事二君의 성리학적 이념에 투철하고자 한다면 과거조차 보지 말았어야 했다. 그러나 쿠데타로 집권한 세조 밑에서 벼슬살이를 했던 김종직이 세조의 집권을 비판하는 글을 남긴 것은 어떤 의미에서는 위선적이었던 것이다. 김종직이 이런 글을 쓰고 김일손이 이를 사초에 올린 것은 당시 주류를 이뤄가던 사림들의 여론을 의식했기 때문이었는지 모른다. 사림은 왕권 중심의 패도정치보다는 성리학적 이념에 기초한 유교적 도덕정치를 신봉했던 것이다. 이들 사림에게 우호적인 여론을 얻기 위해 김종직은 세조 밑에서 벼슬살이를 했음에도 쿠데타를 비판하는 듯한 글을 남긴 것이라는 해석이 가능하다. 김일손이 사초에 올린 것 역시 마찬가지였다.

한편 역사는 사화의 주도자를 비판하는 삽화를 집어넣고 있다. 유자광이나 이극돈이 김종직, 김일손과의 개인적인 원한관계 때문에 사화를 일으켰다는 것이다.

유자광은 일찍이 함양군에 놀러갔다가 시를 지어, 군수에게 부탁하여 나무판에 새겨 벽에 달아두었다고 한다. 함양은 유자광의 처가가 있던 곳이고, 장인은 그 고을의 향리였다. 그런데 김종직이 함양군수로 와서는 이것을 보고 현판을 떼어 불태워버리면서, "유자광 따위가 어딜 함부로!"라고 하였다고 한다. 글과 자신을 동일시하는 조선시대 양반에게는 씻을 수 없는 치욕이었을 것이다. 김종직을 옹호하는 사람들은 유자광의 인품이 비열한 것을 알아보아 그랬다고 하지만, 유자광이 보기에는 첩의 아들이자 향리의 사위에 불과하다고 해서 그런 치욕을 준 것이었다. 그리고 어느 정도는 사실이 그렇지 않았을까?

유자광은 몹시 분하여 이를 갈았으나 김종직이 임금의 신임을 두터이 받고 있을 때였으므로 그 분함을 애서 감춰두었다. 김종직이 죽었을 때는 제문을 지어 올리며 중국의 거유巨儒인 왕통과 한유에 비하기까지 했다고 한다. 그러다가 「조의제문」 사건이 터지자 기회를 잡아 김종직과 그 일파에 대한 묵은 원한을 갚았다는 것이다.

이 에피소드는 어느 정도 사실인가의 여부를 떠나 유자광이 개인감정으로 공적인 일을 처리했다는 증거로서 남게 되었다. 하지만 김종직의 행동도 모든 면에서 떳떳했다고는 할 수 없지 않았을까. 또한 유자광은 단순히 김종직 개인에 대한 분풀이를 했다기보다 언론3사를 통째로 혼낸 셈이었다. 그런 그의 의지가 때마침 왕권을 강화하려던 연산군의 의지와 맞아떨어져서 조선조 최초의 사화가 빚어진 것이다.

유자광은 또한 연산군 10년의 갑자사화에도 관계했다는 평가를 받는다. 사실 갑자사화에서 유자광의 역할은 영의정이던 윤필상도 폐비론에 죄가 없지 않다고 한마디 거든 정도밖에 없다. 오히려 폐비론의 주모자로 지목된 이극균과 친한 사이였다 하여 하마터면 함께 희생될 뻔하기도 했다.

그러나 나중에 갑자사화는 임사홍의 작품이라고 여겨졌고, 유자광은 성종 시절부터 임사홍과 가까운 사이라고 알려지고 있었다. 그래서 갑자사화 역시 선비들을 해치려는 마음에서 임사홍과 손잡고 일으킨 것이라고 널리 받아들여졌던 것이다. 이제 사림에게 유자광은 단순한 트러블메이커가 아니라 반드시 복수해야만 할 '철천지원수'였다.

또 한 차례의 모험, 성공은 했으나…?

임사홍은 중종반정(1506)으로 연산군이 쫓겨날 때 바로 처단되었다. 그러나 유자광은 오히려 중종반정에 참여함으로써 두 번째로 1등 공신에 책봉되었다. 연산군은 종잡을 수 없는 성격의 소유자였다. 유자광이 '거침없이 비른말'을 했다고 상을 주는가 하면, 그 다음 날인가에는 수라상을 올릴 때 상 하나로는 너무 무거우니 상 두 개로 나눠 들게 하자고 건의했다 해서 "임금을 사랑하는 마음이 있다면 무엇이 무겁겠는가"라며 죄를 주는 식이어서 어느 장단에 춤을 춰야 할지 알 수 없었다.

폭정이 극에 달했을 때 유자광은 숨을 죽이고 기다렸다. 그러고는 성희안, 박원종, 유순정 등 반정 3대장이라 불리는 반정 주도세력과 밀착했다. 성희안의 경우 약 6년 전 유자광이 연산군의 명을 받고 함경도에 갈 때 종사관으로 동행한 인연이 있었는데, 당시 성희안을 유능하다고 여긴 유자광이 그때부터 그의 뒤를 많이 봐주었다고 한다. 한편 박원종도 원래 무신이다가 문신이 된 사람으로, 유자광과 통하는 데가 있었다. 새 임금으로 추대된 진성대군(중종)이 궁으로 들어오자, 유자광이 재빨리 나서서 이렇게 말했다.

"중국 한나라 곽광이 창읍왕을 폐한 것처럼 현 임금을 폐해 대궐 안에 가두고 대비께 폐주한 연고를 고해야 합니다."

한의 창읍왕이 황제로 추대되었지만 폭정을 자행하자 선제를 새로 추대한 것처럼 연산군을 폐하라는 주장을 했던 것이다. 당시 유자광의 나이 68세였다. 훈구이면서 훈구가 아닌 상태로 수십 년을 부대끼다 보니 원래의 호탕한 기개는 없어지고 잔꾀만 늘었던 것일까. 이때의 변신이야말로 남이의 옥사나 무오사화 때보다 오히려 더 인간적으로 바람직하지 못했다. 유자광은 연산군의 폭주를 부추기지는 않았으되 한마디의 직언도 하지 않았고, 반정 직전까지 비교적 연산군의 신임을 받는 축에 끼어 있었던 것이다. 그러다가 하루아침에 반정의 주역으로 나선 것은 양지만을 찾아서 바쁘게 옮겨 다니는 간신의 행태에 다름 아니었다. 또한 유자광은 논공 과정에서 자신의 아들과 친인척을 억지로 공신에 포함시키기까지 했다.

그러나 유자광의 성공시대도 마감이 다가오고 있었다. 연산군 때 두 차례의 사화를 겪으며 침체되어 있던 사림의 기세가 차츰 회복되었던 것이다. 부관참시를 당했던 김종직부터 신원이 이루어졌다. 바야흐로 훈구와 사림의 대립 구도가 형성되기 시작했는데, 사림의 첫 번째 타깃은 누가 뭐래도 유자광이었다.

마침내 중종반정이 있은 지 7개월 반 정도가 지난 중종 2년 4월 13일, 유자광이 예의 언론을 공격하는 상소를 올렸다가 본격적으로 탈이 나기 시작했다. 물의를 빚은 몇몇 고을 수령들이 실제로는 별 문제가 없는 것을 대간이 과도히 탄핵했다는 내용이었는데, 훈구가 언론을 탄압한다는 반발부터 시작해서 그의 품행에 대한 인신공격이 이어졌다. 급기야 "임사홍의 도당으로 죄가 임사홍보다 결코 가볍지 않은데, 반정에 붙어 가당찮은 공신의 자리를 차지했다"는 비판까지 나왔다. 중종은 특별한 사유도 없이 공신을 처벌할 수 없다며 유자광의 탄핵을 한사코 거부했으나, 탄핵이 한 달 내내 끊이지 않으며 언론3사가 총사직하고 물러가는 등 절대 물러설 수 없다는 자세를 보이자, 처음에는 유자광 편을 들던 성희안, 박원종 등 반정의 주역들도 발을 빼기로 한다. 우선 파직이 되었고, 이어 다시 끈질기게 탄핵 상소가 이어진 끝에 귀양을 보내라는 전교가 내려졌다. 귀양 다음에는 다시 사약을 내리라는 상소 공세였다. 이때 유자광은 박원종에게 은밀히 서찰을 보내 "입술이 없어지면 이가 시리는 법이다. 내가 잘못되면 그대가 무사할 줄 아느냐?"하고 은근히 협박했지만 박원종은 "그러기에 누가 이 지경이 될 때까지 설치라고 했느냐?"며 냉소할 뿐이었다. 반정공신들은 괜히 사림의 공적 유자광을 싸고돌다 자신들까지 위험해질 것을 겁내 유자광을 버리기로 결정한 것이다.

유자광은 귀양살이 5년여 만에 쓸쓸히 숨을 거두었다. 향년 74세. 외로운 노인의 죽음이었다. 그의 아들들도 귀양을 갔으며, 그 중 하나는 유배지에서 목을 맸다. 익대공신과 정국공신의 작위는 몰수되었다. 그 중 남이의 옥사로 얻은 익대공신만은 중종이 그대로 두자고 했으나, 끈질긴 간쟁으로 끝내 어쩌지 못했다.

간신을 키우는 사회

세조부터 중종까지의 다섯 임금 밑에서 유자광은 영화라면 영화를 누렸다. 그리고 욕먹을 짓이라면 욕먹을 짓을 했다. 하지만 그에게는 변명의 여지가 있었다. 훈구이면서도 대신도 못 되고, 척족(성이 다른 일가)도 못 되는 처지, 그것은 평생을 그에게서 달라붙어 떨어지지 않았던 서출이라는 멍에 때문이었다. 그 멍에를 항상 들춰내며 자신을 비웃고 방해하는 사림에게 그는 원한을 가질 만도 했다.

하지만 어느 사회에나 모순은 있기 마련이다. 그 모순에 따르는 고통을 꿋꿋이 견뎌내고 창조적으로 승화시켰다면 그는 위인

유자광

의 반열에 들 수 있었을지도 모른다. 그는 군사 부문에 남다른 재능이 있었다. 대신이나 척족의 지위를 꿈꾸지 말고 그 계통에서 매진했더라면 위대한 장군으로 개인의 영광과 국가의 이익을 가져올 수 있지 않았을까. 아니면 사람과 대립각을 세우고 매사에 충돌할 것이 아니라, 항상 공손하고 힘써 배우려는 자세를 가졌다면 그에 대한 편견도 점차 누그러지지 않았을까.

우리는 그와 거의 동시대를 살았던 반석평이라는 인물을 알고 있다. 그는 서자보다 더 비천한 노비 출신이었다. 그러나 누구나 감동하지 않을 수 없는 인품과 청렴함으로 널리 인망을 얻어, 결국 재상의 지위에까지 오를 수 있었다. 이도 저도 아니라면 아예 홍길동처럼 사회 모순에 대항하여 싸우는 자세를 보였다면? 적어도 지배계급에게 반성할 기회는 주었을 것이다.

그러나 그는 자기 자신의 안위만을 위해 싸웠다. 그 과정에서 온갖 무리수를 두고 두루 인심을 잃음에 따라 그는 자신과 같은 서자들의 입지를 더욱 악화시키고 만다. 이후 서얼 출신을 등용하자는 논의가 나올 때마다 "예전에 유자광을 등용했더니 어떻게 되었는가?" 하며 반대하는 논거가 마련되었던 것이다.

그러나 역시 유감은 시대와 사회에 돌려져야 한다. 보다 진취적인 세상이었다면, 하다못해 세조 시대만큼만 되었다면 유자광은 자신의 재능을 마음껏 펼쳐 보이며 양지에서 활동할 수 있었다. 그러나 이념과 도덕에 얽매이는 시대, 어떻게 보면 위선의 사회가 되면서 유자광은 음지로 내몰려야 했다. 그리하여 충신일 수 있었던 사람이 간신이 되었다. 그리고 그렇게까지 간신은 아니었던 사람이 두고두고 최악의 간신으로 부풀려지게 되었다.

지금 우리가 사는 세상을 보자. 과연 지금은 그런 모순이 남아 있지 않을까? 우리 사회는 모두에게 관용의 손길을 내밀고 있을까? 우리 조직은 구성원 모두의 재능을 최대한 활용할 기회를 부여하고 있을까?

김자점

1588~1651

조선 중기의 정치가. 1623년 이귀, 최명길 등과 인조반정을 성공시켰다. 이후 도원수가 되어 병자호란에 임하였으나 전투를 회피하여 전란 이후 삭직되고 유배되었다. 하지만 복귀한 후 점차 중용되어 인조의 신임을 받으며 영의정에 이르렀다. 효종 즉위 후 다시 탄핵을 받아 유배되었고, 이후 청나라와 내통한 혐의, 반역을 꾀한 혐의를 받아 사사되었다.

奸

인조반정은 사전에 차단될 수도 있었다. 이미 몇 개월 전에 이귀와 김자점이 반역을 모의하고 있다는 소문이 광해군의 귀에 들어갔다. 그러나 광해군은 "한갓 풍문 따위로 무슨 옥사를 일으킨단 말인가"라며 귀담아듣지 않았다. 반정이 일어나기 바로 전날에도 반정 일당 중에 고변하는 사람이 있어 일당의 일부를 추국청에서 심문하기까지 했지만, 역시 광해군의 태도가 소극적이라 그대로 풀어주었다. 그 다음 날인 1623년 3월 13일 새벽, 홍제원에서 모인 반정군은 두 시간 만에 창덕궁에 진입, 대사를 성공시켰다.

광해군이 이처럼 반정에 대해 유난히 경각심을 보이지 않는 이유는 무엇일까? 그것은 유독 김자점와 이귀가 반정의 주역이 된 까닭과도 연관되어 있다고 한다. 이귀의 딸 이예순은 김자점의 동생 김자겸과 혼인했는데, 그만 일찍 과부가 되었다. 이후 불교에 깊이 빠져 오언관이라는 사람과 산에 들어가 수도했는데, 당시 여론은 이를 두 남녀의 정분으로 받아들였다. 그래서 두 사람을 잡아왔고, 오언관은 공초 과정에서 고문을 이기지 못하고 죽었다. 이귀와 김자겸의 입장도 난처해졌는데, 이예순은 간신히 죽음을 면한 대신 궁궐의 무수리로 살아가게 되었다. 그런데 그녀가 마침 개시 김상궁의 눈에 들었다. 이로써 한편으로 추문에 연루되었다는 압박을 받고, 한편으로 막강한 실세 김상궁과의 연락이 가능해진 두 사람은 이예순을 통해 김상궁에게 막대한 뇌물을 바침으로써 광해군이 두 사람과 관련된 소문을 흘려듣도록 만들었다는 것이다.

하지만 광해군이 역모 고변에 민감히 반응하지 않았던 것은 그동안 이이첨이 주도한 잇따른 옥사에 신물이 나서이기도 했을 것이다. 이귀, 김자점이 수상하니 잡아들여야 한다는 말에 광해군은 '또 이이첨이 뭔가 장난을 치려는 거로군' 하고 받아들였으리라. 그렇다면 결국 인조반정은 양치기 소년이 받은 업보였던 셈이다.

그런데 김자점 개인으로는 보다 훨씬 전에 끝장이 날 수도 있었다. 1613년(광해군 5년) 벌어진 '칠서의 옥'(서울 출신 7명이 은銀상인을 살해한 사건을 정치직으로 이용한 옥사)에서, 박응서가 자신과 친한 사람들로 7인을 더 지목했는데 그 중에 김자점이 끼어 있었던 것이다. 이때 김자점을 함께 엮어 역모로 처리하지 않았던 것은 함께 거론된 사람들 중에 김상궁과 유희분의 인척이 있었기 때문이었다. 이래저래 김자점은 '행운의 사나이'였다. 적어도 아직까지는.

운이 좋았던 '이류인간'

안동 김씨의 일파로 세조 때 사육신의 모의를 고발했던 김질의 후손이며, 강원도 관찰사 김억령의 손자인 김자점은 그럭저럭 이름은 있으나 그리 대단한 집안 출신은 아니었다. 그의 인조반정에서의 역할도 그렇게 중시되지는 않았던 것 같다. 이귀와 함께 처음 모의를 시작했고 김상궁에게 뇌물을 쓴 공로 덕택에 1등 공신에는 포함되었으나, 주역은 김류, 이귀, 신경진 3인방이라 할 수 있다. 이귀는 반정 직후에 인조에게 "신은 김자점, 심기원, 최명길 등과 처음 이 일을 모의하였으나 이들은 다 서생書生이어서 힘이 될 수 없었습니다"라고 밝히고 있다. 게다가 김류, 이귀, 신경진은 모두 사림에서 영향력이 큰 김장생의 문화생들로, 성혼의 제자라고는 하나 재능을 인정받지 못하던 김자점에 비해 앞서 나갈 소지가 충분했다.

그래서인지 김자점은 1등 공신답게 승진이 빠르기는 했으되 뒷심이 약했다. 또한 그의 성격은 출셋길에 보탬이 되기도 했고, 걸림돌이 되기도 했다. '간신'으로 지목되는 인물들은 대개 성격이 급하고 난폭한 독장毒將형이거나(한명회, 원균처럼), 교활하고 냉정한 모사謀士형인데(송유인, 이이첨처럼), 김자점은 이 중에서 독장형에 가까웠다. 그는 실록에서 "성미가 모질고 사나웠으며 일 처리도 엄하고 급했으므로 이서吏胥(관아에 속하여 말단 행정 실무에 종사하던 구실아치)들이 그를 호랑이처럼 두려워하였다"는 평가를 받았다. 야담에서도 그가 나중에 심기원(인조반정 당시의 동지)의 옥사를 처리할 때 "이런 역적 놈은 통상의 사형 방식보다 훨씬 고통스러운 방식을 써서 죽여야 한다. 머리를 먼저 자르고 팔다리를 벨게 아니라, 팔다리부터 자른 뒤에 머리를 베어라"라고 역설했다는 일화가 있다.

이처럼 조그만 허물도 엄히 꾸짖고 빠른 일 처리를 다그치는 관리 스타일은 중간관리직으로서는 무난할 수도 있다. 그래서 한성판윤까지는 일을 잘한다는 평가를 얻으며 근무했는데, 보다 높은 리더십이 요구되는 고위직에서는 그렇지 못했다.

그는 성급했을 뿐 아니라 경망스러웠고, 지적으로도 뛰어나지 못했던 것 같다. 광해군 때 병조좌랑을 시냈다 하여 일단 군사 전문가로서 정묘호란-병조호란 당시 중책을 맡았는데, 어전회의에서의 논의 내용을 보면 어이없는 발언이 많다. 가령 전쟁이 나면 경기 지방민들의 희생이 클 거라는 말에 불쑥 "그들을 모두 강화도로 옮겨 살게 하자"는 발언을 해서 인조로부터 "강화도의 양식이 얼마인데, 그들을 섬에서 굶어죽게 만들 셈인가?" 하는 핀잔을 듣는다. 또 "목장을 전부 농토로 바꾸면 식량 부족 문제가 해결되지 않겠느냐"는 빌언은 "지금 전쟁을 치르는 판에 말을 먹이지 않으면 어쩌자는 것인가"라고 타박당했다. 또 그가 행동을 조심하지 않고 곧잘 무례하거나 거만한 티를 냈기 때문에, 그를 제거하려는 세력에게 여러 차례 빌미를 주기도 했다.

이처럼 재덕才德이나 배경이 이류인 사람이 높은 자리까지 올

모든 기준은 '대세' 부귀영화만이 길이다

라갈 수 있었던 것은 인조반정 덕이었다. 그리고 그 이전 광해군 대의 피비린내 나는 숙청으로 일류의 인물이 많이 사라졌기 때문이기도 했다. 김류나 이귀 등도 사실 일류라고는 할 수 없었던 것이다.

김자점이 능력으로 믿음을 주지 못하고 애초에 반정공신으로서의 무게도 가벼웠기 때문에, 인조는 어찌 보면 사소한 일을 두고 그를 미련 없이 버리기로 한다. 인조 3년, 동궁비를 간택하는데 이괄의 난에 연루되었던 윤인발의 사촌누이가 물망에 올랐다. 김자점이 이를 두고 역적의 자손은 불가하다고 간하자, 인조는 "연좌 범위 밖의 친족인데 뭐가 어떻다는 말이냐" 하며 김자점을 삭탈관직하고 시골로 내쫓아버렸던 것이다.

뒤이어 정묘호란이 일어나 '군사전문가'가 아쉬워지지 않았다면, 김자점이 다시 등용되는 일은 없었으리라. 아직까지 그는 행운의 사나이였다.

나라의 불행은 나의 행복?

정묘호란은 이렇다 할 전투가 없이, 조선과 청이 형제국의 인연을 맺는 등에 합의해 끝났다. 이때 김자점은 강화도에서 조정을 호위한 공이 인정되어 성가가 높아지게 된다. 그는 도원수로 임명되어 청의 재침을 막도록 서북쪽 지방을 방어하게 되었다.

그러나 병자호란이 발발하자 김자점은 전혀 쓸모가 없었다. 청나라 군대가 거침없이 남하하여 한양을 손에 넣고 인조가 피난한 남한산성을 포위하는 동안, 손을 쓰지 않고 방관했던 것이다. 이어 그의 군대와 합류한 각 방면의 군 지휘관들이 지금이라도 남한산성으로 달려가 산성을 포위하는 적의 배후를 치자고 했는데도, 김자점은 병력이 너무 적다며 거부했다. 남한산성의 조정을 지키는 일은 군사 목적의 제1목적, 아니 전쟁 수행의 전부나 다름없는 일이었는데도 병력이 적다며 출병하지 않은 것은 언어도단이었다. 앞서 이순신이나 원균은 정부의 공격 명령에 신속히 응하지 않았다고 파직되거나 곤장을 맞았는데, 김자점은 조정의 위기를 뻔히 보면서 구원하지 않았으니 엉터리없는 처형감이었다.

하지만 전쟁이 끝난 직후인 인조 15년 2월, 인조는 김자점을 처형하지는 않고 섬에 귀양 보내는 벌을 내린다. 군율에 따라 목을 베라는 상소가 잇달았는데도 공신을 함부로 대할 수는 없다며 처형에 반대한다. 그리고 1년 뒤에는 김자점이 병이 났다는 이유로 위리안치를 풀었고, 다시 1년 뒤에는 귀양마저 풀어 집에 돌아가게 했다. 그리고 얼마 후 강화유수에 제수하더니, 급기야 병조판서에 임명한다. 군사 부문을 총괄해 오던 반정공신 신경진이 늙고 병들어 달리 적임자가 없다는 것이 표면상의 이유였지만, 사소한 명령 위반도 아니고, 나라와 임금의 파멸을 방치한 일급 범죄자를 국방 최고책임자로 임명하다니? 도저히 상식적으로 납득되지 않는 일이었다. 게다가 인조는 이미 그의 무능을 확인하지 않

모든 기준은 '대세' 부귀영화만이 길이다

있던가? 공신에 대한 예우라지만, 훨씬 사소한 이유를 들어 그를 이미 한 번 찍어냈던 인조가 아닌가?

두 가지를 생각해 볼 수 있다. 첫째는 병자호란 후 청나라와의 관계 문제다. 당시 조선은 명나라 대신 청나라를 사대事大하기로 결정한 입장이었다. 그러나 조정과 재야에는 아직 명나라를 받들고 오랑캐에게 당한 치욕을 씻어야 한다는 반청친명 인사들이 상당수였다. 그런 상황에서 청나라의 의심을 계속 받게 되자, 반정 당시 직접 참여한 공신 중심의 서인, 즉 공서파功西派의 대표로서 당시 재야에 있던 청서파淸西派 서인인 김상헌, 송시열, 송준길 등과 대립해 왔던 김자점을 중용하는 모습을 보여준다면(그것도 병조판서에!) 청나라의 의심을 덜 수 있다고 여겼을 수 있다. 국정 경험이 없던 청서파는 대부분 의리와 명분을 중시하여 반청친명의 입장이 강했던 반면, 공서파는 광해군대에 외교에 참여했던 경험 등도 있어서 청나라에 대해 비교적 우호적이었기 때문이다. 특히 김자점은 호란 이전에도 청나라에 대해 폄하하는 발언을 한 번도 한 적이 없는 사람이었다. 나아가, 그가 이미 청나라와 어떤 연계를 갖고 있지 않았을까 하는 추측도 있다. 김자점은 병판으로 화려하게 정계 복귀한 이후 청나라 사신이 오거나 청나라에 사신을 보낼 때마다 어김없이 한몫하고 있다. 그것은 이미 그가 친청파로서 청나라와 상대할 외교 창구로 자리매김되어 있었기 때문이 아닐까? 어쩌면 그가 전쟁 중에 도저히 이해할 수 없는 행동을 했던 이유도 거기에 관련되어 있지 않을까? 정말 그랬다면 그는 단순한 간신의 차원을 넘는 '매국노'였던 셈이다.

또 한 가지 이유는 실록에서 평한 대로 그가 인조에게 "우둔하고 다루기 쉬운" 사람이었다는 점에서 찾을 수 있다. 당시 인조는 리더십의 위기를 겪고 있었다. 광해군을 매도하여 임금 자리를 빼앗고는 이렇다 할 선정을 펴지 못했고, 급기야 전쟁으로 수많은 인명, 재산 피해를 내고는 임금이 직접 엎드려 땅바닥에 머리를 두드리며 항복을 하는 전대미문의 국치까지 겪고 말았다. 재야 사림과 연계된 청서파는 과격한 명분론을 앞세우며 청나라에 복수해야 한다고, 왜 임금께서 앞장서지 않느냐고 난리인데, 청나라는 청나라대로 여차하면 임금을 갈아치우고 자신들에게 맞는 사람을 앉힐 태세다.

이런 속에서 인조는 뭐든지 자신의 뜻대로 부릴 수 있는 '예스맨'이 아쉬웠을 것이다. 기왕이면 공신급으로 조정에서 영향력도 있되, 재야 사람을 업고 있지는 않은 사람, 자신의 뒤통수를 칠 만큼 너무 영리하지도 않으면서, 과단성과 뚝심이 남다른 사람, 그리고 큰 약점이 있어서 임금의 뜻에 맹종하지 않을 수 없는 처지의 사람이면 좋았을 것이다. 그렇다면 바로 김자점 이상의 적임사가 없었다. 인조는 곧 진행될 암울한 유혈극에서 그 예스맨을 톡톡히 활용하게 된다.

소현세자, 강빈, 그리고 효종

청나라가 자신을 갈아치우려 하고 있을지 모른다는 인조의 걱정은 괜한 것이라고만 할 수 없었다. 삼전도의 항복 후 청나라에 볼모로 잡혀가 거의 10년간 그곳에서 지낸 소현세자는 이제 막 중원을 차지한 청나라의 기세, 그와 대조적으로 타락하고 부패한 명나라의 황족들, 그리고 놀라운 서양 문물 등을 접하고 나서 완전히 친청파가 되어 돌아왔다. 볼모로 잡혀간 몸이었지만 오래 지내다보니 청나라 인사들과 교분도 생기고, 그들 중에는 소현세자를 "동쪽 나라 전하"라 부르는 사람도 있었다. 세자빈 강씨는 심양에서 청나라 사람들을 상대로 장사를 벌여 막대한 재산을 챙기기까지 했다. 청나라 입장에서는 인조보다 청나라에 우호적인 데다 문약文弱한 편인 소현세자가 더 다루기 쉽다고 생각했을 것이다. 적어도 인조의 눈에는 그렇게 보였다.

게다가 소현세자의 귀국 몇 개월 전에 심기원의 역모 사건이 있었다. 반정공신의 일원이었던 심기원은 공초 과정에서 "회은군을 추대하려 했다"고 밝혔지만 회은군은 종친 중에서 별로 비중 있는 사람이 아니어서 진위가 의심스러웠다. 그런데 거듭되는 공초에서 본래는 일단 인조를 살해하고 청나라의 소현세자를 귀국시켜 왕위에 오르도록 모의했다가, 일이 여의치 않을 듯해서 회은군으로 바꿨다는 말이 나온 것이었다. 인조의 경각심을 더욱 자극하는 사건이 아닐 수 없었다.

소현세자는 귀국한 지 2개월여 만에 급서急逝한다. 아직 34세였던 그의 돌연한 죽음은 한국사에서 가장 의문시되는 죽음의 하나다. 그 원인에 대해서는 정사와 야사의 기록을 토대로 두 가지 주장이 제기되어 왔다.

먼저 야사에 따르면 소현세자가 귀국 당시 청나라에서 얻은 막대한 재물과 각종 신기한 물건들을 가지고 왔으며, 아버지 인조와 만난 자리에서 청태종이 선물했다는 벼루를 내놓으며 청나라의 강성함을 침이 마르게 칭찬했다고 한다. 듣고 있던 인조는 성을 버럭 내면서 벼루를 집어 들어 소현세자에게 던졌고, 이 일로 충격을 받은 소현세자는 건강이 급격히 나빠져서 결국 죽고 말았다는 것이다.

반면 실록에는 소현세자의 시신이 "온몸이 전부 검은빛이었고 이목구비의 일곱 구멍에서는 모두 선혈이 흘러나오므로…마치 약물에 중독되어 죽은 사람과 같았다"고 기록되어 있다. 이를 토대로 소현세자가 독살당한 것이 아닌가 하는 의심이 생겨났으며, 독살설은 최근까지 거의 정설로 여겨져 왔다. 소현세자를 정치적 경쟁자로 여겼던 인조, 그리고 왕의 총희로서 세자 및 세자빈과 사이가 나빴다는 조귀인貴人 중 어느 한 쪽(또는 모두)이 손을 써서 소현세자를 독살했으리라는 추측이었다.

그러나 최근 다른 가능성을 뒷받침하는 근거가 제시되었다. 소현세자가 남긴 『동궁일기』를 분석한 결과 그는 청나라 생활 도중 잦은 병에 시달렸고 몸이 극도로 허약해진 상태로 귀국했으며,

따라서 젊은 그가 급서한 것은 전혀 이상한 일이 아니었다는 것이다. 그렇게 보면 야사 쪽의 이야기가 설득력 있게 된다. 가뜩이나 몸이 부실한 사람이 부왕의 엄한 질책을 받자 큰 충격을 받고, 그 결과 학질에 걸려 세상을 떠나고 말았다고 볼 수 있다. 실록에 기록된 "시신의 이상한 모습"은 당시 염습에 참여했던 사람 중 하나가 발언한 내용을 전해 듣고 옮긴 것이라, 완전히 믿을 만하다고 보기 어려운 점도 있다.

아무튼 독살은 아니었다 하더라도 인조의 냉대와 적의가 소현세자를 죽음으로 몰고 갔다는 점은 거의 확실하다. 실록에는 처방을 잘못 내린 결과 세자가 죽었다는 기록도 있는데, 조선 최고의 의학기술을 보유한 어의들이 학질 같은 병을 제대로 대처하지 못했다는 이야기도 의문을 남긴다. 더구나 이런 경우 통례적으로 따르게 마련인 어의에 대한 문책에 대해서도 인조는 "어련히 잘 처방 했겠는가…, 문책은 필요 없다"며 물리쳤다.

소현세자의 비극은 끝나지 않았다. 약 1년 뒤, 이번에는 그의 빈궁이었던 강씨가 역모죄로 몰려 죽음을 당한다. 인조의 수라상에 독을 넣었다는 것인데, 소현세자 사후 완전히 세력을 잃어버렸던 그녀가 그만큼 손을 쓸 수 있었을지 의문이었다. 게다가 이미 봉림대군이 새로운 세자로 책봉된 마당에 인조가 승하한다고 권력을 쥐기도 어려웠다.

이 사건을 소현세자 독살에 뒤이은 정치적 숙청의 일환으로 보기도 하는데, 당시 강빈의 정치적 위상이 희미했음을 보면 이 역시 설득력이 약하다. 그보다는 당시 인조가 사로잡혀 있던 피해 망상증이 빚어낸 해프닝이 아니었을까? 강빈이 실제로 역모를 꾀했을 가능성은 적지만 그녀가 시아버지 인조의 눈 밖에 난 데는 그녀 자신의 책임도 없지 않았다.

그녀가 북경에 있을 때 왕비가 입는 자의紫衣를 차려 입었고, 귀국해서는 세자의 죽음 이후 인조에게 언성을 높이며 대드는가 하면 문안 인사도 그만두는 등 불손한 행동을 거듭했다고 한다. 경박하고 직선적이었던 그녀의 품행이 인조와 소현세자의 사이를 벌리는 데 영향을 주었을지도 모른다. 나중에 김자점이 몰락한 뒤 주위에서 강빈의 신원을 제의하자, 효종은 자신이 청나라 볼모 시절부터 지켜보니 그녀는 역보를 하고도 남을 여자였다며 단호하게 거부하고 있다. 결국 강빈은 송시열 등 청서파들이 완전히 정권을 잡은 숙종 대에 가서야 신원된다.

그런데 소현세자와 강빈의 비극에 김자점은 어떤 역할을 했을까? 김자점이 팔을 걷어붙이고 두 사람의 죽음에 관여했다는 설이 나돌았고, 숙종 이후에는 거의 정설이 되다시피 했다. 하지만 김자점은 친청파답게 본래 소현세자와 친밀했다. 인조의 냉랭한 태도를 알고 그만두었지만, 아무튼 인조만이 아니라 청나라의 눈치를 보던 김자점이 청나라의 비호를 받고 있던 소현세자를 없애는 데 앞장섰다고는 생각하기 힘들다. 소현세자를 음해했다는 조귀인과 김자점이 사돈지간이라는 사실이 그가 음모의 배후였다는 추측의 근거인데, 조씨가 낳은 효명옹주와 김자점의 손자가 혼인한 것은 강빈이 사사당한 뒤로도 1년 반이나 지난 뒤의 일이었다.

　김자점은 이 비극의 주연이 아니라 조연, 무대를 꾸며주는 어릿광대 역을 맡았던 것 같다. 인조는 우선 청나라와 통하는 그를 내세워 청나라의 의심을 무마시켰다. 당시 청나라는 소현세자의 죽음의 원인을 묻는 사신을 보내고, 소현세자가 남긴 아들들을 청나라로 데려가 키우겠다고까지 했다. 이를 김자점이 나서서 대략 잘 마무리했던 것이다. 그리고 강빈이 사사하는 결정 당시는 예스맨의 진가를 발휘했다. 아무리 봐도 강빈이 역모를 꾀했을 가능성은 없다는 생각에, 당시 조정의 대소 신료들이 저마다 반대 의견을 냈다. 대체로 인조의 뜻에 맞는 말만 해오던 최명길조차 사사만큼은 안 된다고 나섰다. 예상 밖의 사태에 당황하고 있던 인조에게 유일하게 찬성하는 대신은 김자점뿐이었다. 김자점은 이에 앞서 소현세자의 아들이 아니라 봉림대군을 세자로 정하자는 인조의 뜻에 유일하게 찬성했다.

　인조의 가려운 곳을 제대로 긁어준 덕분에, 김자점은 마침내 정승의 자리에 오르게 된다. 효명옹주를 손자며느리로 맞은 것도 그 덕분이라고 할 수 있었다. 또한 김자점과 계속 반목하던 김상헌, 송시열 등 청서파의 대표들은 이 과정에서 인조와 맞선 끝에 조정에서 밀려났다. 바야흐로 김자점의 전성시대였다. 이제 그는 역대 간신들이 해온 그대로 부정한 수단을 써서 재물을 긁어모으고, 온갖 사치를 부리며 권력의 단맛에 취해 있었다.

김자점　　311

빠른 몰락, 오랜 악명

그러나 이제껏 김자점에게 계속 미소를 보내주던 행운의 여신도 이제는 싫증이 난 것 같았다. 김자점이 자신의 마지막 으뜸패라고 믿고 뽑았던 패가 사실은 망하는 패였던 것이다. 김자점은 봉림대군이 세자로 결정될 때 큰 역할을 했고, 인조가 말년에 김자점과 이시백을 불러 세자를 부탁하고 세자에게는 두 사람을 깍듯이 예우하라고 말하기까지 했다. 이렇게 볼 때 효종이 집권해도 자신의 권세는 여전하리라고, 김자점은 믿었을 것이다.

그러나 효종이 즉위하자마자 김자점을 성토하는 상소가 올라오기 시작한다. 더구나 효종은 처음 몇 번 물리치는 척하더니, 그 상소를 전격 수용해 김자점을 귀양 보내고 만다. 조선 왕조에서는 본래 선대 임금 때의 중신은 웬만큼 탄핵을 받아도 쉽게 처벌하지 않는 것이 관례였다. 한명회는 10여 년간 탄핵에 시달리면서도 끝내 파멸을 면했고, 유자광, 윤원형을 처벌하는 데도 몇 개월 동안의 끊임없는 탄핵이 있어야 했다. 그런데 거의 마지막 남은 반정의 원훈인 데다 고명대신(顧命大臣. 임금의 유언으로 나라의 뒷일을 부탁 받은 대신)이기도 한 김자점을 탄핵이 시작된 지 겨우 6일 만에, 체직이나 파직도 아니고 귀양을 보내도록 하다니! 상식에 어긋나는 조처였다. 효종도 멋쩍었던지 나중에 "김자점은 세자 시절에 내가 선왕의 몸이 불편한데도 서연書筵을 열었다고 내 밑의 관리를 다그친 일이 있다", "선왕의 고명을 받던 날 이시백은 눈물을 흘렸으나 김자점은 가만히 있기만 했다. 이제 보니 그때부터 나를 섬길 생각이 없었던 것이다" 등의 변명을 늘어놓았다. 김자점은 본래 경망스러운 데가 없지 않으니 눈물을 흘려 마땅할 자리에서 정말 멀뚱하니 서 있었을지도 모르지만, 적어도 효종이 그가 바라는 임금이 아니었을 리는 없었다.

너무나 급격하게 권력의 꼭대기에서 곤두박질친 김자점은 당연히 당혹과 분노에 휩싸였을 것이다. 그래서 아들 김익을 통해 청나라에 "인조의 묘지문에 청나라의 연호를 쓰지 않았다"는 내용을 고발하거나 "조정에서 반청 일파가 정권을 잡아, 곧 청나라를 공격하려 하고 있다"는 모함을 했다는 소문이 파다했다. 그게 과연 진실이었을지는 알 수 없다. 아무튼 다음에 오는 청나라 사신이 강경하게 나올 게 틀림없다며 조정도 잔뜩 긴장을 하고 있었으나, 의외로 별일 없이 넘어 갔던 것이다. 하지만 역시 김자점의 존재는 찜찜했다. 그래서 이른바 김자점의 역모 사건이 발생하게 된다.

역모의 내용이란 황당했다. 김자점과 김자점의 아들들, 그리고 조귀인의 사촌오빠인 조인필이 손을 잡고, 조귀인은 궐 안에서 짚 인형 등으로 저주하고 나머지는 각지에서 돈을 주고 모은 병사로 한양을 공격하려 했다는 것이었다. 그렇게 허술한 방법으로 과연 역모가 성공하리라 믿었을까? 그리고 임금으로 추대할 사람은 효명옹주의 남편이자 김자점의 손자인 김세룡이었다고 했는데, 나중에는 조귀인의 소생인 숭선군으로 바뀌었다. 역모 내용을 '조작'한 측에서 '역성혁명'은 너무 지나치다 싶어 숭선군을 대신 내세운 게 아닐까. 아무튼 이 일로 김자점은 그의 아들들과 함께 거열형에 처해졌고, 조귀인 등도 결단이 났다. 하지만 숭선군은 무사했다.

김자점을 성토하는 데 앞장선 사람은 인조 말기에는 숨을 죽이고 있던 청서파의 대표자 송준길이었다. 청서파는 김자점과 함께 몰락한 공서파의 뒤를 이어 정권을 차지하면서, 이이-김장생의 학통을 이은 철저한 명분 중시와 북벌北伐을 정치이념으로 내세웠다. 그 과정에서 그들은 이미 죽은 김자점을 계속 짓밟았다. 소현세자와 강빈의 죽음은 물론 임경업의 죽음 역시 그의 책임으로 돌려진다. 사실 임경업은 한때 김자점의 부하였으며 김자점은 임경업의 직무상 과실을 무마해 준 적도 있었다. 임경업은 명나라를 공격하기 위한 청나라의 파병 요구로 출정했다가 도리어 명나라와 내통하던 끝에 청나라의 죄수가 되고, 다시 심기원의 옥사에 연루되었다는 혐의로 청나라에서 압송된 다음 국문 도중에 죽었다. 김자점은 이때 임경업의 편을 들지는 않았으나 친청파에다 인조의 친신인 그가 편을 들 까닭은 없었다. 그런데 임경업이 최후까지 청나라에 항거한 의인으로, 김자점은 청나라에 굴종한 매국노로 인식되면서 김자점이 임경업을 해쳤다는 설이 그럴듯하게 받아들여졌던 것이다.

이처럼 김자점은 희대의 간신이자 인조반정과 호란을 거친 격동의 정치사의 모든 비리의 원흉으로 지목되었고, 나중에는 한

때 그의 관련자의 후예라는 이유만으로도 벼슬길이 막히는 지경에 이른다.

시대를 이끌어가지 못한 사람

김자점은 그리 유능하지도, 성실하지도 못한 사람이었다. 그러나 시대를 잘 탔던 덕에 최고의 자리까지 올랐고, 다시 시대를 잘 타지 못해서 파멸했다. 더구나 어울리지 않는 대악당의 멍에까지 걸머졌다. 그는 여러 가지 잘못을 저질렀다. 그러나 가장 큰 잘못은 그가 시대를 타기만 할 뿐 이끌어가지 못했고, 이끌어가려 하지도 않았다는 점이었다.

당시는 혼란의 시대였다. 반정이 일어나서 임금이 바뀌고, 오랑캐라고 멸시하던 자들에게 강토가 유린되며 건국 이래 최대의 치욕까지 당했다. 이런 시대에는 누군가 땅에 떨어진 국민의 사기를 드높이고, 새로운 시작을 위해 애쓸 것을 독려하는 비전을 제시해 줄 필요가 있다. 그런 사람들은 있었다. 김상헌과 임경업이 목숨을 걸고 절개를 지키는 비전을 보여주었다면, 최명길은 굴욕을 참고 내일을 준비하는 비전을 보여주었다. 심지어 김류나 이귀, 신경진 등에게도 악정을 타도하고 정치를 바로잡겠다는 비전이 있었다. 그들의 행동의 실제 의미가 어떠했든, 고통 받던 국민은 그들의 행동에서 뭔가 희망을 보았던 것이다. 그러나 반정에서 북벌까지 정치사의 중심에 있었던 김자점은 아무런 비전도 보여주지 못했다. 20년 가까이 조정에서 중요한 위치에 있었음에도, 이렇다 할 제도 개혁 하나를 해내지 못했다.

그는 단지 자신의 이익만 바라보고 이 줄에서 저 줄로 건너뛰는 어릿광대와 같았다. 광해군에서 인조로, 반청에서 친청으로, 소현세자에서 인조로…. 그러나 마지막 잡은 줄인 효종은 그를 지탱해 주지 않았다. 아무도 그의 실족을 붙잡아주지 않았다. 아무도 그의 추락을 아쉬워하지 않았다.

우리 시대, 우리 주변에서도 가끔 볼 수 있다. 별다른 재능도 없이 줄서기를 잘한 덕분에 잘나가는 사람들을. 그들은 대개 윗사람을 위해 상식과 원칙을 적당히 굽혀준 대가로 총애를 받는다. 재능도 비전도 리더십도 없이, 오직 언제 고개를 숙이고 누구에게 손을 비벼야 할지 잘 아는 것만으로 출세한다. 그렇게 해서 제 능력에 걸맞지 않은 자리를 차지하는 사람이 많을 경우, 조직은 안에서부터 썩어간다. 원칙만을 주장하고 융통성이 없는 사람도 문제는 있다. 그러나 때로는 모든 것을 걸고 원칙을 지키려는 사람이 반드시 필요하다. 그들에게 조직은, 사회는 합당한 자리를 만들어주이야 한다. ─ 너무 늦지는 않게!

최후의 인간

이완용

1858 ~ 1926

조선 말기-대한제국기의 정치가. 1882년 증광문과에 급제한 후 1887년 주미공사를 수행해 미국에 간 이후 1896년까지 외교와 학술 분야에서 주로 활동하였다. 1896년 아관파천 후 친러내각에서 대신을 역임했으나 다시 친일파로 변신, 1905년의 을사조약에서 주도적인 역할을 해 '을사오적'으로 불렸다. 다시 1907년 내각총리대신이 되고 고종 퇴위와 정미7조약 조인, 그리고 1910년의 한일병합을 주도함으로써 친일파의 대표로 평가받았다. 국권 상실 후 일제에게 작위를 받고 중추원 부원장 등을 지냈다.

奸

이완용.

아마도 한국사에서 악인을 한 사람 뽑으라고 한다면 거의 확실히 1위를 차지할 사람이다. 친일파에게도 나름대로 입장이 있었다고 주장하는 사람들도 "이완용 같은 진짜 매국노, 골수 친일파를 제외하면…"이라는 단서를 붙이는 경우가 많다.

그러나 이완용이 처음부터 철두철미 친일파였던 것은 아니다. 뚜렷하게 나누기는 어렵지만, 그는 관계에 진출한 후 5년간 친청파, 3년간 친미파, 14년간 친러파(이 기간 중에는 어느 정도 친미파의 성격을 공유했다)였으며 친일파로는 1904년 이래 죽을 때까지 21년 정도 활동했다. 이러한 변신을 두고, 그는 좋게 말해 처세의 달인, 나쁘게 말해 이익에 따라 간에 붙고 쓸개에 붙고 하는 소인배였다고 풀이하기도 한다. 어느 정도 맞는 말이다. 하지만 그러한 '줏대 없는' 변신의 역사는 곧 전통 한국의 마지막 역사이기도 했다.

이중적 출신과 엘리트의 길

이완용은 1858년 6월 7일, 경기도 광주에서 이호석의 아들로 태어났다. 그의 가문인 우봉 이씨는 고려 시대부터 내려오는 쟁쟁한 명문이었다. 그러나 정작 그의 직계는 몇 대 동안 벼슬을 하지 못해, 양반의 명맥을 겨우 유지하며 근근이 살아가고 있었다. 이이첨만큼은 아니었더라도, 어린 이완용은 매우 쪼들리는 환경에서 자랐다.

그러나 열 살이 되면서 그의 인생에 첫 변역變易이 온다. 우봉 이씨 중에서 가장 혁혁한 집안을 이끌던 이호준의 양자로 들어가게 된 것이다. 이호준 자신도 양자 출신으로, 직계 자손이 변변치 않으면 방계에서 똑똑한 아이를 데려와 후계자로 삼는 것이 그 집안의 전통이었다. 이완용은 가장 보잘것없는 집안 아이였지만 당시에 벌써 『천자문』은 물론 『효경』, 『소학』까지 떼어 신동이라는 평판이 있었기 때문에 이호준에게 선택된 것이었다. 다 쓰러져가는 시골 초가집에서 살던 소년 이완용은 하루아침에 서울 한복판의 대갓집에서 부잣집 도령으로 살게 되었다.

하지만 그는 마냥 도취에 빠져 있을 수는 없었다. 애정이 아니라 필요에 따라 맺어진 부자관계. 그는 독선생獨先生을 모시고 열심히 공부해야 했다. 유교 경전뿐 아니라 시문과 서예도 익혔다. 민비와 대원군 사이에서 양다리를 걸친 채 교묘한 처세술로 살아남고 있던 양아버지에게서 처세의 묘리도 배웠다. 또한 자신을 거두어준 집안 어른들을 깍듯이 섬겨야 했고, 대갓집답게 한 달에도 두세 번씩 돌아오는 제사를 챙길 줄도 알아야 했다.

이런 청소년기를 거치며 이완용은 본심을 드러내지 않고 남의 눈에 '모범생'으로 보여야 할 필요를 뼛속 깊이 새겼을 것이다. 사실 그는 평생 모범생이었다. 나라를 팔아먹은 장본인에게 당치 않은 말일지 모르지만, 그는 주변 사람의 눈에는 늘 공손하고 단정했으며 주색잡기에 빠지는 일이 없었다. 혼란의 시대를 맞아 위로는 임금에서부터 아래로는 상민들까지 예의범절을 팽개치고 타락의 광풍에 빠지는 경우가 많았음을 생각할 때, 그는 예외적인 존재였다.

이완용은 이러한 모범적인 행동거지와 노력, 그리고 집안의 후광으로 과거에 급제한 뒤 순조롭게 출세 가도를 달렸다. 임금과 민비의 눈에 모두 들었다. 그리하여 한동안 청요직을 맡아 일하며 갑신정변의 주역들을 처단하는 과정에 참여했는데, 굳이 말하면 친청파-보수파였던 셈이다. 하지만 그는 얼마 안 있어 처음으로 변신의 기회를 맞는다. 28세의 젊은 관료로서, 엄격한 선발 과정을 통과해 신학문을 익히는 육영공원에 입학한 것이다.

위기와 기회, 변역의 세월

육영공원은 그리 내실 있게 운영되지 않았지만, 전통 학문만 죽어라고 익혀온 이완용에게는 새로운 경험이었을 것이다. 1887년, 그는 초대 주미 공사관 참찬관이 되어 미국에 감으로써 이 경험을 발전시키게 된다. 전후 두 차례 미국에서 외교관으로 활동하며 그는 서양의 현란한 문물을 눈에 새겼고, 개화파에 기울어진다. 그러나 혁명을 시도한 김옥균이나 입헌군주제를 추진한 박영효 등에 비하면 그는 온건하고 조심스러운 개화파였다. 결코 조선 왕실의 권위에 도전하는 언행을 하지 않았으며, 남들처럼 유행에 휩쓸려 기독교로 개종하거나 영어, 일본어를 열심히 공부하지도 않았다.

귀국한 그는 성균관과 승정원, 한성부 등에서 중견 관료로 재직하는 한편 '정동구락부'에 가입해 활동한다. 청나라와 일본이 조선을 놓고 으르렁거리고 있는 상황에서 제3세력인 미국, 러시아의 힘을 빌려 독립하고 개화하자는 의식을 갖고 있던 정동구락부는 정치적으로 친러파의 주요 인물들을 배출했다. 그리고 사회적으로는 독립협회를 탄생시키게 된다.

1895년, 이완용은 명성황후가 시해되는 사변이 터지고 친일 내각의 적으로 지목되자 미국 공사관으로 피신한다. 그러나 미국에 비해 러시아가 조선 문제에 더 적극적임을 알고, 친러파의 대표인 이범진 등과 손잡고 고종을 러시아 공사관으로 빼돌리는 아관파천을 계획, 성공한다. 이로써 친러파의 세상이 되자 외부대신과 학부대신을 역임하는데, 이때 이완용은 나름대로 '개화파'다운 모습을 보여준다. 성균관을 근대교육기관으로 개편하고 소학교를 설치해 이 땅에 처음으로 근대적 국민 교육을 실시하는 주역이 되었고, 독립협회의 창립에 참여했다. 창립위원장이었던 그는 협회 기금에 누구보다 많은 금액을 기부했고, 독립문 건설 계획도 주도했다. 지금 남아 있는 독립문의 현판 글씨도 그의 글씨로 알려져 있다.

하지만 친러파이자 개화파라는 정체성은 이완용의 인생에 뿌리내리지 못했다. 러시아는 점차 국정의 간섭 정도를 높이며 각종 이권을 탐욕스럽게 요구해 왔고, 독립협회가 여기에 맹렬히 반대하면서 의회 설치, 입헌군주제 추진 등 서구적 제도개혁을 꿈꾸는 '과격파'의 목소리가 커지게 되었다. 이완용은 이 두 가지 '과격화' 모두에 반대하며 러시아와 독립협회를 중재하려고 했지만, 결국 실패하여 양쪽 모두에게 배척된다. 1897년에 내각에서 밀려나 평안남도 관찰사로 쫓겨갔고, 1년 후에는 독립협회로부터 제명당하는 것이다. 마침 양부 이호준의 상이 겹치면서, 이완용은 몇 년 동안 풍운의 정치판에서 물러나 칩거 생활을 하게 되었다. 이때가 아마 이완용의 인생에서 최대의 시련기였을 것이다. 그리고 자신의 처세술을 반성하면서 다시금 결심했을 것이다. 과격한 노선은 상대하지 말 것, 언제나 대세를 따를 것, 돌아가는 사정을 잘 살피고 때에 맞추어 변역할 것.

친일 매국의 상징이 되다

이처럼 정계에 들어선 지 20년이 넘도록 친일파가 아니었고, 친러내각에 있을 때는 이전 친일내각 참여자들의 숙청에 앞장서기도 했던 이완용이 어째서 친일파의 대명사가 되었는가? 그 계기는 그의 양부의 3년상을 치르는 동안 일어난 러일전쟁이 마련해주었다. 1904년 궁내부 특진관으로 조정에 돌아온 그는 바야흐로 대세는 일본이라고 판단하고 열심히 일본 쪽에 줄을 선다. 원래 고종의 총애가 있는 데다 친러내각 말년에 좌천된 경력도 도움이 되어, 그는 다시 학부내신으로 입각하게 된다. 그러고 나서 한일병합에 이르기까지 벌어진 망국의 과정에서, 그는 중심적인 역할을 담당한다. 그리하여 역사에 길이 남을 원조 친일파, 최악의 매국노가 된다.

1905년 11월, 숙적 러시아를 물리치고 미국과 영국에게서 조선에 대한 '권한'을 인정받은 일본은 이토 히로부미를 한국에 보냈다. 우선 외교권을 빼앗는데, 사실상 내정이 외정과 긴밀히 연결되어 있다는 점에서 내정까지 간섭할 수 있는 권한을 얻으려고 했다. 그리고 일본 군대를 동원해 궁궐을 에워싸며 무력시위를 했다. 을사조약 당시만 해도 한국측 주역은 이완용일 수 없었다. 외부대신 박제순이어야 했다. 그러나 박제순은 "상황이 어렵다는 것은 알지만 내가 주무대신으로서 이 일에 선뜻 찬성할 수는…"이라며 꼬리를 말았다. 이후 일제가 준 관작을 받으며 여유롭게 살았음을 볼 때 박제순이 우국충정에 넘쳐서 그렇게 소극적이었다고 는 볼 수 없다. 다만 매국에 앞장섰다는 비난을 받을 생각에 두려 웠던 것이다. 그것은 용기나 신념이 아니라 비겁함과 무소신의 산 물이었다.

이때 학부대신 이완용이 나섰다.

"우리가 그동안 청나라에 붙었다가 러시아에 붙었다가 하는 바람에 열강이 갈등에 말려들고 전쟁까지 치르게 되었다. 따라서 지금 일본은 우리에게 외교권을 맡겨둘 수 없다는 입장이며 이는 설득할 수 없다고 본다. 다만 조약문 초안을 보면 통감의 권한이 모호한데 외교권은 주더라도 내정간섭은 하지 못하게 차단해야 한다. 그리고 외교권을 돌려받을 시기를 명시해야 한다."

대신들과 함께 한숨만 쉬고 있던 고종은 이완용이 합리적이 고 발전적인 대안을 제시했다고 보았다. 그래서 결국 조약을 수용 하기로 하고 이토와 회담장에 앉았을 때, 박제순 등은 또다시 모 호한 태도를 보이며 말끝을 흐렸지만 이완용은 고종 앞에서 밝힌 입장을 또렷하게 설명했다. 이토 히로부미가 이완용을 눈여겨보 게 된 것도 이때였다. 다른 대신들에 비해 이완용은 냉정하고, 똑 똑하고, 그리고 대세를 잘 파악하고 순응할 줄 안다고 보았던 것 이다. 하지만 그는 이완용이 요구한 '내정간섭 방지와 외교권 반 환시기 명시'는 받아들이지 않았으며, '대세를 따를 줄 아는' 이완 용은 더 이상 요구하지 않았다.

이로써 이완용은 '을사오적'이 되었지만, 아직까지 이완용보다는 주무대신 박제순과 내부대신 이지용을 비난하는 소리가 높았다. 그가 마침내 친일 매국인 '챔피언' 자리를 얻은 것은 1907년 6월에 총리대신이 되고, 한 달 뒤에 고종의 퇴위를 종용하게 된 이후였다.

계기는 고종이 주도한 헤이그 밀사 사건이었다. 약육강식이 당연하게 받아들여지던 당시 국제사회에서, 이미 외교권을 잃은 한국이 아무리 호소해 봤자 한강에 돌 던지기일 수밖에 없었다. 하지만 이 일로 본국의 추궁을 받고 분노에 사로잡힌 이토는 고종과 대신들에게 일본과 전쟁을 할 참이냐고 살기등등하게 위협했다. 혼비백산한 고종과 대신들 앞에서 침착하게 대안을 제시한 사람은 이번에도 이완용이었다. 고종이 퇴위하고 황태자에게 양위하면 대략 무마되지 않겠는가? 이번에는 고종이 쉽게 받아들이지 않았지만, 결국 방법이 없다는 결론에 이르렀다. 그런데 양위 업무를 주도해야 할 궁내부 대신 박영효가 모습을 감춰버렸다. 초기 개화파의 중심인물이던 박영효는 입헌군주제를 주장해 한때 역적으로 몰리기도 했다. 그런데도 막상 자기 손으로 군주의 등을 떠밀어 퇴위시키는 일은 차마 하지 못했던 것이다. 박제순처럼 그도 나중에 일제의 작위를 받고 중추원 부의장까지 하며 친일의 길을 갔다. 국가와 민족을 위한다는 적극적 신념이 아닌, 몸과 마음에 새겨진 봉건적인 충성 관념이 그의 몸을 얼어붙게 했던 것이다. 결국 이완용이 궁내부 대신 대리를 맡아서 양위 절차를 밟았다.

고종 퇴위와 순종 즉위를 치러낸 이완용에게 이토는 다시 새

조약문을 들이댔고, 이완용은 일본의 내정간섭권을 노골화하는 한편 한국 정부의 경찰권, 사법권을 박탈하고 군대마저 해산시키는 내용의 정미7조약을 서명했다. 이제 국권은 거의 대부분 일본의 손에 넘어갔고, 누가 봐도 남은 것은 한일합병밖에 없었다.

그런데 이 시점에서 이완용은 '원조 친일파'의 정체성과는 맞지 않는 듯한 행동을 한다. 송병준 등이 이끄는 노골적 친일단체 일진회가 한일합방을 상소하고 동시에 합방 촉구 성명서를 발표하자, 이완용은 그것을 맹비난하며 심복인 이인직을 시켜서 일진회를 성토하는 국민대연설회를 개최한 것이다.

이를 두고 일제에 대한 송병준과의 충성 경쟁 때문이었다고 보기도 한다. 하지만 충성 경쟁을 하려면 송병준보다 더 열렬히 합방 촉구 운동에 나서야지, 합방에 반대해서는 안 되지 않겠는가? 합방이 이루어지면 자신의 총리대신 직위가 사라지게 되는 것을 염려했다는 분석도 있다. 이것은 일리가 있다. 그리고 항상 과격한 노선을 피해온 그의 태도가 반영된 때문이기도 할 것이다. 이완용은 허울밖에 안 남은 국가이지만 아직 국가 자체를 없앨 마음은 없었다.

그러나 합방 반대 운동 중에 이완용은 이재명의 칼을 맞고 중태에 빠진다. 거의 목숨을 잃을 뻔하다가 살아나 총리대신에 복귀한 이완용은 한일병합이 이미 어쩔 수 없는 대세가 되었음을 깨닫는다. 그리고 언제나처럼 대세에 순응한다. 다만 데라우치 통감과의 회담에서 "저항을 최소화하기 위해" 기존 양반계급에게 일정한 대우를 해주어야 한다고 요구한다. 이로써 조선귀족령이 제정되기로 합의되었다. 그리고 1910년 8월 22일, 이완용은 전권대신으로서 테라우치 통감과 합방 조약에 서명함으로써 조선 왕조는 멸망했다. 그리고 수천 년을 이어온 전통 한국 자체가 소멸했다. 역사는 끝났다.

매국賣國에 이어 시군弒君까지?

일제의 백작 작위를 받고 중추원 고문에 임명된 이완용은 '역사가 끝난' 후에도 남은 역할이 있었다. 1919년 1월에 고종이 승하했고, 그 장례식은 3·1운동의 도화선이 되었다. 이완용은 장의부 차장으로 고종의 국왕을 치렀으며, 3·1운동에 대해서는 3차에 걸쳐 '자제'를 촉구하는 성명을 냈다.

이완용의 논리는 이왕 일본에게 합병된 이상 철저히 일본의 국민이 되어야 한다는 '내선융화론內鮮融和論'에 입각해 있었다. 이것은 송병준의 '자치론'과 상반되었지만, 두 가지 모두 일제의 지배를 일단 인정하고 실력을 키워 내일을 도모하자는 '실력양성론'의 기반이 되는 논리였다.

여기서 논란이 되는 부분은 과연 고종이 자연사했느냐, 누군가에게 독살되었느냐는 것이다. 그리고 독살되었다면 그 범인은 이완용이 아닐까? 독살설에 반대하는 쪽에서는 실제로 독살 위험에 한 번 빠졌던 고종이 철저하게 먹을거리를 조사하고 섭취했으므로 독살이 쉽지 않았으리라는 점, 그리고 고종 사망 당시 이완용은 왕세자 이은과 마사코 황녀(이방자)의 혼인을 추진하고자 일본에 있었다는 점을 지적한다. 그러나 이완용에 의한 독살설을 믿는 쪽에서는 고종이 병석에 있던 며칠간 이완용이 옆을 지켰으며, 정확한 사망 일자는 조작되었을 수 있다는 점, 당시에 이완용이 고종을 독살했다는 소문이 돌았을 뿐 아니라 주변적 사료에도 그렇게 적혀 있다는 점을 든다.

지금 시점에서 확실히 판단하기는 어렵다. 그러나 독살설을 주장하는 측에서는 고종이 을사조약과 한일병합 과정에서 일제와 당당히 맞섰으며, 이완용은 일제의 앞잡이로서 칼을 빼들기까지 하며 고종을 위협했다는 설을 함께 믿는 경우가 많다.

이것은 신빙성이 적다. 이완용은 냉정한 협상가이지 과격한 무뢰한이 아니었다. 어전에서 칼을 빼들 만큼 과격했던 사람은 송병준이었다. 그리고 황실과 이완용은 내내 사이가 좋았다. 오랜 세도정치와 개화기의 혼란 속에서 무식한 천민 출신이 일약 대신의 자리에 오른 경우가 적지 않았다. 김홍륙, 이범진, 송병준 등이 모두 그랬고, 한규설도 무신 출신이었다. 그에 비해 명문가 자손인 데다 정통 관료 출신이고, 교양 있고 예의바른 이완용은 고종과 순종의 환심을 샀다. 을사조약 등에서 그가 '합리적 대안'을 제시하는 모습은 고종과 이토 모두의 신임을 얻게 해주었다. 고종은 을사조약 후 이완용에게 수고했다며 위로금을 내렸을 뿐 아니라, 고종 퇴위 후 성난 군중이 이완용의 집을 불태워 버리자 자신의 저택인 남녕위궁을 하사해 살도록 했다. 그리고 이완용 집에 경조사가 있을 때마다 빠짐없이 선물을 보냈다. 이완용도 고종 퇴위 후에나 병합 후에나 항상 고종과 황실에 예의를 대하며, 그 대소사를 알뜰히 챙겨주었다.

그렇다면 이렇게 추측해 볼 수 있지 않을까. 한일병합 이후 고종은 외국으로 망명하여 독립운동을 전개할 생각이 있었던 것 같다. 일제의 위협에 목숨을 걸고 당당히 맞설 용기는 없었지만, 500년 종묘사직을 자기 대에 끝냈다는 부담감도 떨쳐버릴 수 없었을 것이다. 그런데 여기서 이완용의 도움을 은밀히 요청하지는 않았을까? 이미 아관파천 때 이완용의 힘을 빌려 일본의 손아귀에서 탈출한 적 있던 고종은 이완용의 수완과 총독부에서 얻는 신임에 기대고 싶었을 수 있다. 하지만 이완용이 그런 요청을 받았다면 그에게 그것은 일대 평지풍파를 불러올 수도 있는 또 하나의 '과격한 노선'이었으리라. 고종의 의지를 끝내 꺾을 수 없다고 본 그는, 모종의 결심을 하지 않았을까?

나라가 망하는 과정에서 많은 사람이 변절을 하고, 대세에 순응했다. 그러나 막상 총대를 메게 될 때는 머뭇거렸다. 언제나 냉정함을 잃지 않고, 대대로 악명을 떨치게 되리라는 예측 속에서도 앞장서서 악역을 떠맡은 장본인은 이완용이었다. 을사조약, 고종 퇴위, 한일병합, 그리고 어쩌면 고종 암살까지…. 그는 천인공노할 일을 주저 없이 척척 해치웠다. 그것은 그에게 영혼이 없었기 때문이다.

최후의 인간

고종 퇴위가 이루어진 1907년 전후, 이완용에 대해서 추잡한 소문이 떠돌았다. 그의 며느리 임씨와 불륜관계에 있다는 것이었다.

"을사조약 이후, 이완용의 큰아들 이명구가 일본에 유학을 가 있는 틈을 타서 이완용이 며느리와 간통을 했다. 귀국한 이명구가 어느 날 안방에 들어가 보니 아버지가 임씨의 무릎을 베고 누워 있었다. 이를 본 이명구는 망연자실했다. '집안과 나라가 함께 망했으니 죽는 수밖에 없구나!' 그는 이렇게 탄식하고는 자살해 버렸다. 그 뒤 이완용은 며느리를 아예 첩처럼 끼고 살았다."

이 소문은 『매천야록』에 수록되었을 뿐 아니라, 『황성신문』을 포함한 당시 언론에 회자되기도 했다. 『이완용 평전』을 써서 그동안 부족했던 이완용 연구에 큰 획을 그은 윤덕한 씨는 소문의 내용에 사실 관계가 맞지 않는 부분이 있다는 점을 들어 이를 낭설이라 본다. 즉 이명구는 일본에 유학을 간 적이 없고, 죽은 것도 을사조약 이전인 1905년 8월로 "나라가 망했다"는 말을 하기에는 아직 일렀다.

사실 이완용을 증오하는 민중의 마음이 상상력과 결합하여, 주초위왕 이야기처럼 전설을 만들어냈을 수도 있다. 하지만 이완용의 경우는 오히려 진실일 수도 있다고 본다. 일단 주초위왕처럼 수십 년이 지나 퍼진 이야기가 아니라 당시의 소문이다. 사실관계가 일부 다른 것은 소문에 으레 따르기 마련인 와전의 범위 내에 들어간다. 이명구가 꼭 나라가 망했다는 말을 하지 않았을 수도 있으며, 그가 죽음으로써 비로소 간통의 계기가 주어졌을지도 모르는 것이다. 무엇보다 며느리와 한 집에서 사는 사람이 거의 대부분이었을 텐데, 개화기 이래 민중의 욕을 먹은 그 많은 사람들 중에서 왜 유독 이완용만 그런 소문이 났을까?

며느리와의 간통설을 더욱 그럴듯하게 여기는 이유는 그것이 이완용에게는 어울리는 행동이었기 때문이다. 자신의 욕망과 이익 앞에 아무런 거리낌 없는 인간, 말초적 쾌락을 만족시키는 외에 어떠한 고귀한 가치도 모르고, 아무런 이상理想도 없이 살아가는 인간. 니체는 그런 인간을 말세에 나타나는 "최후의 인간"이라 불렀다. 이완용은 전통 한국 사회의 최후의 인간이었다. 그리고 동시에 니체적인 의미의 최후의 인간이기도 했다.

이완용에게 무엇을 기대하겠는가? 그가 어려서 밤낮으로 외우고 익힌 유교 경전은 서양의 충격 앞에 휴지가 되었다. 영원한 문명의 원천 중국은 서양 오랑캐들에게 유린되고, 섬나라 원숭이라고 깔보던 일본인들에게까지 농락당했다. 서양 학문과 가치관은 그가 성장한 사회의 사상과 문화를 야만이라고 매도했고, 본래 황인종은 백인종보다 열등한 족속이라는 비웃음까지 던졌다. 한편 옛 사상을 대신할 자유주의, 사회주의, 민주주의 등을 접하기에는 아직 일렀다.

이완용에게 무엇을 기대하겠는가? 그가 세상에 나가서 본 인간은 임금에서 대신까지 부패하고 몰염치하며 겉만 번지르르한 속물들이었다. 아니면 이미 낡아빠진 사상이나 실체도 없는 관념에 사로잡혀 과격한 행동을 자행하는 바보들이었다. 그는 고종도, 최익현도, 송병준도 믿고 따를 수 없었다. 차라리 조국 일본을 위해 남의 나라를 빼앗을 야망에 불타는 이토 히로부미가 존경할 만한 인물이었다.

이완용에게 무엇을 기대하겠는가? 그가 던져진 세상은 야수들의 사냥터였다. "세도世道의 책임"이니, "백인의 사명"이니 하며, 강자가 약자를 짓밟는 일이 버젓이 정당화되는 세상. 음모, 배신, 암살, 아니면 폭동이나 전쟁으로 정치를 하는 세상. 그런 세상에서 살아남으려면, 그리고 나름대로 강자가 되려면 오직 줄을 잘 서야 했다. 민비 편이 되느냐 대원군 편이 되느냐, 러시아에 붙느냐 일본에 붙느냐 등이 정치적 선택의 전부였다. 이념이니 소신이니 따위는 아무짝에도 쓸모없었다.

그는 「등불 아래 얼핏 떠오른 생각燈下偶吟」이라는 제목으로 다음과 같은 시를 지었다.

살면서 일찍이 풍진風塵 세상에 나그네 되어,

힘든 일과 쉬운 일, 모두가 나와는 무관했다.

나라를 팔았다, 임금을 죽였다, 무슨 무리한 비난인가.

웃고 대답하지 않으니, 마음은 절로 한가롭네.

신식 교육과 미국 체류를 통해 이제껏 알아오던 세상 밖의 세상을 보았을 때부터, 아니 어쩌면 고향 집을 떠나 이호준의 양자로 후계자 수업을 받기 시작했을 때 이미, 이완용은 자기 인생의 주체가 아니라 나그네가 되었다. 나그넷길에서 어쩔 수 없이 행한 힘든 일이나 쉬운 일이나, 그의 진정한 자아와는 무관했다.

그는 자신에게 쏟아지는 비난에 대해 "웃고 대답하지 않으니, 마음은 절로 한가롭네笑而不答心自閑"라는 이백의 시구를 그대로 끌어다 쓴다. 「산중문답山中問答」에서는 이백은 "어째서 세상을 벗어나 산속에서 홀로 살고 있는가"라는 질문에 가만히 웃고 대답하지 않는다. 이백에게 속세를 떠나 산속에서 조용히 사는 삶이, 이완용에게는 격동의 구한말, 끊임없는 변역의 소용돌이 속에서 부대끼는 삶과 마찬가지였다. 아관파천! 독립협회! 을사조약! 한일병합! 그 어느 것도 그의 내면 깊이에까지 손을 뻗쳐 그의 마음을 흔들지 못했다. 개혁파가 되든 보수파가 되든, 고종황제를 섬기나 메이지 천황을 섬기나 다를 게 없었다. 그에게는 인생의 절대적인 가치를 제시해 줄 영혼이 없었기 때문이었다. 종잡을 수 없는 시대에 나서 살아남으려 안간힘을 쓰던 어느 순간, 그의 영혼이 죽어버리고 말았던 것이다.

영혼이 없는 사람, 그래서 어떤 파렴치한 짓도 거리낌 없이 할 수 있는 사람치고는 너무 '건전하게' 살지 않았느냐고 말할 수도 있다. 사실 그는 겉으로 드러나는 모습만으로는 평생 모범생이었다. 나라를 판 대가로 얻은 재산을 터무니없는 방탕으로 탕진해

버리는 사람도 있었지만, 그는 사치도 부리지 않고 주색에도 빠지지 않았다.

하지만 니체의 최후의 인간이란 아무런 행동 준칙도 없이 되는대로 살아가는 인간은 아니다. 나름대로의 원칙과 도덕률도 있다. 하지만 그것은 어디까지나 남들 앞에 내세우는 처세의 방편일 뿐, 도덕 자체에 대한 신념은 조금도 없다. 그는 이호준의 집에 들어갔을 때부터 남들의 눈치를 보며 사생활을 깨끗하게 꾸며 보이는 일이 몸에 배어 있었다. 며느리와 간통하는 것 같은 내밀한 부분이야 예외였겠지만.

앞서 소개한 것 외에도 그가 남긴 여러 시문을 보면, 언뜻 보기엔 그럴듯하지만 곧 뭔가 공허하고 삭막함을 견딜 수 없어진다. 혼이 들어 있지 않은 글, 격식만 맞췄을 뿐 마치 로봇이 쓴 것 같은 글이다. 선교사이자 의사로서 구한말 한미외교의 중심 역할을 맡았던 알렌은 처음에는 이완용의 총명함에 감탄했으나, 결국 이러한 평을 내리지 않았던가.

"이완용? 그는 한마디로 로봇 같은 사람이다."

악당도 쓸모가 있다.

1919년 3·1 운동이 끝나고부터 1926년 2월 11일 사망할 때까지 (이재명에게 입은 상처가 끝내 후유증을 남겼다) 8년 동안, 이완용은 혼의 허무를 메우려는 듯 재산 증식에 열중했다. 조선 각지에 그의 땅이 생겼고, 마침내 민영휘에 이어 조선인 중에는 두 번째 재산가가 되었다. 그리고 일본이나 조선 각지를 여행하며 한가롭게 살았다. 그러나 그가 일제의 비호 아래 마냥 당당하게 살 수 있었던 것은 아니다. "골수 친일파", "둘도 없는 매국노"라는 비난은 일제시대가 되어도 잦아들지 않았다.

그가 세금 문제를 놓고 경성부 당국과 마찰을 빚자, "돈 때문에 나라도 팔 인간이 할 만한 파렴치한 짓"이라는 비방이 신문지상을 수놓았다. 그가 죽자 당시 『조선일보』는 이완용을 송나라를 금나라에 팔아먹은 중국의 대표적인 간신 진회에 비기며, 그를 "현대의 진회", "매국의 원흉"이라 불렀다. 『동아일보』도 그를 "매국노"로 규정하며 "무슨 낯을 들고 죽음의 길을 가는가"라고 비난했다. 일제가 이들 신문의 논조까지 지정하지는 않았지만, 검열의 날이 시퍼런 상황에서도 그런 노골적인 매도 기사가 실릴 수 있었음은 총독부가 이완용 등에 대한 매도를 묵인 방치하고 있었음을 의미한다. 왜 그랬을까?

앞서 윤원형이 사림을 분열시켜 지배했던 것과 같은 맥락이다. 민중의 역량이 충분치 못했던 당시로서는 유력한 인사를 개입시켜야 저항운동을 펼칠 수 있었다. 그래서 3 · 1운동 때만 해도 이완용에게 협조해 달라는 요청이 들어오기도 했던 것이다. 그런데 이완용 같은 유력자가 일제 이상으로 민중에게 미움을 받는다면 그런 협력관계가 이루어질 수 없다. 또한 이들 유력자들은 자신들을 향한 민중의 분노를 겁낸 나머지 민중 탄압의 고삐를 늦추지 말라고 총독부에 종용하게 된다. 따라서 일제는 조선을 빼앗을 때는 물론이고, 빼앗은 조선을 지키는 과정에서도 '악당' 이완용이 필요했던 것이다.

여러 가지 면에서 이완용은 두뇌가 비상하고 신중하며 정세를 꿰뚫어보는 식견이 있는 사람이었다. 그는 또한 대단한 거래적 리더십을 발휘했다. 국권 상실의 과정에서 그는 고종이나 대신들, 그리고 양반 세력에게 "일본과 전쟁하는 것보다는 낫지 않은가", "순순히 협력하면 생명의 안전과 일정한 기득권을 보장받을 수 있다"며 완강한 반대를 취하지 않도록 설득했다. 일본에 대해서도 최소한의 비용을 들이고 조선을 차지할 수 있다고 설득하여 받아낼 수 있는 최대한을 받아내는 데 성공했다. 그는 시대를 잘 만났으면 이른바 "치세의 능신治世之能臣"이 되었을 것이다. 그러나 격동기에 반드시 필요하기 마련인 혁신적 리더십에는 이완용만큼 부적합한 사람도 없었다.

그는 항상 '대세'가 무엇인지를 파악하고, 그 대세를 기정사실로 놓고는 자신이 최대한의 이익을 얻을 수 있는 방법이 무엇인지를 계산했다. 죽음을 각오하고 있는 힘을 다하면 '대세'가 뒤바뀔 수도 있다는 생각은 거들떠보지도 않았다.

만약 이완용이 없었다면 어떻게 되었을까? 아니면 이완용이 임금에게 용기를 심어주고, 독립협회의 변혁 노선을 그대로 따라가면서 각계각층의 지도자들, 그리고 민중과 힘을 합쳐 모든 것을 불사하고 일제와 맞섰다면 어땠을까? 일제는 무력에 의존할 수밖에 없었을 것이다. 그러나 러일전쟁으로 지친 상태의 일본으로서는 적잖은 부담이었을 것이다. 일본의 한국 지배가 생각보다 탄탄하지 않음을 깨달은 서구 열강이 다시 개입해 왔을 것이다. 결국 많은 피가 흘렀을 것이며, 이 땅에서 몇 차례의 전쟁이 더 일어났을 수도 있다. 그러나 독립의 가능성만은 더 커졌을 것이 틀림없다.

이완용 같은 사람을 낳고, 이완용 같은 사람이 국정의 중심에 서도록 한 조선 왕조는 잘못된 생활습관으로 불치병을 몸속에 키우고 있는 사람과 같았다. 그토록 간신을 가려내고 물리치는 것을 강조해 온 체제가, 오히려 그 때문에 조금이라도 튀는 사람, 소신 있는 사람을 찍어냄으로써 줏대 없이 간에 붙고 쓸개에 붙는 '진짜 간신'을 양산했던 것이다. 이제 남은 것은 외부에서의 '최후의 일격' 뿐이었다. 그렇게 해서 충신과 간신의 시대는 끝났다. 민중이 스스로 주인이 되는 시대가 기다리고 있었다. 아직은 한참을 더, 고난과 방황을 겪고 난 다음이어야 하겠지만.

마지막으로 이완용을 생각하며, 성서의 한 구절을 떠올려본다. 그것은 그만이 아니라, 역사상의 모든 간신에게도 해당되는 메시지이리라.

"사람이 만약 온 세상을 다 얻어도, 자기 영혼을 잃으면 무슨 소용이 있겠는가?"

간신이란 무엇인가

30여 년 전쯤, 어느 유명한 동양학자가 『여자란 무엇인가』라는 제목의 책을 낸 적이 있다. 그때 어떤 사람들은 "'여자란 누구인가'라고 말해야 맞지 않나"고 했다. 어법상으로는 사람을 가리켜 '누구'라고 지칭하는 게 맞겠지만, 하나의 개념으로 생각한다면 '무엇'을 써도 좋으리라 생각한다. 그런데 '간신'의 경우, 전통사회에서나 지금이나 항상 "누가 간신인가"라는 말만 있었을 뿐, "간신이란 무엇인가"라는 논의는 드물었던 것 같다.

간신의 개념

간신奸臣 또는 姦臣이란 초등학생도 그 의미를 잘 알고 있다고 자신하는 일반적인 용어 중 하나다. 하지만 구체적으로 의미를 따져

보면 의외로 모호한 부분이 많다. 우리가 그만큼 우리 고전에 대해 아는 것이 적어서일까? 아니다. 간신의 의미를 정확히 모르기로는 옛날 사람들도 마찬가지였다. 사실 "얼핏 보기로는 간신이 충신처럼 보이기 마련이다"라는 말처럼, 임금을 감싼다고 반드시 간신이 아니며, 임금을 비판한다고 반드시 충신이 아니다. 신하는 목숨이라도 바쳐 임금을 지켜야 하나, 임금이 잘못된 길을 걷지 않도록 간하고 잘못된 일에는 결사반대해야 한다고 여겨졌기 때문이다. 하지만 그 기준이 모호하므로, 임금을 옹호하든 비판하든 조금 남다르기만 하면 곧바로 간신이라는 비판이 쏟아지곤 했다. 그래서 역사상 좀 유명했던 신하들치고 한 번 이상 간신이라는 비난을 듣지 않은 사람이 없었다.

이른바 변간법辨奸法, 즉 '간신을 분별하는 법'은 동양 고전에 많이 있다. 춘추전국시대의 병법서인 『육도』에는 "겉으로는 어질어 보이나 실은 어질지 않은 사람이 있다", "겉으로는 공손하지만 실제로는 교만한 사람이 있다", "용모가 괴상하고 못났으나 실력은 뛰어난 사람도 있다" 등을 언급하며 사람을 겉모양으로만 판단해서는 안 된다고 경고했다. 그리고 이른바 '팔관법八觀法'을 제시했는데 다음과 같다.

- 질문을 해서 그 대답하는 말을 살핀다.
- 자세히 말을 캐물어서 그 반응을 살핀다.
- 몰래 사람을 보내 그 성실함을 감시한다.

- 핵심을 찌르는 말로 그 덕을 살핀다.

- 돈 관련 일을 시켜 그 청렴함을 살핀다.

- 여자를 붙여주어 그 단정함을 살핀다.

- 위급한 상황을 알려 그 용기를 살핀다.

- 술에 취하게 해서 그 솔직한 모습을 알아본다.

이러한 팔관법에 따라 사람의 감춰진 참모습을 알아내고, 그 참모습이 사악한 사람은 물리치라고 한다. 여기서 참모습이 사악한 사람이 바로 간신이다.

팔관법은 다양한 형태로 수정 변형되었는데, 가령 『여씨춘추』에는 이런 형태로 전한다.

- 순조로울 때 그가 어떤 사람을 존중하는가를 살핀다.

- 높은 자리에 있을 때 그가 어떤 사람을 추천해 기용하는지를 살핀다.

- 부유할 때 어떤 사람을 접촉하는지, 즉 어진 사람을 기르는지 간사한 자를 기르는지 살핀다.

- 평소에 무엇을 말하는지 듣고, 무엇을 하는지 살핀다.

- 한가할 때 그가 무엇을 즐거하는지를 살핀다.

- 친해진 다음 그가 말하는 중에 드러내는 뜻에 주의한다.

- 실의에 빠졌거나 좌절에 빠졌을 때 그의 지조를 본다.

- 가난할 때 그가 무엇을 하고 무엇을 하지 않는지, 가난 때문에 이리

저리 휩쓸리지 않는지를 살핀다.

『여씨춘추』는 그 외에도 '육험六驗'과 '육척사은六戚四隱'을 제시하여, 어떤 사람을 종합적으로 살펴보고 나서 기용할 것을 조언하고 있다. 또 『한비자』에서는 '관청법觀聽法', '도언법倒言法', '반찰법反察法' 등이 제시되어 있다. 보다 후대의 것으로는 북송의 소순이 지은 「변간론」, 왕안석을 간신으로 지목한 승려회의 「변간론」 등이 유명하다.

그런데 이런 변간론은 모두가 간신과 간신이 아닌 사람을 구별하는 '실용적' 방법들로, 대체 무엇이 간신인지에 대해서는 언급이 없다. 이 논의에서 귀납적으로 판단해 보면 간신은 그냥 막연히 '나쁜 사람'일 뿐이다. 게다가 공적인 악인과 사적인 악인은 다를 수 있는데, 그런 구분도 주어져 있지 않다.

한나라의 유향이 지은 『설원』은 이른바 '육사신六邪臣'을 제시한다. 이에 따르면 간신은 6가지 바람직하지 못한 유형 중의 하나로, "간사한 신하"라고 한다. 그런데 이때 과연 "간사하다"는 것이 무엇인지가 불확실하다. 아무튼 이런 개념 정의에 따르면 간신은 구신具臣(단지 무능하며 복지부동을 일삼는 신하), 적신賊臣(임금을 능멸하고 임금 대신 권력을 행사하는 신하), 유신諛臣(무조건 임금의 뜻에 영합할 뿐인 신하) 등과 구별되는데, 그렇다면 우리가 통상적으로 간신이라고 생각했던 사람들 다수가 실제로는 유신이나 적신이었던 셈이다. 그러나 오늘날의 통념에서뿐 아니라, 전통 역사서의 분류에서도 유신, 적신, 구신 등이 모두 간신이라는 이름으로 포괄되어 있다. 이렇게 보면 간신이란 '충신忠臣'과 대립되는 개념, 즉 "전통사회에서 바람직하다고 여겨지는 신하의 덕목을 크게 결여하거나 무시하는 신하"로 여겨진다. 말하자면 신하를 둘로 나누어, 좋은 신하가 충신, 나쁜 신하가 간신이다. 공적인 간신이란 곧 사적인 소인小人이기도 하다.

바람직하지 못한 신하를 모두 간신이라고 한다면 임금을 능가하는 권력을 가진 신하, 즉 권신權臣이나 반역하는 신하, 즉 역신逆臣도 간신이라고 보아야 할 것이다. 그런데 간신이 권신이나 역신도 포함한다면 연개소문, 최충헌, 흥선대원군이나 임꺽정, 정여립, 홍경래 등도 간신의 개념에 포함된다. 그것은 다시 전통적인 통념과 거리가 있다. 일반적으로 그런 사람들을 간신이라고 부르지는 않기 때문이다.

통념에 반드시 따를 필요는 없다. 하지만 이 책은 일단 전통사회에서의 간신에 초점을 두고 씌어졌다. 우리는 간신의 개념이 현대에도 응용될 수 있고, 오늘을 사는 사람들도『한국사 간신열전』에서 어떤 교훈을 얻을 수 있다고 믿는다. 하지만 일단은 전통사회에서 간신이라 불리던 사람들에 주목해서 대상을 선정했다. 현대적 관점으로는 간신의 개념을 다르게 설정할 수도 있을 것이다. 가령 "민중을 탄압한 사람"이나 "자유로운 학문 연구를 방해한 사람" 등으로, 그러면 이 책에 실린 사람들 중 일부는 간신에서 제외되고, 반대로 다른 사람들이『한국사 간신열전』에 편입될 수도 있으리라. 하지만 다시 말하지만, 우리는 고전적인 간신들을 대상으로 하려고 한다. 물론 그 '간신'들을 오늘의 시각에서 재평가할 수는 있으며, 그때 경우에 따라서는 긍정적인 평가도 나올 수 있다.

이에 따라 앞서 제시한 "나쁜 신하의 총칭"의 간신 개념을 좀더 다듬어보자. 그러면 '권력' 문제가 전통적 간신 개념에서 중요함을 깨달을 수 있다. 단순히 무능하거나 부패했을 따름인 신하를 보통 간신이라 하지 않는 이유는 무엇인가? 그들은 분명 바람직하지 못한 신하였지만, 권력을 탐한 사람들은 아니었기 때문이다. 권신이나 역신이 곧 간신이 아닌 이유는 무엇인가? 그들은 권력을 추구하다 못해 왕의 권력을 완전히 대체했거나, 대체하려 했기 때문이다. 따라서 간신이란 왕의 권위와 권력을 인정하며, 그 권력을 최대한 많이 분점하려고 애쓴다. 그 과정이 전통적으로 바람직하지 못한 과정이기에, 간신은 사악한 신하다. 다시 말해서, 이 책에서 정의하는 간신의 개념은 "왕의 권력을 인정하는 한편 그 권력을 최대한 분점하기 바라며, 그 과정에서 전통사회에서 바람직하다고 여겨지는 신하의 덕목을 크게 결여하거나 무시하는 신하"다.

간신의 양상

간신의 개념을 정함으로써, 우리는 "누가 간신인가"의 논의에서 "간신이란 무엇인가"의 논의로 한 발짝 진보했다. 하지만 아직도 "간신이란 무엇인가"의 의문에 답하려면 간신이 왜 생겨나는지, 간신은 어떤 행동을 취하는지, 간신이 전통사회에 미치는 효과는 무엇인지를 풀이해야 한다. 그리하여 우리는 이 책에서 소개한 간신들을 중심으로 다음과 같이 정리해 보았다.

1. 간신은 왕권-신권의 균형이 깨질 때 생겨난다.

왕권과 신권이 상호 협력-견제하는 형태가 전통사회의 기본 정치 구도라고 할 때, 왕권이 신권을 압도하거나 반대로 신권이 왕권을 억압할 때 간신이 출현할 가능성이 높다. 앞의 경우는 유향의 육사론에서 '유신'에 가깝고, 뒤의 경우는 '적신'에 가깝다.

고려의 김용과 신돈은 모두 공민왕이 안팎의 압력을 물리치고 왕권을 강화하려는 과정에서 출현했다. 또한 조선 인조 때 김자점이 세도를 누린 것이나, 정조 때 홍국영이 세력을 떨친 것도 왕권 강화에 따른 산물이었다. 한편 고려 인종 때의 이자겸이나 조선 명종 때의 윤원형, 그리고 이완용 등은 왕권이 여러 가지 원인에 따라 약해졌을 때 권력을 누렸다. 때로는 원래 왕권에 영합하던 간신이 왕권을 짓누르는 간신으로 변화하기도 한다. 고려의 송유인은 원래 태자 시절의 의종에게 아부하여 총애를 받음으로써 권력에 접근했다. 그러나 무신의 난이 일어나 왕권이 실추된 이후로는 왕에게 함부로 분노를 터뜨릴 정도로 안하무인이 되었다. 신돈이나 김용도 나중에는 '적신'에 가까워졌다. 한명회의 경우도 세조 때는 왕의 오른팔로 일선에서 몸 바쳐 일하며 신임을 얻었으나, 자기 사위인 성종이 임금이 되고 훈구대신이자 외척의 수장이 된 후에는 임금을 압도하는 권력을 행사했다.

왕은 신하들이 각기 맡은 임무를 충실히 하는지 감시하고, 신하들은 왕이 독재에 빠지지 않도록 견제할 때 전통적인 국가기구는 원활히 운영될 수 있다. 그러나 왕이 권력을 강화하여 대부분의 신하를 소외시키고 신임하는 특정 신하에게만 권력을 위임하거나, 반대로 왕의 권력이 약화되어 특정한 신하가 왕과 다른 신하들을 압도할 수 있을 만큼 성장 가능해질 때 간신이 나타나는 것이다.

2. 간신은 실패한 리더십이다.

많은 경우 간신은 홀홀단신 암약한다기보다 세력을 모으고 계획을 짜서 행동에 나선다. 이 과정에서 특별한 비전을 제시하는 경우도 있다. 그러나 일시적으로는 성공하더라도 결국 실패하여 희생되거나, 역사적으로 간신의 오명을 쓴다. 즉 건실한 팔로워십(followership)을 이끌어내지 못한, 실패한 리더십의 예가 간신이라고 할 수 있다.

묘청과 신돈은 새로운 시대의 비전을 제시하며 상당한 추종

세력을 확보했으나 사대부나 국왕, 왕족 등의 팔로워십을 이끌어 내지는 못했다. 남곤은 진보와 보수 사이에서 어정쩡한 태도를 보이다가 결국 진보에게 배척당하고 강경 보수 진영에 설 수밖에 없었다. 이이첨은 자신의 대북파의 권력 독점에 급급한 끝에 통합이 아닌 분열과 파괴의 리더십을 표출함으로써 결국 패배하였다. 송유인, 이완용은 정치적 거래에 능숙했고 대체로 성공했으나 근본적인 명분에서 널리 지지를 받을 수가 없었다. 그래서 간신, 매국노라는 오명을 덮어써야만 했다.

전통적으로 간신이라 낙인찍힌 사람들은 당대의 식자들과 후대의 사관, 지식인, 그리고 일반 민중에게 끊임없이 매도당한다. 그러한 거듭된 매도는 때로 그들의 잘못을 과장하고 날조하며, 허황한 전설을 만들어내기까지 한다. 그처럼 자신이 실제 받아야 할 이상으로 매도를 당하는 것이야말로 리더십 실패의 결과다. 반대로 실제 이상으로 미화되는 사람들은 리더십에 성공하여 정치적 목적을 달성하고 당대나 후대에 호평을 받을 수 있었다. 말하자면 이름난 간신이나 충신이나 뭔가 변혁을 시도하고 일상에서 탈출하려 했지만, 그것은 여러 사람들의 호응을 얻고 리더십 성공을 가져왔느냐에 따라 충·간신의 명암이 엇갈렸던 것이다.

3. 간신은 기생충이다.

기생충은 숙주의 생리작용을 이용하여 스스로의 이익을 얻으며, 그 과정에서 숙주를 거세하거나, 생활 패턴을 바꾸거나, 느림보로 만드는 등 정상적 생리작용을 변형시킨다. 간신도 전통사회의 정상적인 정치과정에서 자신의 비전이나 이익을 위해 그 과정을 왜곡시키고 변형시킨다. 이것은 대체로 부정적 효과를 내지만 체제의 변혁을 유발할 계기가 될 수도 있다.

한명회는 자신이 영향 하에 있는 병조의 권한을 비대화시켜 사실상 모든 국가 사무를 병조에서 처리했다. 또한 인사에서 과거를 회피하고 문음에 치중했다. 윤원형의 정치는 유교 정치사상에서 배척하는 척신정치와 불교 숭배를 중심으로 했으며, 국가의 관직 임용을 개인적 친분과 뇌물로 결정했다. 국가 체제를 동원해서 사리사욕을 채운 인물로는 윤원형 외에 염흥방이 대표적이다. 홍국영은 각 국가기구의 실무직을 독점한 다음 사림의 리더십까지 끌어들여서 권력을 완성하려고 했다. 또한 유자광은 상소 제도를, 이이첨은 과거 제도를 사적인 정치 목적에 전용했다고 할 수 있다.

윤원형의 정치는 범국가적이라고 할 정도로 환멸을 가져왔고, 이를 계기로 훈척정치는 종말을 고하고 사림이 정권을 독점하게 되었다. 홍국영의 권력 모델은 이후 세도정치의 모델로 전용되었다. 이완용은 낡은 명분론에 사로잡혀 있던 구한말의 정치외교에 서구적인 실용주의를 도입했다. 그러나 그 결과는 망국이었다.

4. 간신은 패배자의 다른 이름이다.

간신은 결국 패배자이다. 이완용처럼 비록 생전에는 패배하지 않았어도 역사적으로 패배자가 된 사람들이다. 어찌 보면 그다지 간사하지도 않았고, 라이벌들에 비해 특별히 과격하게 행동하지도 않았으나 패배자가 되었기 때문에 그 단점이 부풀려지고 날조되어 간신의 오명을 쓰는 경우가 많다. 신돈은 단지 색을 밝히는 요물妖物로 낙인 찍혔고, 원균은 형편없는 졸장拙將이 되었다. 임사홍이나 홍국영은 말실수를 조금 했기 때문에 두고두고 간신의 오명을 벗지 못했다. 남곤이나 유자광은 자신에게 직접 책임이 없는 많은 죽음의 원흉으로 지목되었다.

반면 정철은 4대 사화 이상으로 선비들을 많이 죽였고 송시열은 임금의 권력을 압도하고 자신의 당파로 조정을 잠식했다. 그러나 조선이 멸망할 때까지 서인-노론 세력이 주류를 차지했기 때문에 이들은 일반적으로 간신이라 불리지 않는다. 이순신과 원균의 명암 역시 비슷하게 이해할 수 있다.

앞서 "간신과 충신은 겉보기로는 잘 모른다"는 점을 들며 남다르게 행동을 하면 임금을 옹호하는 것이든 비판하는 것이든 간신 소리를 들어야 했다고 언급했다. 그렇게 과연 무엇이 간신다운 행동인지 모호했기 때문에, 나중에 패배자를 놓고는 "그의 행동이 정말 간신다웠다"는 평가가 내려지곤 했던 것이다. 승리자를 놓고는 그런 말이 나오지 않았을 것이다. 임사홍의 경우 대단치 않은 언행의 문제점으로 간신의 오명을 얻었는데, 한때는 그를 근거 없이 매도한 게 아니냐는 자성론도 얼마간 있었다. 그러나 연산군 대에 그가 갑자사화의 주역이 되는 등 사림에 직접 피해를 주게 되자, "정말 간신이었다. 일찍이 그를 간신이라 한 사람들은 과연 선견지명이 있는 사람들이었다"는 평가가 뒤따랐다.

누가 간신인가 - 간신의 행동유형

이상 간략하게나마 "간신이란 무엇인가"의 논의를 제시했다. 그러면 보다 전통적인 "누가 간신인가"에 해당되는 논의를 조금만 해보기로 하자. 다음에 드는 행동 유형을 보이는 사람은 간신이라고 할 수 있다. 단, 이 책을 여기까지 읽은 사람은 알겠지만 여기든 예에는 실제 사실도 있는 한편 허구도 있다. 요는 사실이든 아니든, 그러한 행동을 했다고 평가받는 사람은 전통적으로 간신으로 인식되었다는 것이다.

1. 개인적인 콤플렉스에 시달린다.

유자광은 서자 출신이라는 멍에를 평생 지고 살았고, 신돈이나 이이첨은 지나칠 정도로 가난했던 생활이 강박관념화되었다. 홍국영도 풍산 홍씨 본가에서 푸대접받은 경험을 두고두고 잊지 못했다.

2. 사적인 감정이나 이해관계에 치우쳐 공무를 결정한다.

묘청은 거창한 명분을 들며 서경 천도를 주장했으나 실상은 자신의 세력을 강화하려는 의도였다. 김돈중은 자신의 안위만을 생각해서 왕에게 중요한 보고를 올리지 않았다. 유자광과 임사홍은 개인적인 복수를 위해 사화를 일으켰고, 홍국영 역시 과거의 분풀이로 본가를 숙청했다. 원균은 개인적인 불만 때문에 이순신을 끌어내리려 했다. 한편 이이첨은 과거를 부정 관리하여 친인척들을 등용했다.

3. 일정한 노선을 견지하지 않고 상황에 따라 변한다

송유인은 무신이 대접받지 못할 때는 문신들과 친하게 지내다가 무신정권이 들어서자 아내까지 바꿔가며 무신들에게 밀착했다. 유자광은 이시애의 난을 함께 진압한 전우인 남이를 죽음으로 몰고 갔고, 연산군의 신임을 받다가 다시 중종반정에 참여했다. 김자점은 반청의 대표로 도원수를 지내다가 친청파로 변했고, 소현세자에게 아부하다가 인조의 총신이 되었다. 이완용은 친청파, 친미파, 친러파, 친일파로 때에 따라 변신했다.

4. 지나친 아첨 또는 지나친 전횡으로 임금이 제대로 정치를 못하게 방해한다.

김돈중은 무신을 업신여기는 임금의 뜻에 지나치게 영합하다가 무신의 난을 불러왔으며, 신돈은 위임된 이상의 권력을 발휘하려다가 패망했다. 임사홍은 연산군의 폭정에 한마디도 비판을 안 하고 비위 맞추기에만 급급했으며, 김자점도 인조가 소현세자 부부

에필로그

를 제거하고 효종을 세우는 과정에서 오로지 임금의 뜻에 순종하였다. 한명회, 이이첨, 홍국영은 임금을 능가한다는 말을 들을 만큼 매사를 독단했다.

5. '소인의 당'을 만든다.

간신은 간신끼리 모인다. 소인배들을 끌어모아 당파를 만드는 사람은 틀림없이 소인이자 간신이다. 이자겸은 척준경을 심복으로 부리다가 나중에는 척준경에게 배반당해 제거되었다. 신돈은 이인임 같은 간신배들로 친위세력을 만들었고, 김흥경은 자제위 동료들과 함께 공민왕의 타락을 부추겼다. 염흥방과 임견미, 유자광과 임사홍, 남곤과 심정은 짝패가 되어 악행을 일삼았다. 윤원형 밑의 윤춘년, 이완용 밑의 이인직은 그 주인의 발톱이 되어 앞장서서 악행을 저질렀으며, 임사홍의 아들 임숭재, 이이첨의 아들 이원엽은 그 사악함과 탐욕스러움이 각자의 부친을 능가했다.

6. 화합과 상생이 아닌 분열과 배제의 정치를 추구한다.

이자겸은 왕의 인척과 유력 문벌을 모두 내쫓고는 독재권력을 누렸다. 이이첨도 오직 자신의 당파만이 집권할 수 있도록 다른 세력의 공존을 일절 허용하지 않았다. 묘청은 개경파를 배제하려다가 끝내 반란까지 일으켰다. 홍복원 3대는 고려인이면서 고려인들에게 몽골인들보다도 가혹하게 대했다. 유자광, 임사홍, 남곤, 윤원형은 각각 무오·갑자·기묘·을사사화를 주도하여 반대파를 살육했다. 그 정도까지는 아니더라도, 송유인, 김자점, 홍국영 등도 자신과 뜻이 맞지 않는 자들을 얽어매어 제거하는 일이 정치의 주요 수단이었다.

7. '충신', '영웅'을 모함하거나 처단한다.

김용은 정세운을, 신돈은 이존오를 제거하려 했다. 홍다구는 삼별초를 끝장냈다. 한명회는 사육신들의 죽음에 책임이 있다. 유자광은 남이와 김종직을 모함했고, 남곤은 조광조를 파멸시켰다. 원균과 김자점도 각각 이순신과 임경업을 모함했다.

8. 목적을 위해 부도덕하고 교활한 암수를 쓴다.

정쟁은 누구나 하기 마련이다. 그러나 간신은 모두가 보는 앞에서 정면으로 대결하기보다는 몰래 은밀한 수를 써서 상대를 거꾸러트리기를 좋아한다. 묘청은 서경 천도의 당위성을 보여주고자 기름이 들어간 떡을 대동강에 던졌다. 유자광은 남이의 시구를 조작했다. 남곤은 조광조를 모함하려고 궁궐의 나뭇잎에 '주초위왕'이라는 글자를 새겼다. 이자겸, 김용, 한명회, 윤원형, 이이첨, 이완용은 모두 왕을 암살하려 했다.

9. 물욕이나 색욕이 과도하다.

거의 대부분의 간신이 보통 사람에 비해 과도한 물욕을 가지고 있다. 그 중에서도 이자겸과 염흥방, 윤원형, 이완용이 두드러졌다.

색욕이 과도한 경우로는 김치양, 신돈, 홍국영 등을 들 수 있다.

10. 배신하거나 패륜을 저지르는 등 사생활이 비윤리적이다.

신돈은 숱한 유부녀들과 간통했다. 송유인은 출세를 위해 아내를 버렸고, 한명회는 은인이자 친구인 권람의 손녀를 종으로 부렸다. 윤원형은 처제를 범하고 아들을 죽였으며, 임사홍은 아들의 죽음을 방관했다. 이완용은 며느리와 간통했다.

다시 말하지만 위의 행동 사례들은 간신이라는 오명을 얻게 만든 사실과 허구의 행동을 모두 제시한 것이다. 그러므로 혹시라도 "앞서는 주초위왕이 근거 없는 소리라고 해놓고서 왜 여기서는 사실인 것처럼 말하느냐?"등의 오해를 갖지 말기 바란다.

또한 위의 행동 사례들은 그러한 행동을 한 사람은(또는 했다고 믿어지는 사람은) 간신으로 불릴 수 있었다는 것이며, 간신이라면 반드시 그런 행동들을 해야 한다는 것은 아니다. 이 책에서 든 간신들 중에는 위의 행동과 대부분 연관되는 사람도 있고, 몇 가지 연관되지 않는 사람도 있다.

간신에게 무엇을 배울 것인가

그렇다면 오늘을 사는 우리가 왜 간신을 연구해야 하는가? 지금은 전통사회와는 판이하게 다르다. 민주주의와 합리주의의 시대가 아닌가? 분명 충신이냐 간신이냐 하는 논의를 현대에 그대로 적용할 수는 없다. 그러나 다음과 같은 이유로 우리는 간신을 다시 볼 필요가 충분하다고 본다.

첫째, '간신이란 무엇인가'를 생각하면 오늘날의 정치와 조직 사회에도 많은 교훈을 얻을 수 있다. 간신은 왕권과 신권의 균형이 깨질 때 발생한다. 오늘날에도 대통령이나 CEO가 다양한 목소리를 듣기 싫어하고 측근 위주로 일을 해나갈 때 폐단이 빚어질 수 있다. 마찬가지로 대통령이나 CEO가 인사의 장막에 둘러싸여 통제력을 상실할 때도 국가 또는 조직이 흔들리게 된다. 간신은 실패한 리더십이다. 정치에서나 경영에서나, 다양한 세력의 이해관계를 통찰하고 두루 추종자를 얻을 수 있는 비전을 제시해야 성공한다. 간신은 기생충이다. 오늘날은 법치주의 사회이지만, 법의 허점을 노려 일부에게 과도한 권력이 집중되거나 원래 주어진 기능과 다른 역할을 수행하게 되는 경우가 있다. 민간조직에서도 마찬가지다. 이것이 일부 개인의 사리사욕을 위한 편법일 때 부정부패가 싹트고, 국가와 조직의 효율성이 저하된다. 하지만 한편으로 종래의 조직 구조에 새로운 혁신을 가져오는 계기가 되는 긍정적 효과도 얻을 수 있다. 간신은 패배자의 다른 이름이다. 어떤 정책이 실패할 경우 도에 지나친 비난을 받을 수 있다. 비교적 성공한 정책까지도 도마 위에 올려질 수 있다. 최고 통치권자나 최고 경영자의 입장에서는 누군가가 소신 있게 벌인 프로젝트가 실패했다고 해서 그에게 쏟아지는 비난에 혹해 신임을 쉽사리 거두어서는 안 된다.

둘째, 우리는 이 책에서 간신 자신의 개인적 결함 때문만이 아니라 그 사회와 문화가 간신을 키우는 경향이 있음을 보았다. 운이 좋았거나 줄을 잘 서기만 했으면 훌륭한 명신名臣, 충신의 이름을 남겼을 사람들이 내몰린 끝에 간신이 되는 경우를 보았다. 우리 사회에서도 그러한 간신 만들기가 충분히 가능함을 통찰해야 한다. 공허한 이념에의 집착, 과도한 도덕주의, 흑백논리, 팩트(fact)가 아니라 이미지에 따른 비판 혹은 지지. 이런 것들은 우리가 정치나 경영에서 늘 조심하지 않으면 안 된다. 또한 일상 생활에서, 선후배나 친구를 대할 때도 마찬가지다.

셋째, 우리는 종종 역사를 단순하게 이해해 왔다. 역사는 충신과 간신의 싸움, 애국자와 매국노의 싸움, 진보와 보수의 싸움일 따름이었다. 그리고 많은 경우 긍정적인 인물들, 즉 충신, 열사, 영웅들의 생애에 대해서만 공부해 왔다. 그러나 이 책을 보면 우리 역사는 마치 간신들의 역사인 것처럼 여겨질 정도다. 역사의 모든 페이지에 간신이 있었다. 그것은 무엇을 의미하는가. 또한 흔히 알려진 것과는 달리 간신에게도 긍정적인 점이 없지 않다는 사실, 간신도 변명거리가 있다는 사실, 간신이 충신이고 충신이 간신일지도 모른다는 사실은 무엇을 의미하는가. 그것은 우리가 역사를 보다 복합적으로 이해해야 한다는 점을 의미한다. 역사를 한 권의 책이나 한 사람의 말에 따라 단칼에 이해하려 하고, 어떤 인물을 선인과 악인으로 단순히 구분지어 평가하는 것은 위험하다. 그것이야말로 역사의 교훈을 망각하는 일이며, 또 다른 간신을 낳는 문화다. 우리는 우리 자신을 포함한 모든 사람에게 약한 면, 간신이 될 수 있는 면, 간신으로 오해받을 수 있는 면이 있음을 통찰해야 한다. 그리고 보다 성숙한 눈으로 역사를, 그리고 현재와 미래를 바라보아야 한다.

한국사
간신열전 큰글자책

초판 1쇄 발행   2021년 12월 3일

지은이   최용범 · 함규진
펴낸이   최용범

편집 · 기획   박호진, 예진수
디자인   김태호
마케팅   윤소진, 김학래
관리   강은선
인쇄   ㈜다온피앤피

펴낸곳   **페이퍼로드**
                paperroad
출판등록   제10-2427호(2002년 8월 7일)
주소   서울시 동작구 보라매로5가길 7 1,322호
이메일   book@paperroad.net
페이스북   www.facebook.com/paperroadbook
전화   (02)326-0328
팩스   (02)335-0334
ISBN   979-11-90475-96-9 (03910)